AFFAIRE DE PANAMA

PLAIDOIRIE

DE

Me Henri BARBOUX

POUR

MM. Ferdinand et Charles DE LESSEPS

PARIS
SOCIÉTÉ ANONYME DE PUBLICATIONS PÉRIODIQUES
13, QUAI VOLTAIRE, 13

1893

AFFAIRE DE PANAMA

COUR D'APPEL DE PARIS

1re CHAMBRE

PLAIDOIRIE

DE

Me Henri BARBOUX

POUR

MM. Ferdinand et Charles DE LESSEPS

PARIS

SOCIÉTÉ ANONYME DE PUBLICATIONS PÉRIODIQUES

13, QUAI VOLTAIRE, 13

—

1893

La nécessité de reproduire très vite, sous forme de brochure, la sténographie de cette plaidoirie n'a pas permis d'en faire disparaître les incorrections. On ne poursuit d'ailleurs ici qu'un seul dessein : mettre le plus tôt possible entre les mains de ceux qui aiment à connaître avant de juger le moyen de se former une opinion sur des faits que la politique a dénaturés, comme elle le fait de tout ce qu'elle touche. La presse a déjà rendu à MM. Ferdinand et Charles de Lesseps l'inappréciable service de porter partout l'analyse de leur défense. On en trouvera ici le détail. L'opinion publique est aisée à émouvoir; mais lorsqu'elle s'aperçoit qu'on l'a trompée, elle se retourne avec une force irrésistible contre ceux qui ont cherché à la surprendre.

AUDIENCE DU 19 JANVIER

Messieurs,

Je suis trop impatient d'arriver à discuter la prévention dirigée contre MM. de Lesseps pour m'attarder à aucun exorde. Jamais cause, d'ailleurs, n'en eut moins besoin que celle-ci. Avant même que M. l'Avocat général eût pris la parole, nous savions tous ce qu'il a bien voulu nous apprendre, et notre embarras, comme le sien, est plutôt de dégager le procès des exagérations de toutes sortes sous lesquelles la vérité pourrait demeurer étouffée. Les débuts de l'entreprise, les espérances qu'elle avait fait concevoir, les difficultés qu'elle avait à vaincre, les transformations successives que ces obstacles croissants ont imposées aux administrateurs, les hésitations du public à partir de 1884, les investigations du gouvernement en 1886, le grand emprunt de 1888 et son insuccès dû à la lassitude des prêteurs et en même temps à la publicité avec laquelle avaient été étalés les hasards contre lesquels l'entreprise avait encore à lutter, la chute, due non pas à l'impossibilité de l'œuvre, mais aux difficultés financières, enfin cette ruine devenue, comme il fallait s'y attendre, l'arène des partis politiques, le public savait tout cela, tout, jusqu'à l'incohérence des délibérations ministérielles d'où la poursuite est sortie, et qui, par l'inflexible logique des choses, nous a mis en l'état où nous sommes aujourd'hui.

Je n'ai rien de mieux à faire, Messieurs, pour répondre au réquisitoire de M. l'Avocat général que de le suivre pas à pas; je rencontrerai ainsi l'un après l'autre tous les faits qu'il a relevés et appréciés tous les chiffres qu'il a groupés et commentés. Je contesterai avec une extrême énergie toutes ses appréciations, et je montrerai sans trop de peine que ce groupement de chiffres altère les véritables proportions des choses au point de les rendre méconnaissables. Mais sur les chiffres eux-mêmes nous serons très vite d'accord avec le ministère public, ou plutôt, c'est la prévention qui est ici d'accord avec la défense.

C'est là, Messieurs, en effet, une première observation qu'il faut faire et dont la Cour va tout de suite mesurer l'importance. Tandis que, dans le domaine civil, les actes tout seuls peuvent engendrer des conséquences juridiques, quel que soit d'ailleurs le mobile qui les ait inspirés, il en est autrement dans le domaine du droit criminel. Il faut un élément de plus, celui que l'on a coutume d'appeler la culpabilité de l'agent, la mauvaise foi, l'intention frauduleuse, c'est-à-dire la volonté d'enfreindre la loi pénale.

Comment le ministère public fera-t-il cette preuve? Oh! d'une façon bien simple : d'une part, il cherchera à établir l'intérêt personnel qui aura poussé les consciences hors des voies de la probité et de l'honneur, et, d'autre part, il montrera les simulations et les mensonges sous lesquels la mauvaise foi cherche toujours à se dissimuler. Spécialement, s'il s'agit de délits commis au cours de vastes entreprises, nous rencontrerons les écritures refaites ou falsifiées, les inventaires frauduleux, les faux bilans. Ai-je besoin de rappeler à la Cour tant d'affaires célèbres qu'elle a déjà jugées, depuis les affaires du Crédit mobilier et de la Société immobilière jusqu'à celle de l'Assurance financière? Que d'artifices! que de fraudes accumulées! que de mensonges, à travers lesquels on a eu beaucoup de peine à reconnaître la vérité!

Permettez-moi de replacer sous vos yeux quelques lignes d'un ces arrêts :

Considérant que le même système d'illusion sur les produits a atteint son apogée dans le compte de l'exercice 1865, où, malgré un déficit de plus en plus considérable, on répartit entre les actionnaires un dividende de six millions, on attribue 997.507 francs à la réserve statutaire et 14.117.923 francs à une réserve extraordinaire;

Que la cause de cette étonnante disposition du compte se trouve dans les bénéfices de 22.435.720 francs sur ventes de terrains, bénéfices qui n'étaient que des créances conditionnelles et à terme, et qui, de même que pour l'exercice précédent, ont été considérés comme de véritables produits;

Considérant que cette suite de comptes depuis 1864 montre l'administration de la Compagnie établissant par millions chaque année des dividendes dont les fonds ne pouvaient être pris, à l'insu des actionnaires, que sur le capital ou sur l'emprunt, et des amortissements, des réserves, des soldes en bénéfice qui ne faisaient que répondre, à l'insu des actionnaires aussi, à de pures créances présentant du péril;

Qu'au mépris des statuts et des règles élémentaires de la pratique des sociétés, c'était là faire briller, pour les actionnaires et pour le public, une situation trompeuse de prospérité et produire de fausses apparences de l'état des affaires sociales;

Que les tiers ont été certainement séduits par cet appât, entraînés par cette déception, quand, depuis le rapport des administrateurs du 19 mai 1864, ils ont acquis des actions;

Que réparation leur est donc due du préjudice que la faute des administrateurs leur a fait éprouver...

Pourtant cette mauvaise foi ainsi flétrie par cet arrêt sanglant n'avait paru à personne, ni au ministère public, ni aux parties intéressées elles-mêmes, suffisante pour mettre en mouvement l'action publique. Tous avaient considéré que les juges civils étaient seuls compétents pour apprécier s'il était dû des réparations à ceux qui les réclamaient.

Au contraire, nous voici maintenant en police correctionnelle; sans doute nous allons trouver des fraudes plus grossières, des mensonges plus éhontés, des tromperies plus audacieuses, des détournements plus considérables!... C'est exactement le contraire.

Deux experts et un liquidateur ont examiné l'un après l'autre, et avec quel soin! vous le savez, la comptabilité de la Société; elle a été trouvée d'une régularité absolue. Il y a plus : au fur et à mesure qu'on désire en savoir davantage, au fur et à mesure qu'on cherche à pénétrer, même dans ces recoins obscurs qu'on n'avait point jusqu'ici songé à éclairer, on s'aperçoit que la comptabilité fournit précisément tous les renseignements qu'on peut lui demander. Quant à la probité des personnes qui sont ici devant la Cour, elle est sortie des mains des experts, du liquidateur, du conseiller instructeur et de M. l'Avocat général lui-même, absolument intacte.

Dès lors, la Cour peut se demander, dès le début de l'affaire, comment M. l'Avocat général parviendra à établir une mauvaise foi criminelle là où la prévention se heurte d'abord à l'honneur et à la sincérité.

M. l'Avocat général a senti par avance la pointe de

l'argument, et pour la détourner de sa poitrine, par une diversion habile, il a fait un appel éloquent au grand principe de l'égalité de tous devant la loi, et même, par une modestie que personne ici ne s'expliquera, il a appelé à son aide un magistrat que la Cour de cassation regrette encore.

Je suis extrêmement heureux, pour ma part, de voir M. l'Avocat général proclamer lui-même qu'à ses yeux la loi doit être égale pour tous. Car lorsque j'arriverai à la discussion de certaines parties de mon procès, j'aurai l'occasion de lui rappeler, pour en déduire certaines conséquences, le principe qu'il donne lui-même comme point de départ essentiel à toute prévention dirigée par le ministère public.

Je conclurai aisément de ce principe que, lorsque, sous les yeux du parquet, se passent des faits publics que le parquet ne poursuit pas, c'est qu'il les considère comme légitimes. Car, sans cela, tous ne seraient pas égaux devant la loi. Et lorsque je montrerai que la plupart des faits qui sont reprochés aux administrateurs du Panama ne sont autre chose que l'application à une Compagnie particulière d'usages constants, publiquement pratiqués sous les yeux bienveillants de l'autorité publique, la Cour aperçoit tout de suite les conséquences décisives que je pourrai tirer de ce principe : que tous, en effet, doivent être égaux devant la loi... A moins qu'on ne veuille y ajouter ce correctif qui, certainement, n'est point dans le cœur de M. l'Avocat général, que la loi pénale ne s'applique pas également à ceux qui sont debout et à ceux qui sont tombés.

A cette considération tout abstraite, M. l'Avocat général en ajoutait hier une autre qui l'est moins. Il a dit : Mais comment donc, puisque vous croyiez au succès de l'affaire, n'avez-vous pas jeté, vous et les vôtres, cinquante millions dans la souscription de 1888? Je sais, Messieurs, plus que personne, les trahisons de l'improvisation, et je suppose que ce chiffre de cinquante millions est venu aux lèvres de M. l'Avocat général sans qu'il y attache une importance particulière. Je ne serais même pas surpris que, après l'avoir énoncé, il se fût demandé quel effet une pareille proposition, même sous forme de question, pourrait produire sur l'opinion publique, et s'il n'allait pas créer cette légende que les prévenus ont mis une grosse fortune à l'abri des risques de l'entreprise qu'ils ont dirigée.

Tout cela sans doute est fort éloigné de la pensée de M. l'Avocat général. Il sait comme moi que, pour engager cinquante millions dans une entreprise, il faut les avoir. Lorsque je discuterai la prévention d'abus de confiance, je ferai passer sous les yeux de la Cour les pièces qui établissent que la fortune actuelle de M. Charles de Lesseps peut être évaluée de 350 à 395.000 francs; que la fortune de M. Ferdinand de Lesseps se compose surtout de revenus viagers, qu'il a souscrit à toutes les émissions, qu'il a pris plus de 600 obligations dans l'émission de 1888, qu'il a engagé dans l'affaire de Panama plus de 1.770.000 fr., lesquels, compensés avec le prix des parts de fondateur, représentent encore une perte de plus de 300.000 francs. C'est assez répondre, quant à présent, à ce reproche, et je puis répéter ce que je disais à la Cour : la probité de MM. de Lesseps est absolument intacte.

Ceci dit, d'où viennent, entre le procès d'aujourd'hui et les procès d'autrefois, la différence de procédure et cet appareil plus sévère? Le voici, Messieurs : la politique était étrangère aux procès d'autrefois, elle seule a commandé le procès d'aujourd'hui.

Et ici, que M. l'Avocat général me permette une réflexion toute personnelle ; il sait très bien qu'au respect qu'il ne nous coûte pas d'accorder à ses nobles fonctions, nous ajoutons tous une estime sans mesure pour son caractère à laquelle il me permettra de mêler une véritable affection pour sa personne. Qu'il veuille donc exaucer ma prière et consentir à s'écarter quelquefois de mon chemin pour me permettre de voir ceux qui sont derrière lui et me laisser ainsi face à face, non plus avec des adversaires, mais avec des ennemis.

Et pour leur ôter tout de suite le masque dont ils se couvrent, je dis hardiment à ces quatre cent mille obligataires qui représentent les créanciers de la Compagnie de Panama : « Vous êtes bien naïfs si vous croyez que cette prévention criminelle a été dirigée dans votre intérêt ; elle ne peut pas vous servir, elle ne peut que vous nuire. » C'est là ce que je veux, Messieurs, montrer en quelques mots avec une entière évidence.

Je dis d'abord que la prévention criminelle ne peut pas servir les intérêts des obligataires. Il leur suffirait, devant des juges civils, d'établir un fait d'imprudence ou de négligence pour obtenir des dommages-intérêts. Le ministère public s'impose ici l'obligation de prouver la mauvaise foi criminelle. Devant des juges civils, tous les obligataires pourraient faire entendre leur voix, et l'examen des magistrats civils s'appliquerait à l'ensemble des émissions qui ont été faites. Au contraire, la prévention criminelle, gênée par la prescription, ne peut toucher qu'à l'émission de 1888, c'est-à-dire à celle qui, faite dans les conditions certainement les plus aléatoires, jouit avec cela du bénéfice de la garantie des lots et du remboursement du capital.

Je dis maintenant, Messieurs, que la prévention ne peut que nuire aux obligataires. En effet, il leur était possible de discuter un procès civil sans compromettre l'espérance bien légitime de terminer le canal, tandis que la prévention criminelle, par la forme même qu'elle revêt, par la solennité qui s'attache à son caractère, par la nécessité où elle se trouve de réduire en quelque sorte à néant l'œuvre accomplie et d'exagérer sans mesure l'œuvre à accomplir, achève de ruiner entre les mains des obligataires l'espoir de mettre en valeur l'immense actif de la Compagnie.

Il faut rendre d'ailleurs à ces braves gens qui ont suivi l'étoile de M. Ferdinand de Lesseps la justice qui leur est due. Ce ne sont point eux qui ont demandé cette poursuite. Ils savent à merveille que MM. de Lesseps ne se sont point enrichis de leurs dépouilles, et l'instinct d'équité qui survit à leur rancune fait qu'ils dirigent leurs regards d'un autre côté. Je vais l'établir avec les pièces mêmes de l'information.

Si en effet la catastrophe du mois de décembre 1888 a provoqué parmi les 400.000 créanciers de la Compagnie de Panama une explosion d'indignation contre les misérables administrateurs qui les auraient dépouillés, avant même que la poussière de cette grande ruine soit retombée sur le sol, il en sera sorti une clameur immense, un cri de vengeance, un appel irrésistible à la justice du pays ! Les choses se sont passées d'une façon absolument opposée. Pendant trois ans, les obligataires n'ont songé qu'à se rapprocher, qu'à se réunir, qu'à syndiquer leurs efforts pour achever l'œuvre commune. Ils se sont adressés au gouvernement, ils se sont adressés aux financiers puissants qui relèvent du gouvernement et ne peuvent lui refuser leur concours. Cet appel n'a point été entendu. Alors le découragement s'est emparé d'eux, leur souffrance s'est aigrie, ils étaient mûrs pour les politiciens qui sont venus, avec leurs armes habituelles, la calomnie et la haine. Et quand je vais vous montrer les résultats pitoyables auxquels tous ces efforts ont abouti, vous serez convaincus que j'ai bien le droit de dire que non seulement la prévention ne sert pas les intérêts des obligataires, mais qu'elle n'a pas même le droit de parler en leur nom.

Ouvrons le dossier de l'instruction criminelle. Nous ne pouvons pas examiner toutes les plaintes ; contentons-nous de celles auxquelles M. le Conseiller instructeur ou M. l'Avocat général ont fait au moins l'honneur d'une mention. C'est le 21 juin 1890 que des pétitions présentées à la Chambre étaient renvoyées au ministre de la justice ; elles étaient soutenues à la Chambre par M. Delahaye, M. Le Provost de Launay et M. Gauthier. Voici quelques lignes du discours de M. Gauthier, qui montrent bien le caractère politique du commencement de cette campagne :

Il y a plus, disait-il, à plusieurs reprises, le Parlement a été appelé à discuter l'entreprise de Panama ; à plusieurs reprises, les pouvoirs publics, le gouvernement, les députés, en vertu de leur droit d'initiative parlementaire, ont mis en discussion les intérêts de l'entreprise du canal interocéanique.

Je me borne à rappeler que, le 17 juin 1886, le gouvernement, par l'organe de trois ministres, M. Sarien, ministre de l'intérieur, M. Carnot, ministre des finances, M. Baihaut, ministre des travaux publics, proposait d'accorder à la Compagnie de Panama l'autorisation de faire une émission de 600 millions d'obligations à lots. Le Parlement a résisté et le gouvernement a retiré son projet. Quelques années plus tard..., etc.

Comme vous le voyez, c'est la responsabilité morale du gouvernement que l'orateur veut engager. Si vous lisez tous les discours, vous verrez qu'il n'y a que quatre plaignants et qu'on prétend que le public a été trompé sur les cubes de matériaux extraits. Quel témoignage invoquent les orateurs? Le témoignage de M. Druez et celui de M. Fourmont. Nous les retrouvons tous deux à l'information; nous avons revu M. Druez à l'audience; vous le savez, Messieurs, c'est l'homme au profil.

Quelques faits cependant peuvent édifier la Cour sur la valeur technique de ces deux personnages. M. Druez est un employé congédié de la Compagnie; il lui a fait un procès, et il l'a perdu dans les termes suivants :

Sur les 1.750 francs, indemnité de licenciement :

Attendu qu'il résulte des documents de la cause que Druez a été révoqué et non licencié, qu'il n'a donc pas droit, ainsi qu'il le prétend à tort, à l'indemnité stipulée à l'article 42 du règlement précité au profit seul des employés licenciés ;

Que ce chef de demande est en conséquence mal fondé et doit être repoussé ;

Sur les 25.000 francs de dommages et intérêts :

Attendu qu'aux termes du contrat dont s'agit, la Compagnie s'est expressément réservé la faculté de remercier Druez de ses services par sa seule et unique volonté, et dans les conditions prévues au règlement concernant le personnel;

Qu'elle justifie de griefs suffisants pour motiver la révocation dont Druez a été l'objet;

Que ce dernier n'a donc aucun droit à la réparation du préjudice qu'il prétend avoir éprouvé ;

Qu'il y a lieu, en conséquence, de repousser ce chef de demande comme mal fondé;

... Par ces motifs, etc...

Voilà pour M. Druez. Quant à M. Fourmont, M. l'ingénieur Fourmont, comme on l'appelait, écoutez cette lettre qui est du 15 février 1892, c'est-à-dire postérieure de deux ans aux renseignements par lui donnés à M. Gauthier :

Monsieur le vicomte,

J'ai l'honneur de vous donner avis que les difficultés venant de MM. Carnot, Constans et Christophle pour la restauration de l'œuvre du canal de Panama, sont actuellement à peu près annihilées.

Une simple comparaison : le crédit qu'on cherche est renfermé dans un coffre-fort à plusieurs serrures dont les clefs sont en diverses mains... Il faut, pour saisir ce crédit, que toutes les serrures soient ouvertes à la fois... Ce phénomène, qui ne s'était point encore produit, se réalise en ce moment. Ma diplomatie n'y est pour rien. Daignez pousser la porte — elle devra s'ouvrir — et disposer ce qu'il faut pour empêcher qu'elle ne se referme.

Si vous ne profitiez point de cette occasion pour suivre un programme dès longtemps fixé, peut-être ne trouveriez-vous plus d'occasion, et peut-être ne réaliseriez-vous pas ce programme.

Croyez-en votre très humble et tout dévoué serviteur, qui vous exprime ses souhaits pour le prompt et parfait rétablissement de M. Ferdinand de Lesseps, votre père, et vous prie d'agréer ses hommages,

Monsieur le vicomte, après ses meilleurs vœux touchant l'objet de cette lettre.

Signe : FOURMONT.

N'est-il pas clair qu'il y a quelque raison de douter de la solidité des raisons techniques empruntées à M. Fourmont ?

Nous trouvons encore parmi les plaignants M. Lebbé et M. Retault qui ne paraissent point être des créanciers personnels. M. Retault, appelé à l'audience, vous a dit qu'il dirigeait un comité d'obligataires. Il y a en effet deux comités qui se sont formés, l'un à Barbezieux, l'autre à Châteauroux. Je pourrais édifier la Cour en donnant sur ces témoins des renseignements personnels ; mais j'aime mieux tout simplement placer sous les yeux de la Cour ce passage d'une lettre adressée par M. Retault à un journal :

Après l'ancienne administration, on a vu surgir les administrateurs provisoires, auxquels a succédé M. Brunet. Derrière

M. Brunet, M. Monchicourt. Puis l'instruction, conséquence de plaintes des intéressés et des interpellations de leurs défenseurs à la Chambre. Aujourd'hui, ce sont les poursuites et l'enquête parlementaire. Mon Dieu! pourquoi toute cette mise en scène quand il n'est douteux pour personne que le résultat en sera absolument négatif?

Du moins, est-ce le sentiment général. Poursuivre des gens qui, par eux-mêmes ou les leurs, ont eu quatre années pour mettre tout en ordre, paraît être vraiment une mystification à nulle autre pareille. Aussi, laissez-moi vous dire, monsieur le député, au nom de tous les porteurs de titres dont je suis le mandataire, que ce ne sont pas des poursuites officielles que nous demandons : nous sollicitons uniquement qu'on nous laisse pénétrer dans nos propres affaires, nous voulons que le geôlier qui nous en barre l'entrée, M. Monchicourt, fasse place à un liquidateur qui ait notre confiance absolue, avec la possibilité de contrôler tous ses actes. Le siège de la liquidation au panamiste, voilà le désidératum des porteurs de titres, et je suis certain d'avance que tous s'associeront à cette demande...

Des autres plaignants appelés à la barre par M. l'Avocat général, voici seulement ce que je veux dire : l'argent perdu peut expliquer la rancune, il ne saurait justifier les injures; et quand on voit les seuls obligataires qui aient voulu se joindre ouvertement à la prévention, on demeure convaincu que l'immense masse des obligataires a le sentiment exact et profond du tort que la prévention peut lui faire.

Mais à côté de ces intérêts matériels, il y en a d'autres plus généraux et plus grands : ceux de la justice et ceux de la patrie. Est-ce pour les défendre que la prévention s'est armée? Elle le dit, mais en le disant, elle ne s'aperçoit pas qu'elle dirige contre elle-même le plus cruel reproche de maladresse et d'imprévoyance. Et puisqu'il a plu à des hommes passionnés, dans l'intérêt de leurs égoïstes calculs, d'exagérer toutes choses, de transformer des faits civils en faits criminels et de traiter une perte d'argent comme une calamité nationale, que diraient-ils si, exerçant contre eux des représailles légitimes, je considérais à mon tour quelqu'une de ces calamités nationales qui sont bien leur œuvre, comme par exemple le spectacle qu'on nous donne depuis deux mois? Que diraient-ils si je faisais publiquement le calcul de ce que ces choses, qui sont bien, celles-là, des calamités nationales, coûtent, je ne dis pas au prestige et à l'honneur de la France, ce serait pour nous tous un calcul trop cruel, mais seulement à ses finances et à sa fortune? Je ne le ferai pas, obéissant au sentiment de réserve et de modération qui nous est habituel; il me suffit d'avoir signalé ce point de vue, d'avoir ouvert vos yeux sur cet horizon pour avoir le droit de dire que la prévention est déjà jugée par les mobiles qui l'inspirent et par les effets qu'elle produit.

Je vais maintenant entrer dans le détail et considérer de plus près les moyens qu'elle emploie.

La prévention est si faible qu'elle a été, dès le début, obligée de sortir du cadre que la prescription criminelle lui imposait; elle a dû remonter jusqu'à l'origine de l'entreprise pour y trouver ce qu'elle appelle un système d'illusions volontaires et d'espérances chimériques. Comment l'expérience de M. l'Avocat général ne lui a-t-elle pas signalé que plus il s'étend, plus il s'affaiblit? On pourrait bien admettre, en effet, une tentation qui serait née, même pour des hommes honorables, d'une circonstance déterminée, accidentelle, imprévue et plus forte qu'eux-mêmes; mais un système général de fraudes organisées et soutenues pendant dix ans, sous les yeux du public tout entier, par une administration parfaitement honorable, on m'accordera que cela est absolument inadmissible. En réalité, toute une partie du réquisitoire de M. l'Avocat général ressemble beaucoup plus à des conclusions très sévères données sur une demande en dommages et intérêts, qu'à un véritable réquisitoire tendant à l'application des articles 408 et 405 sur des faits qui ne peuvent pas s'étendre au delà de l'année 1888.

Au surplus, les documents abondent pour montrer que jamais œuvre n'a moins eu que celle-ci les allures d'une spéculation; elle a montré, dès le début, le caractère d'une entreprise scientifique et humanitaire.

Lorsqu'on étudie l'histoire rétrospective du canal de Panama, on voit que dès l'année 1520, puis en 1550, puis en 1780, on avait formé divers projets pour mettre en communication les deux océans.

En 1804, le célèbre Humboldt visita l'isthme; il fut frappé de l'intérêt considérable que cette communication devait avoir pour le monde entier. De retour en Europe, il fit part de ses idées à Gœthe; tous deux revinrent fréquemment sur ce sujet, et voici la lettre intéressante que Gœthe écrivait à Humboldt en 1827. Car ces deux hommes appartenaient à cette race d'hommes supérieurs dont l'intelligence habite les sommets d'où l'on commence à apercevoir l'avenir de l'humanité. .

Cette œuvre (en parlant du percement de l'isthme) est réservée à la postérité et à un grand esprit initiateur. La communication maritime entre le golfe du Mexique et le Pacifique du Sud est indispensable; elle se fera; j'aimerais vivre quand ce travail sera exécuté; mais je n'y serai plus, comme aussi je ne vivrai plus pour voir le percement de l'isthme de Suez. Cela vaudrait la peine de vivre encore un demi-siècle pour être témoin de ces deux œuvres gigantesques.

Cependant, bien que l'attention publique fût ainsi depuis lontemps appelée sur ce projet de communication entre les deux mers, tous ces efforts n'avaient abouti à aucun résultat pratique, et la géographie même de l'isthme demeurait en réalité presque inconnue, lorsqu'en 1840, et ensuite en 1870, on fit des pas décisifs vers la solution. En 1840, on construisit le chemin de fer qui va d'Aspinwal à Panama. Chose singulière, la concession fut accordée à une Compagnie française qui se ruina; elle fut ensuite rachetée et exploitée par une Compagnie américaine, c'est le Panama Rail-Road.

En 1870, le gouvernement américain organisa lui-même une vaste expédition scientifique qui dura trois ans. Les résultats généraux furent qu'il fallait peut-être abandonner le passage par le Darien pour le passage par le Panama.

Déjà le congrès de géographie tenu à Anvers en 1871 était saisi de la question; le congrès de 1875, tenu à Paris, l'étudia de nouveau. Maintenant, permettez-moi de laisser la parole aux savants qui ont été les promoteurs de l'entreprise. J'ai là l'énorme volume des travaux du congrès de 1879, et voici ce qu'on lit dans la notice historique qui précède le résumé de ces travaux mêmes :

Le congrès se borna à formuler le vœu que les gouvernements intéressés à l'ouverture d'un canal interocéanique en poursuivent les études avec le plus d'activité possible et s'attachent aux tracés qui présentent à la navigation les plus grandes facilités d'accès et de circulation.

C'était un vœu bien anodin. Cependant la commission de géographie commerciale, qui fonctionnait depuis deux ans au sein de la Société de géographie, et qui devait se transformer plus tard en Société de géographie commerciale de Paris, pensa qu'en attendant l'intervention des puissances, elle pouvait faire faire quelques pas vers la solution du problème en cherchant à établir la géographie de l'isthme d'après les explorations qui l'avaient sillonné. Ce travail l'amena bien vite à constater qu'en dépit du nombre des explorateurs, on ne possédait pas de notions topographiques assez complètes sur plusieurs points du Darien et sur beaucoup de vallées méridionales des Cordilières. Tant que de pareilles lacunes persisteraient dans la géographie de l'isthme, on devrait renoncer à se prononcer, en connaissance de cause, sur le choix d'un tracé.

Mais les explorations à faire étaient difficiles et coûteuses. La commission de géographie commerciale ne pouvait songer à les défrayer. D'autre part, l'institution naissante avait encore trop peu de crédit pour espérer qu'un appel au public pût lui apporter les sommes nécessaires. Après avoir pris conseil du bureau de la Société de géographie, elle décida de remettre la continuation de son œuvre entre des mains plus puissantes. Ce fut alors qu'elle constitua, le 24 mars 1876, un comité français pour l'étude du percement d'un canal interocéanique. M. de Lesseps en fut nommé président, MM. l'amiral de La Roncière le Nourry, président de la Société de géographie, et Meurand, président de la Société de géographie commerciale, vice-présidents. Les membres, au nombre de neuf, étaient MM. Daubrée, Levasseur et Delesse (de l'Institut), le comte Foucher de Careil, Malte-Brun, Cotard, Maunoir, Hertz; Bionne, secrétaire; ils s'adjoignirent successivement le concours de MM. de Watteville, Herpin, Georges Perin, Dauzats, Gauthiot et Capitaine.

Le comité se mit immédiatement à l'œuvre et poursuivit les études que la commission de géographie commerciale avait entreprises. A peine était-il constitué que le général Turr et M. L.-N. Wyse formèrent une société civile qui se chargeait de défrayer les explorations nécessaires. Avant la fin de l'année, une commission internationale par le choix de ses membres opérait sur les terrains, sous la direction de M. Wyse; elle se composait de MM. Celler, ingénieur en chef des Ponts et Chaussées; Armand Reclus, lieutenant de vaisseau; Dixio, officier d'ordonnance de S. M. le roi d'Italie; Gerster, Brooks, de Lacharme et Musso, ingénieur.

Ses travaux furent pénibles, mais conduits avec une grande énergie. La route de M. de Gogorza n'offrait pas d'avantages particuliers; MM. Wyse et Reclus, en se rejetant vers l'ouest, pensèrent trouver une voie plus favorable entre la Tuyra et la baie d'Acanti; mais leurs opérations furent interrompues par la saison des pluies. Trois membres de l'expédition succombèrent aux fatigues de cette laborieuse campagne : Dixio, Brooks et Musso.

MM. Wyse et Reclus reprirent leurs travaux l'année suivante avec le concours de MM. Verbrugghe, Sosa et de Lacharme. Pendant que Reclus achevait la reconnaissance de la voie Tuyra-d'Acanti, M. Wyse faisait l'exploration de l'isthme de San-Blas. L'expédition se vit ainsi conduite jusqu'à l'isthme de Panama, qui fut également étudié. Dans cette marche de l'est à l'ouest, toutes les vallées du versant méridional de la Cordilière furent reconnues, depuis le golfe de San-Miguel, jusqu'à la baie de Panama. Dès lors, les lacunes étaient comblées; il ne restait plus à MM. Wyse et Reclus qu'à mettre en ordre leurs documents et à dresser les tracés des divers projets de canal à niveau qu'ils proposaient d'ouvrir à travers l'ensemble des terrains si vaillamment explorés.

Tel était l'état de la question lorsque le congrès international d'études du canal interocéanique s'ouvrit à Paris, le 15 mai 1879, dans l'hôtel de la Société de géographie. Il dura jusqu'au 29 août. En fait, Messieurs, 138 membres s'étaient fait inscrire à l'avance, mais il n'en vint que 98, ce qui ne saurait surprendre quand on songe qu'ils venaient de tous les points du monde, même de la Chine et du Japon.

Le congrès se divisa en cinq commissions, et l'indication du titre de ces commissions a son intérêt : 1° Commission de statistique; 2° Commission économique et commerciale; 3° Commission de navigation; 4° Commission technique; 5° Commission des voies et moyens pour l'exécution du canal.

Les travaux de ce congrès ont, pour notre défense, un intérêt capital. Car il donne à l'entreprise son véritable caractère par l'alliance des vues les plus élevées de la science et de la philanthropie avec les intérêts les plus grands du commerce et de l'industrie. Je montrerai, en outre, que M. Ferdinand de Lesseps a eu les yeux constamment fixés sur le programme tracé par le congrès et que la foi invincible qu'il a gardée jusqu'au bout dans le succès de l'œuvre, avait précisément pour garantie sa confiance absolue dans la science des hommes qui avaient pris part au congrès.

Il a été fort souvent question dans le procès du rapport sur le trafic probable du canal; la Compagnie de Panama a eu plusieurs fois l'occasion de le publier dans son *Bulletin*. Par conséquent, il n'est pas sans intérêt de placer sous les yeux de la Cour les termes mêmes de certains passages qui ont tenu une grande place dans la discussion. Voici comment s'exprimait M. Levasseur dont tout le monde reconnaît la haute compétence :

Nous avons osé faire ce calcul jusqu'au jour où le canal existera, parce que, dans des conditions économiques analogues, le passé, une fois constaté, pouvait servir de mesure à un avenir prochain. Ajoutons que nous l'avons fait parce qu'il fallait une réponse positive à la question que vous nous aviez posée et qu'il vaut mieux en effet, en pareille matière, un nombre appuyé sur des frais précis et calculé par des procédés connus qu'une pure hypothèse. Nous avons dû user des procédés de ce qu'on appelait autrefois l'arithmétique politique : nous savons à quelles erreurs ils risquent de conduire. Dans le cours de ce travail, nous avons nous-mêmes dû plusieurs fois compléter nos données et remanier nos calculs, et nous ne présentons aujourd'hui le résultat que comme une simple approximation, fondée sur les probabilités. Nous le résumons ainsi en terminant :

Dans dix ans, époque avant laquelle le canal ne sera sans doute pas livré à la circulation, 5 millions 1/4 de tonnes au moins représenteront vraisemblablement le mouvement commercial des deux océans, et 2 millions de tonnes environ représenteront la fraction du mouvement commercial entre l'Orient et l'Europe qui semble pouvoir être détournée de la route suivie aujourd'hui pour prendre celle de l'isthme américain; en tout 7 millions 1/4 de tonnes.

Il importe de ne pas se méprendre sur la portée de ces chiffres. Ils ne signifient pas que 7.250.000 tonnes prendront nécessairement la route du canal l'année de son ouverture, ni même les années suivantes. Tout d'abord, il faut remarquer la différence qu'il y a, au point de vue des probabilités, entre un courant qui existe et un courant qu'on estime devoir se former. Or, nous comptons 2 millions pour un courant de cette seconde espèce. Nous ne disons même pas que le courant qui existe et qui, si aucune perturbation extraordinaire ne modifie le mouvement économique dans l'intervalle, se trouvera, d'après une évaluation modérée, grossi jusqu'à 5 millions 1/4 de tonnes en 1886, doive entrer tout entier dans le canal. Nous donnons en bloc le nombre brut; nous ne faisons pas la part de chacune des voies de communication qui existeront alors à travers le continent ou au sud du continent américain.

C'est au canal à se la faire lui-même. Nous lui montrons le double réservoir dans lequel il aura à puiser pour s'alimenter au jour de sa naissance et, afin de rester fidèle à notre mission toute scientifique, nous bornons là nos indications. Voilà le point de départ.

Il appartiendra ensuite au canal d'attirer à lui la clientèle et d'accroître d'année en année son trafic dans une mesure que nous renonçons à fixer, et qui sera d'autant plus grande qu'il aura complètement favorisé l'accroissement de la richesse dans les contrées qu'il rapproche...

. . . .

Nous ajoutons, comme nous l'avons déjà dit, qu'il aura pour cela de grands avantages sur les voies rivales, parce qu'il permettra un transport sans transbordement et qu'il offrira, dans la plupart des cas, la route la plus courte. Nous répétons aussi que nous n'avons pas cherché à enfler ses espérances; nous avons réduit plusieurs fois, et nous n'avons jamais cherché à exagérer les estimations. Nous avons en outre compté les tonnes telles que les enregistre la statistique douanière en France, en Angleterre et aux États-Unis; par consequent, nos nombres pourraient être regardés comme inférieurs d'un tiers au tonnage brut des bateaux à vapeur, d'un vingtième au tonnage brut des voiliers, d'un peu moins d'un tiers, et d'un vingtième au « gross tonnage ». Cette considération, que nous avons volontairement négligée, n'est pourtant pas indifférente pour le revenu d'un capital...

Une seconde question, non moins grave, s'éleva devant le congrès sur le choix du tracé du canal ; le congrès la trancha en faveur du tracé de Panama ; pourquoi? Parce que là seulement il était possible de faire un canal à niveau.

Puis, franchissant immédiatement tous les détails de ces longues opérations, j'arrive à la fin de ce congrès, à la dernière séance dans laquelle les résolutions ont été prises. Et pour vous montrer la gravité de ces délibérations, permettez-moi de placer sous vos yeux quelques extraits du procès-verbal :

Tous ces motifs mûrement posés, rapprochés les uns des autres, permettent à l'assemblée générale d'émettre en parfaite connaissance de cause la conclusion suivante :

Le congrès estime que le percement d'un canal interocéanique à niveau constant, si désirable dans l'intérêt du commerce et de la navigation, est possible ; et que ce canal maritime, pour répondre aux facilités indispensables d'accès et d'utilisation que doit offrir avant tout un passage de ce genre, devra être dirigé du golfe du Limon à la baie de Panama.

Voilà l'œuvre du congrès. Au moment où il achève sa tâche, il lui appartient d'exprimer hautement qu'il a rempli en toute conscience son devoir ; d'autres, appelés à profiter du canal interocéanique, diront un jour s'il a bien mérité de l'humanité.

Puis voici comment le vote a eu lieu :

M. DE LESSEPS. — Vous allez être appelés à exprimer votre vote. Afin que chacun puisse être bien convaincu qu'il va voter en toute conscience, je prierai monsieur le secrétaire général de vouloir bien relire l'ordre du jour et les passages relatifs à ce vote.

M. Henri Bionne fait une nouvelle lecture de l'ordre du jour.

M. RUELLE. — Admettez-vous dans le vote une réserve de trois ou quatre mots ?

M. DE LESSEPS. — Si cela devait être trop long, les motifs du vote seraient annexés au procès-verbal.

Je ne place pas, bien entendu, sous les yeux de la Cour le détail de tous ces votes. Je signale seulement deux incidents :

M. LE PRÉSIDENT. — M. Hartley vient de se présenter à la séance ; il arrive du Danube. Nous sommes très heureux de sa présence. Ses lumières nous seront utiles, puisqu'il est un des ingénieurs éminents de la commission européenne du Danube, mais il ne lui est pas possible de voter, puisqu'il n'a pas pris part à nos délibérations.

Voilà certes une pratique qu'on peut recommander à nos assemblées délibérantes...

M. HARTLEY. — Je remercie beaucoup monsieur le président des paroles bienveillantes qu'il vient de m'adresser. Il n'a pas dépendu de moi de n'arriver qu'au moment où le congrès a terminé ses travaux.

Quand on arrive à la lettre L et au nom de M. Levasseur, voici comment il motive son vote :

M. LEVASSEUR. — Je vote oui !

J'ai toujours pensé qu'en vue, non seulement du présent, mais plus encore de l'avenir d'une œuvre qui doit durer des siècles, et pour laquelle on ne peut mesurer le développement du trafic futur, il importait que la circulation se rapprochât, autant que faire se peut, de ce qu'elle est dans un détroit, et que le canal maritime à niveau était par conséquent préférable aux autres systèmes. La commission technique a décidé que le canal à niveau était possible et que la meilleure voie était celle de Panama ; la résolution présentée au vote général du congrès porte précisément sur ce point, Je lui donne une entière adhésion.

Enfin voici le résultat du scrutin :

Abstentions	12
Non	8
Oui	78
Total	98

Arrivons maintenant à la fin de cette séance mémorable :

Au moment de nous séparer, dit M. de Lesseps, je dois vous avouer que je suis passé par bien des perplexités pendant le temps qu'a duré ce congrès. Je ne pensais pas, il y a quinze jours, que je serais obligé de me mettre à la tête d'une entreprise nouvelle. Mes meilleurs amis ont voulu m'en dissuader, me disant qu'après Suez je devais me reposer.

Eh bien ! si l'on demande à un général qui a gagné une première bataille s'il veut en gagner une seconde, il ne peut pas refuser. (*Applaudissements réitérés pendant plusieurs minutes.*)

M. de Lesseps cède la presidence à M. l'amiral baron de la Roncière le Noury.

M. l'amiral de la Roncière le Noury :

Messieurs,

En vous offrant leur cordiale hospitalité, les Sociétés de géographie prévoyaient avec quelle ardeur chacun de vous s'empresserait de venir apporter sa première pierre à l'œuvre que nous entreprenons.

La pose de cette première assise n'était pas un des actes les moins difficiles de votre tâche.

L'élévation de votre esprit a triomphé de cette difficulté initiale, et vous avez fixé une base, marqué le point de départ mémorable dans les fastes de l'entreprise.

La géographie a accompli la première œuvre. A vous maintenant de la continuer, hommes de science de tout ordre, habiles ingénieurs que rien n'arrête, techniciens dont la hardiesse égale l'activité, capitalistes prévoyants...

Écoutez bien ceci, et mettant la main sur vos consciences, demandez-vous s'il est possible de condamner ceux qui ont eu des illusions et qui en ont été victimes.

... capitalistes prévoyants qui viendrez apporter à cette œuvre vos richesses qui en seront doublées, à vous, presse intelligente qui avez déjà préparé les esprits à envisager en face cette grande œuvre !

Le concours des hommes éclairés du monde entier ne vous fera point défaut, et vous serez soutenus par le souffle qui donne la vie à toutes les grandes choses.

Aidés de tels efforts, Dieu permettra que l'intelligence humaine défie encore les obstacles que la nature a mis à l'expansion de son activité.

Messieurs, le 29 mai 1879 marquera le début de la plus vaste entreprise des temps modernes. Beaucoup d'entre nous, sans doute, n'en verront pas l'achèvement. Mais à chacun de nous restera l'honneur d'avoir attaché son nom au congrès international de l'isthme américain, et cet honneur, il le transmettra avec fierté à ses descendants ; ne puis-je pas ajouter que ce sera aussi l'honneur de la France entière ?

En nous séparant, permettez-moi, messieurs, de terminer par un vœu qui est déjà dans vos cœurs : Puisse l'homme illustre qui a été l'âme de vos délibérations, qui vous a charmés par son aménité, qui est la personnification des grandes entreprises, vivre assez longtemps pour voir se terminer une œuvre à laquelle son nom restera désormais attaché, dont il n'a pas refusé la haute direction ; il continuera ainsi la mission qui a fait de lui un citoyen du monde entier.

Je ne sais si je me trompe, mais il me semble qu'il

n'y a rien de plus beau, de plus caractéristique, tout au moins, même au point de vue du procès actuel, que ce début solennel de cette gigantesque entreprise. Croyez-le bien, quand le canal de Panama sera creusé, ou par des mains françaises ou par des mains étrangères, on dressera à l'entrée la statue de M. Ferdinand de Lesseps, et on gravera sur le socle le nom des savants qui ont pris part au congrès de 1879.

Ne dirait-on pas, à sept cents ans d'intervalle, un concile décrétant la croisade? Ce ne sont plus, il est vrai, des évêques qui, à la fin de leurs graves travaux, pris d'un enthousiasme religieux, s'écrient: Dieu le veut! Dieu le veut! Non, ce sont des savants qui, acclamant M. Ferdinand de Lesseps, lui empruntent sa fameuse devise: *Aperire terram gentibus*. Il ne s'agit plus d'arracher le tombeau du Christ aux infidèles, mais cette œuvre nouvelle n'a pas moins de grandeur, il s'agit de changer le commerce du monde, de rapprocher des peuples que trois mille lieues séparent, de modifier l'écorce terrestre, et, s'il m'est permis d'employer une expression semblable, de faire des retouches à l'œuvre de Dieu!

Aussi, voyez comme ils s'enflamment! Oh! la foi a changé d'objet; les croisés comptaient autrefois sur la protection miraculeuse du ciel, les savants d'aujourd'hui s'en fient à l'infaillibilité de la science. La foi a changé d'objet, mais c'est toujours la foi, avec ses mouvements superbes qui élèvent l'homme au-dessus de lui-même, en lui cachant, hélas! les forces véritables de cet invincible ennemi qui s'appelle la nature et vend si cher à l'humanité les triomphes qu'elle remporte sur lui. (*Mouvement dans l'auditoire.*)

Belles chimères! dit M. l'Avocat général, mais

voyez donc ce qu'elles ont coûté! Vous avez raison, Monsieur l'Avocat général. Les croisades étaient une chimère, la campagne d'Egypte était une chimère, car vous appelez chimères toutes les grandes aventures qui n'ont pas réussi. Mais voyez-vous, l'humanité ne peut point encore se passer de ces chimères-là. Et que faisons-nous nous-mêmes, en ce moment? Que font donc ces braves soldats qui s'en vont mourir là-bas, au cœur de l'Afrique? Que fait ce vaillant officier qui, pendant deux ans, a risqué sa vie tous les jours pour traverser le continent noir, du golfe de Bénin jusqu'à Tripoli? que faisons-nous nous-mêmes, lorsque nous sentons nos cœurs battre et nos yeux se mouiller de larmes au récit de ces nobles exploits? Ce que nous faisons, je vais vous le dire: nous préparons le chemin à des Compagnies de commerce qui viendront derrière les soldats essayer de tracer des routes, des chemins de fer, d'établir des comptoirs dans ces pays terribles; elles nous demanderont de l'argent, et nous leur en donnerons. Qui vous assure qu'elles ne se ruineront pas plusieurs fois avant de réussir? Et alors, un de vos successeurs viendra, Monsieur l'Avocat général, et dira: Chimères! Ne voyez que l'argent perdu et hâtez-vous de déshonorer ces hommes audacieux afin que personne désormais ne soit tenté d'imiter leur exemple! C'est là votre idéal, je vous le laisse, je ne vous l'envie pas et je garde le mien... Mais sachez bien que lorsqu'un grand peuple a renoncé à s'enflammer pour de telles chimères et à leur faire, soit en or, soit en sang, les sacrifices qu'elles exigent, il faut qu'il se résigne à demeurer toujours comme le bœuf servile et lourd, le front courbé vers le sol et à sortir, pour céder sa place à d'autres, du rang glorieux où ses aïeux l'avaient placé!

Et quel âge avait-il, ce vieillard, auquel on imposait la charge de diriger cette œuvre que ceux-là mêmes qui la préconisaient considéraient comme la plus vaste entreprise des temps modernes? Il avait soixante-quatorze ans!

Le seul moyen de faire comprendre à la Cour l'empire extraordinaire que M. Ferdinand de Lesseps exerçait sur les grands comme sur les petits est précisément de parcourir brièvement les principales étapes de sa vie. Nous sommes ici, au surplus, en police correctionnelle. C'est l'homme que vous devez connaître, parce que c'est l'homme que vous devez juger. D'ailleurs, il ne m'entend pas, et si on lui lisait mes paroles, il ne pourrait pas les comprendre. En 1888, M. Ferdinand de Lesseps avait quatre-vingt-trois ans, et le temps avait jusque-là respecté toutes ses forces. Mais quand il lui fallut donner l'ordre de cesser les travaux dans l'isthme, il demeura comme foudroyé. En trois mois, il vieillit de dix ans. Deux ans après, il put encore se rendre à la première convocation de M. le conseiller Prinet et faire quelques vagues réponses à d'insignifiantes questions. En rentrant chez lui il se mit au lit, et pendant un mois, il ne proféra pas une seule parole. J'aurais pu, Messieurs, le faire apporter devant nous sur un fauteuil, mais je sais d'avance le spectacle que je vous aurais donné. Cet auditoire tout entier se serait levé pour laisser passer jusqu'à vous cette gloire et cette infortune. Peut-être un réveil soudain aurait secoué pour un instant cette noble intelligence, peut-être aurait-il aperçu comme dans un éclair l'horreur de cette scène, peut-être il aurait fait entendre un cri de protestation contre les hommes qui veulent attenter à son honneur et à celui de son fils, mais il serait tombé pour ne plus se relever. Les orateurs anglais, comme les Romains d'autrefois, aiment assez ces scènes pathétiques. Je suis convaincu que la Cour me saura gré de la lui avoir épargnée, et d'avoir pensé qu'elle n'en avait pas besoin pour ressentir la noble émotion qu'elle aurait certainement fait naître dans vos cœurs !

Je puis donc parler de lui librement, comme s'il reposait déjà dans le tombeau. Aucun homme d'ailleurs n'est plus facile à pénétrer et à peindre ; ses qualités, en effet, sont toutes des vertus de race et ses défauts sont la rançon inévitable de ses qualités. Mettez ensemble un esprit d'aventures et une audace incroyables, une ténacité invincible, un amour passionné pour la gloire de son pays, et vous l'aurez, en trois mots, tout entier.

M. Ferdinand de Lesseps est issu d'une vieille famille de diplomates qui sert la France à l'étranger depuis le XVIIe siècle. Un de ses oncles, Barthélemy de Lesseps, a fait partie de l'une des expéditions de Lapérouse ; il a été consul général en Russie, gouverneur de Moscou en 1812, consul général à Lisbonne en 1832, où il est mort. Barthélemy de Lesseps avait, lui aussi, une nombreuse famille. Caulaincourt, dans ses mémoires, rapporte cette anecdote : Un jour, l'Empereur de Russie, en voyant Barthélemy de Lesseps, lui dit : « Mais où est donc Mme de Lesseps ? — Sire, dit-il, elle est accouchée hier. — Encore ! dit l'empereur ; mais combien avez-vous donc d'enfants ? — Ils sont, répondit M. de Lesseps, aussi nombreux que les sables du désert. » Voilà de ces mots et de ces prodigalités qui ne sont pas à la portée de tout le monde... (*Rires.*)

Le frère de Barthélemy, Mathieu de Lesseps, fut commissaire général à Cadix, en Egypte et en Toscane, il fut président du Sénat ionien, préfet et comte de l'empire, consul général aux Etats-Unis et enfin à Tunis, où il mourut aussi en 1832. Dans l'intervalle de ses missions, il habitait Versailles où en 1805, le 19 novembre, naquit M. Ferdinand de Lesseps.

M. Ferdinand de Lesseps débuta, en 1825, à Lisbonne comme élève consul, puis il fut envoyé en 1832 à Alexandrie, et c'est là qu'il eut pour la première fois connaissance d'un rapport fait par l'ingénieur français Lepère au général Bonaparte, rapport qui avait pour but d'établir une communication entre les deux mers. M. de Lesseps resta sept ans en Egypte, de 1832 à 1839, et là, il se lia d'amitié avec Saïd, l'un des fils de Mehemet-Ali. Plus tard, il le retrouva à Paris exilé à la suite d'une conspiration de palais.

En 1835, M. de Lesseps reçut la croix de chevalier de la Légion d'honneur à cause du dévouement qu'il avait montré dans une épidémie de peste qui avait décimé l'Egypte, et à partir de ce moment son nom était populaire dans toute l'Égypte et même en Palestine; je pourrais en donner mille preuves à la Cour si, dans une existence aussi bien remplie, je n'étais obligé de ne m'attacher qu'aux faits absolument nécessaires. M. Ferdinand de Lesseps quitta l'Egypte en 1842 et il fut envoyé comme consul général successivement à Rotterdam, à Malaga, et enfin à Barcelone. Là, encore, il eut l'occasion de montrer son courage. Le régent d'Espagne Espartero avait conclu avec l'Angleterre un traité de commerce désapprouvé par la nation espagnole; la Catalogne se souleva. Espartero vint mettre le siège devant Barcelone révoltée et on commença le bombardement. Le consul français n'hésita pas à donner asile sur les bâtiments français qui étaient en rade aux chefs espagnols que menaçait d'une façon plus particulière la cruauté du tyran. Il en fut récompensé par la lettre suivante :

20 décembre 1843.

Monsieur,

En donnant, dans ma dépêche du 12 de ce mois, de justes éloges à la conduite que vous avez tenue pendant les événements de Barcelone, je vous mandais que j'allais solliciter pour vous un témoignage spécial de la satisfaction du Roi.

J'ai l'honneur de vous annoncer que Sa Majesté vous a nommé, sur ma proposition, officier de son ordre royal de la Légion d'honneur. Le gouvernement du Roi s'est, d'ailleurs, proposé de répondre par cette marque de bienveillance et de haute distinction, aux indignes calomnies dont vous étiez plus ou moins officiellement l'objet. Il continue, monsieur, de rendre la plus éclatante justice à l'intelligence et à la dignité parfaite avec lesquelles vous avez su remplir, dans des circonstances si graves, les devoirs imprescriptibles de l'humanité et les concilier avec d'autres devoirs également obligatoires. Du reste, le gouvernement du Roi entend bien obtenir satisfaction des attaques odieuses dirigées contre la France et contre vous, et, dans ce but, il n'omettra rien de ce que réclame le sentiment de sa dignité, d'accord avec la conscience de son bon droit.

Recevez, etc.

Signé : GUIZOT.

Lamartine le nomma ambassadeur à Madrid en 1848; car vous remarquerez ce détail: partout où M. de Lesseps a passé dans un rang secondaire, il rend de tels services et s'y fait tellement apprécier qu'on l'y renvoie avec un rang plus élevé. Néanmoins, sa carrière diplomatique touchait à sa fin.

Vous vous souvenez, Messieurs, de l'expédition de Rome et de cette singulière campagne, triste début de la politique tortueuse et sans adresse que tant de révélations nous ont fait connaître et qui nous a coûté si cher. M. Ferdinand de Lesseps ne voulut pas la servir, il demanda sa mise en disponibilité; il avait alors quarante-cinq ans.

Quatre ans après, il obtenait de Saïd, son ami, devenu vice-roi d'Egypte, le firman de concession du percement de l'isthme de Suez, qui lui avait été refusé deux ans auparavant par Abbas. Il annonçait cette nouvelle à sa belle-mère, Mme Delamalle, car M. Charles de Lesseps est l'arrière petit-fils d'un des bâtonniers de notre ordre, il adressait, dis-je, de Port-Saïd à sa belle-mère la lettre suivante :

Le 15 novembre 1854.

A cinq heures du matin, je n'étais pas encore habillé. Qui m'aurait vu, devant ma tente, avec ma robe de chambre rouge, semblable à la pelisse d'un sherif de la Mecque, faisant mes ablutions jusqu'au coude, m'aurait pris pour un vrai croyant, et, du temps de l'Inquisition, j'aurais été brûlé vif; car vous savez que, parmi les cas qui provoquaient les tortures et les autodafés, figurait en première ligne le lavage des bras jusqu'au coude.

Le camp commence à s'animer, la fraîcheur annonce le prochain lever du soleil. Je me couvre de vêtements plus chauds que ma robe de chambre et je reviens à mon observatoire. Quelques rayons de lumière commencent à éclairer l'horizon ; à ma droite, l'Orient est dans toute sa limpidité ; à ma gauche, l'Occident est sombre et nuageux.

Tout à coup, je vois apparaître de ce côté un arc-en-ciel aux plus vives couleurs, dont les deux extrémités plongeaient de l'ouest à l'est. J'avoue que j'ai senti mon cœur battre violemment et j'ai eu besoin d'arrêter mon imagination qui voyait déjà, dans ce signe d'alliance dont parle l'Ecriture, le présage de la véritable union entre l'Occident et l'Orient du monde et le jour marqué pour la réussite de mon projet.

Le vice-roi m'aide à sortir de mes réflexions. Il s'avance vers moi; nous nous souhaitons le bonjour par une bonne et franche poignée de main à la française. Il me dit qu'il a le projet de faire, ce matin, une partie de la promenade dont je lui avais parlé la veille, afin de voir, des hauteurs, toutes les dispositions de son camp. Nous montons à cheval, précédés de deux lanciers et suivis de l'état-major. Arrivé à un point culminant, dont le sol est parsemé de pierres signalant d'anciennes constructions, le vice-roi trouve cet endroit très convenable pour préparer le départ du lendemain. Il envoie un aide de camp pour faire diriger de ce côté sa tente et sa voiture, espèce d'omnibus traîné par six mulets et disposé en chambre à coucher. La voiture est enlevée au galop par les mules jusqu'au haut de la colline. Nous nous asseyons à son ombre. Devant nous, le vice-roi fait élever par ses chasseurs un parapet circulaire formé de pierres amassées sur le sol. On pratique une embrasure et l'on y place un canon qui salue le reste des troupes arrivant d'Alexandrie et dont les têtes de colonnes apparaissent au delà du camp.

Il est dix heures et demie; le vice-roi ayant déjeuné avant la promenade, je vais en faire autant avec Zulfikar-Pacha. En quittant le vice-roi, je veux lui montrer que son cheval, dont j'ai éprouvé les solides jarrets pendant une première journée de voyage, est un sauteur de première force; tout en le saluant, je fais franchir d'un bond le parapet de pierres par mon anézé et je continue mon galop sur le penchant de la colline, jusqu'à ma tente. Vous verrez que cette imprudence a peut-être été une des causes de l'approbation donnee à mon projet par l'entourage du vice-roi, approbation qui était necessaire. Les généraux qui sont venus partager mon déjeuner m'ont fait compliment, et j'ai remarqué que ma hardiesse m'avait considérablement grandi dans leur estime.

J'avais juge que le vice-roi était suffisamment préparé, par mes précédentes conversations générales, à reconnaître l'avantage qu'a tout gouvernement à faire exécuter par des Compagnies financières les grands travaux d'utilité publique. Guidé par l'heureux pressentiment de l'arc-en-ciel, j'espérais que la journée ne se passerait pas sans qu'une décision fût prise au sujet du percement de l'isthme de Suez.

A cinq heures du soir, je remonte à cheval et je retourne dans la tente du vice-roi; escaladant de nouveau le parapet dont je viens de parler. Le vice-roi était gai et souriant; il me prend par la main, qu'il garde un instant dans la sienne, et me fait asseoir sur son divan à côté de lui. Nous étions seuls; l'ouverture de la tente nous laissait voir le beau coucher de ce soleil dont le lever m'avait si fort ému, le matin. Je me sentais fort de mon calme et de ma tranquillité, dans un moment où j'allais aborder une question bien décisive pour mon avenir. Mes études et mes réflexions sur le canal des deux mers se présentaient clairement à mon esprit; et l'exécution me semblait si réalisable que je ne doutais pas de faire passer ma conviction dans l'esprit du prince. J'exposai mon projet, sans entrer dans les détails, en m'appuyant sur les principaux faits et arguments développés dans mon mémoire, que j'aurais pu réciter d'un bout à l'autre. Mohammed-Saïd écouta avec intérêt mes explications. Je le priai, s'il avait des doutes, de vouloir bien me les communiquer. Il me fit, avec beaucoup d'intelligence, quelques objections auxquelles je répondis de manière à le satisfaire, puisqu'il me dit enfin : « Je suis convaincu, j'accepte votre plan; nous nous occuperons, dans le reste du voyage, des moyens d'exécution; c'est une affaire entendue; vous pouvez compter sur moi. »

Là-dessus, il fait appeler ses généraux, les engage à s'asseoir sur des pliants rangés devant nous et leur raconte la conversation qu'il vient d'avoir avec moi, les invitant à donner leur opinion sur les propositions de son ami. Ces conseillers improvisés, plus aptes à se prononcer sur une évolution équestre que sur une immense entreprise dont ils ne pouvaient guère apprécier la portée, ouvraient de grands yeux en se tournant vers moi, et me faisaient l'effet de penser que l'ami de leur maître, qu'ils venaient de voir si lestement franchir à cheval une muraille, ne pouvait donner que de bons avis. Ils portaient de temps en temps la main à la tête en signe d'adhésion, à mesure que le vice-roi leur parlait.

On apporta le plateau du dîner et, de même que nous avions tous été du même avis, nous plongeâmes nos cuillères dans la même gamelle, qui contenait un excellent potage. Tel est le fidèle récit de la plus importante négociation que j'aie jamais faite et que je ferai jamais.

N'aurais-je pas manqué à tous mes devoirs envers la Cour si j'avais laissé une telle lettre dans mon dossier? Comme ces grands hommes d'action ont le don de communiquer la vie à leurs récits, comme ils savent voir et faire voir... Et puis, y a-t-il au monde rien de plus vraiment oriental que cette scène, cette concession de l'une des plus grandes entreprises des temps modernes faite ainsi le soir, après une revue, à ce Français qui vient de prouver son génie en sautant à cheval un parapet sans se casser les reins, en face de ces généraux égyptiens, rangés en rond et promenant autour d'eux leurs grands yeux noirs ébahis, entre ces nuages lourds et menaçants du matin, que l'iris de l'arc-en-ciel a tout à coup colorés d'espérance, et ce coucher splendide qui fait un instant flamboyer le désert et présage aux hommes, fatigués de leurs travaux ou de leurs rêves, la fraîcheur de la nuit et le calme du lendemain!

Je n'ai nul dessein de vous raconter l'histoire du canal de Suez, et, en exaltant le succès de la première entreprise de M. Ferdinand de Lesseps, de faire oublier à la Cour l'insuccès de la seconde; je n'emploie pas de pareils moyens. Il y a pourtant entre ces deux entreprises, exécutées dans un même but et par le même homme, des rapprochements, des analogies tout à fait remarquables qui vous permettront de comprendre certaines idées de M. de Lesseps dans l'affaire de Panama, certaines obstinations qui lui ont été reprochées, certaines espérances qu'il avait conçues et qu'il avait, vous le verrez, toute raison de concevoir.

J'ajoute que M. l'Avocat général m'a lui-même provoqué à cette comparaison. Hier, à la fin de l'audience, il vous disait : « Ne nous parlez pas du succès de Suez, les difficultés mêmes que vous avez eues à vaincre, l'insuccès que vous avez si souvent côtoyé, tout cela devait vous avertir et vous empêcher de tenter une nouvelle aventure... » Ah! mon Dieu! que M. l'Avocat général est donc raisonnable! Certainement, s'il avait été l'ami du général Bonaparte, le lendemain de la bataille de Marengo, il n'aurait pas manqué de lui dire : « Général, prenez garde ; à deux heures vous étiez battu et M. de Mélas, votre adversaire, avait envoyé des courriers dans toute l'Europe pour annoncer sa victoire; il a fallu l'arrivée de votre ami Desaix, qui venait se faire tuer, pour rétablir vos affaires et vous donner l'une des plus belles victoires que vous ayez jamais remportées. Mais, prenez-y garde! La fortune vous donne ici un avertissement salutaire et, si vous êtes un homme prudent, vous ne tirerez plus jamais l'épée du fourreau... » (*Rires.*)

Je suis loin de méconnaître la sagesse de pareils conseils, mais on m'accordera qu'on peut ne pas les suivre sans s'exposer à être traîné en police correctionnelle. En tout cas, j'ai de bonnes raisons pour vous parler, après M. l'Avocat général, de l'entreprise de Suez.

Ainsi, dès 1855, avant le commencement des travaux, M. Ferdinand de Lesseps avait organisé une commission scientifique. Vous y reconnaissez le germe de la réunion scientifique qui a précédé l'entreprise de Panama. Cette commission de 1855 avait évalué à 200 millions au maximum le montant des travaux pour le percement de Suez. Il en coûta 450 millions. Si vous voulez bien vous rappeler que la commission internationale avait évalué à 1 milliard 70 millions le coût du canal de Panama, et si vous nous accordez le bénéfice des mêmes illusions, il s'en déduira une conséquence sur laquelle je n'ai pas besoin d'insister.

Ainsi M. de Lesseps, dans sa première entreprise, avait eu à combattre l'opposition acharnée de l'Angleterre. C'est pour cela qu'il organisa le comité américain, afin de se faire un allié de l'Amérique.

Je ne vous rappelle ni les intrigues de l'Angleterre, ni les efforts faits par lord Palmerston pour empêcher le sultan de ratifier le firman de concession, ni l'arrêt des travaux ordonné par Saïd, ni la question de la corvée soulevée par Nubar, soutenue en France par le duc de Morny, et tranchée par une sentence de l'empereur Napoléon ; je ne vous rappelle pas davantage ces magnifiques voyages que M. de Lesseps fit alors en Angleterre, s'en allant, les mains et les poches pleines de brochures, soulever l'Angleterre commerçante contre les calculs étroits de son gouvernement. Mais, ce qu'il faut rappeler, ce sont les erreurs colossales que les hommes d'État, les capitalistes, les ingénieurs commettaient dans l'affaire de Suez, erreurs que l'événement ensuite a condamnées et qui ont conduit M. de Lesseps à l'excès d'optimisme qu'on lui a souvent reproché.

Ecoutez le langage que le premier ministre d'Angleterre tenait aux capitalistes de son pays :

Le gouvernement de Sa Majesté, dit en résumé lord Palmerston, ne peut certainement pas employer son influence sur le Sultan pour l'induire à permettre la construction de ce canal parce que, dans les quinze dernières années, le gouvernement de Sa Majesté a usé de toute l'influence qu'il possède à Constantinople et en Egypte pour empêcher que ce projet ne fût mis à exécution.

C'est une entreprise qui, je le crois, au point de vue du caractère commercial, peut être jugée comme étant au rang de ces nombreux projets d'attrape qui, de temps en temps, sont tendus à la crédulité des capitalistes gobe-mouches. Je pense qu'il est physiquement impraticable, si ce n'est pas une dépense qui serait beaucoup trop grande pour garantir aucune espérance de rémunération. Ceux qui engagent leur argent dans une entreprise de cette espèce (si mon honorable ami a quelques-uns de ses électeurs qui se disposent à le faire) se trouveront déplorablement déçus par le résultat.

La plus charitable manière d'envisager le projet, le point de vue le plus innocent de le considérer, c'est, à mon avis, que ce projet est la plus grande duperie qui ait jamais été proposée à la simplicité et à la crédulité des gens de notre pays.

Voilà le langage qu'à la tribune d'Angleterre tenait le premier ministre de la reine.

Voulez-vous, maintenant, entendre les ingénieurs? Ecoutez le langage que tenait l'illustre Stephenson :

Suivant lui, il serait très désirable de faciliter le commerce entre deux parties du monde. Personne n'en doute, mais l'honorable gentleman n'a pas démontré que le canal remplira ce but. Je crois qu'il ne le remplira pas, « même en supposant sa construction physiquement possible, ce que je nie ». L'honorable membre a cité beaucoup d'autorités en faveur de la possibilité du projet, mais il a oublié de citer les opinions de trois gentlemen, l'un de Paris, l'autre d'Autriche, et moi-même d'Angleterre, qui ont fait les premières recherches en 1847.

Ils ont examiné la « configuration physique du pays et délibéré sur la question de la manière la plus minutieuse, en basant leurs observations sur la supposition énoncée qu'il serait possible d'établir un Bosphore artificiel entre la mer Rouge et la mer Méditerranée, tel qu'il existe naturellement entre la mer Noire et la mer Méditerranée ».

Ils se basèrent sur la supposition que le nivellement français, démontrant une différence de trente pieds dans les deux mers, au moyen de laquelle il serait possible d'entretenir un courant constant, était exact ; mais au lieu d'une différence de trente pieds de hauteur, il a été constaté que les deux mers sont de niveau et qu'aucun courant ne peut être établi.

« Le savant et honorable membre a donc eu tort, dans les termes dont il s'est servi, de parler d'un canal. *Ce ne serait pas un canal à proprement parler : ce serait bien plutôt un fossé.*

« On prétend que nous n'avons pas à nous occuper des difficultés physiques du projet, mais je pense que la Chambre a bien aussi à y penser, et c'est ce que j'ai fait pour ma part. (Ecoutez !) Si je gardais le silence, on pourrait croire que j'accepte la motion et que je concède que le canal de Suez est exécutable ; mais si on le tente, et j'espère bien qu'il ne sera pas tenté, du moins avec l'argent des Anglais, on verra bien que ce projet ne peut qu'échouer en ruinant ses entrepreneurs. »

Telles sont les difficultés que M. de Lesseps eut à vaincre. Il en triompha. J'avais tort de dire qu'il en triompha seul : il fut soutenu dans sa lutte, loyalement et énergiquement, par l'empereur Napoléon. Je puis bien dire, sans choquer, je crois, aucune convenance, que, si les gouvernements libres l'emportent sur les gouvernements absolus dans l'ensemble de leur action sur les peuples, les gouvernements absolus peuvent, en certains cas, reprendre leurs avantages. C'est honorer le présent que de savoir rendre justice au passé.

Mais si les difficultés diplomatiques et les difficultés techniques étaient vaincues, le canal de Suez eut besoin, lui aussi, de faire appel au public, et ni les embarras financiers, ni les obstacles parlementaires ne lui ont été épargnés.

Le 15 octobre 1858, M. de Lesseps faisait un premier appel au public ; il évaluait le coût du canal à 160 millions, et le revenu à 30 millions calculés sur 3 millions de tonnes.

Le canal devait avoir 44 mètres de largeur et une profondeur de 8 mètres. Voilà le point de départ; et lorsque le canal a été inauguré, le 17 novembre 1869, il n'avait que 22 mètres de largeur, c'est-à-dire la moitié de la largeur qu'on avait pensé lui donner à l'origine ; il n'avait que 6 mètres de profondeur, par conséquent un quart de moins qu'on ne l'avait indiqué au début, et il avait coûté 432.807.882 francs au lieu de 160 millions.

Mais voici la contre-partie : on avait prévu qu'il y passerait 3 millions de tonnes... Vingt ans après, il en passait plus de 8 millions. On avait espéré que ces 3 millions de tonnes donneraient 30 millions de bénéfices. Les bénéfices réalisés par le canal de Suez depuis son ouverture, représentent 3 milliards 176.866.000 fr., et plus de 2 milliards de cette somme, nous le savons par les livres même des impôts, sont restés en France.

Eh bien ! supposez l'insuccès de l'entreprise de Suez. On aurait poussé les mêmes cris et formulé les mêmes accusations avec cette imperturbable assurance que les événements ne se lassent pas de démentir sans parvenir à la corriger.

Ce n'est pas tout. En 1858, le péril du canal de Suez fut si grand, et le crédit était tombé si bas que M. de Lesseps demanda l'autorisation d'émettre des obligations à lots. Mais, au lieu de rencontrer dans les Chambres une opposition passionnée et intéressée, il se trouva en face d'une Chambre facile à convaincre, car elle était plus accoutumée à obéir qu'à discuter.

Vous trouverez dans les documents le rapport de M. Laraburre, et vous remarquerez qu'il met en relief, en les considérant comme circonstances naturelles, inhérentes à ces gigantesques entreprises, tous les hasards qui avaient successivement modifié les premières espérances. Le projet fut combattu par MM. Lanjuinais et Marie. Mais de tels hommes avaient l'âme trop élevée pour chercher à discréditer une œuvre dans laquelle les capitaux et l'honneur de la France étaient si puissamment engagés. Aussi ne combattaient-ils le projet de loi qu'en se plaçant sur le terrain légal : celui de la loi de 1836. Malgré leur opposition, l'emprunt fut voté ; il était souscrit deux jours après, et un an après le canal était inauguré. Ecoutez pourtant cette curieuse anecdote.

Le jour même de l'inauguration, à l'heure où chacun se plaisait à proclamer son triomphe, M. de Lesseps put croire un instant que tout était perdu :

Nous avions tout organisé, dit-il, lorsqu'on m'annonce qu'une frégate égyptienne s'est échouée à 30 kilomètres de Port-Saïd au milieu des eaux, c'est-à-dire que, placée en travers, elle était montée sur l'une des berges et barrait le passage.

Aussitôt, je fis réunir les moyens nécessaires pour la déséchouer. A deux heures et demie du matin, on vint me dire qu'il est impossible de faire bouger la frégate. Je ne voulus rien changer au programme du lendemain. Logiquement, j'avais tort, mais les faits ont prouvé que j'avais raison.

A trois heures du matin, le vice-roi, qui était parti pour Ismaïlia afin d'y recevoir les souverains et les princes, apprenant l'échouage de la frégate, était revenu en toute hâte; en passant il avait fait faire des efforts inutiles pour soulever la frégate ; il m'appela à bord de son bateau ; je le trouvai dans une vive inquiétude, et les moments étaient comptés.

Si nous avions remis l'inauguration au lendemain, qu'aurait-on dit? Des dépêches commandées à Paris disaient que tout était perdu.

Des secours puissants furent mis à la disposition du prince, qui emmena avec lui un millier de marins de son escadre.

Nous convînmes qu'il y avait trois moyens à employer : chercher d'abord à ramener le bâtiment dans le milieu du chenal ou le coller sur les berges, et si ces deux moyens échouent, il y en a un troisième... Nous nous regardâmes en face, les yeux dans les yeux... « Le faire sauter, s'écria le prince. — Oui, oui, c'est cela, ce sera magnifique. » Et je l'embrassai...

Le lendemain matin, j'arrivai à bord de l'*Aigle*, sans parler de l'accident à personne. La flotte se mit en marche, et ce ne fut que cinq minutes avant d'arriver à l'endroit de l'échouement qu'un amiral égyptien, monté sur un petit bateau à vapeur, nous fit signe que le canal était dégagé... Lorsque nous arrivâmes à Kantara, qui est a trente-quatre kilomètres de Port-Saïd, le *Latif* nous salua de ses canons et tout le monde fut enchanté de l'attention qu'on avait eue de placer ainsi cette grande frégate au passage de la flotte d'inauguration. Ce fut une terrible émotion. Je n'ai jamais vu aussi clairement que la chute est bien près du triomphe.

Et savez-vous, Messieurs, qui assistait à ce triomphe? Le prince royal et la princesse royale des Pays-Bas, le prince royal de Prusse, Frédéric-Guillaume, l'empereur d'Autriche François-Joseph, des navires de guerre de toutes les puissances, saluant de leurs bordées le navire impérial l'*Aigle*, sur la passerelle duquel se tenait l'impératrice Eugénie, toute rayonnante encore d'une beauté qui faisait oublier sa puissance: « De ma vie, s'écria-t-elle, je n'ai rien vu de plus beau. »

La cérémonie commença, ce fut un prêtre français qui prononça le discours; écoutez ses dernières paroles:

Proclamons-le bien haut: le nom de cet homme appartient désormais à l'histoire où, par un rare privilège de la Providence, il entre vivant; proclamons devant toute la terre que la France qui est loin, mais qui n'est pas absente, est contente et fière de son fils.

Proclamons enfin que jusqu'à l'extrême déclin des âges, de même que le nouveau monde découvert au quinzième siècle dira à jamais, à l'oreille de toute la postérité, le nom de l'homme de génie qui s'appela Christophe Colomb, de même ce canal des Deux Mondes redira à jamais le nom d'un homme qui vécut au dix-neuvième siècle, ce nom que je suis heureux de jeter sur cette plage aux quatre vents du ciel: le nom de Ferdinand de Lesseps!

Quelle scène! Messieurs, et rappelez-vous cette date: 17 novembre 1869! quel souvenir! et quel lendemain! une nuit d'hiver sans étoiles, après l'éclat radieux d'un jour d'Orient!

Hélas! Messieurs, l'orateur qui plaçait ainsi côte à côte ces deux grands noms, ne se doutait guère que tous deux, avant d'aller dormir dans le silence et dans la paix, auraient à traverser les mêmes injustices, les mêmes épreuves et les mêmes infortunes. Lui aussi, l'illustre Génois, il fut en butte à la calomnie et aux soupçons; on l'accusa de détourner à son profit l'or qu'attendait l'Espagne. Si bien qu'un jour, par l'ordre de ces rois ingrats, à qui il avait donné un monde, Christophe Colomb revint en Europe, les mains et les pieds chargés de fers, de fers que plus tard, rétabli dans ses dignités et dans ses honneurs, il garda jusqu'à sa mort, suspendus à la tête de son lit, et qui, par un ordre de sa volonté dernière, sont depuis quatre cents ans enfermés avec lui dans son cercueil!

Mais laissons au passé ses tristesses et ses grandeurs; ne lui demandons que des leçons et non des exemples. Revenons maintenant à notre œuvre et tâchons (à quoi, sans cela, servirait aux peuples de vieillir?) de nous montrer moins mobiles, moins injustes et moins ingrats que nos devanciers. (*Vive sensation.*)

Ainsi, le grand congrès de 1879 avait confié à M. Ferdinand de Lesseps la conduite de l'entreprise. Dès le 5 juillet 1879, M. de Lesseps, stipulant pour la Société à venir, achetait de la Société civile fondée, le

19 août 1878, par MM. Türr, Wyse, de Reinach et autres, la concession qui leur avait été accordée. Il suffit, au procès actuel, de placer sous les yeux de la Cour l'article 1er de cet acte. Elle sait, d'ailleurs, que le prix était d'une somme de 10 millions, dont moitié payable en argent et moitié en actions.

ARTICLE PREMIER

La Société civile du canal interocéanique cède, sous les garanties de droit et sous la condition suspensive exprimée sous l'article 3 ci-après, à M. Ferdinand de Lesseps, qui accepte, pour le compte de la Société anonyme qu'il se propose de fonder :

1° La concession qu'elle a obtenue, le 18 mai 1878, du gouvernement des Etats-Unis de Colombie, du privilège exclusif pour l'excavation au travers de son territoire, et pour l'exploitation du canal maritime entre les océans Atlantique et Pacifique, avec tous les avantages, comme aussi avec toutes les charges stipulées par la loi de concession;

2° L'engagement du comité de direction de la Compagnie du chemin de fer de Panama, obtenu par M. Wyse le 24 février 1879;

3° Toutes les études, travaux et documents appartenant à la Société civile relativement à la ligne et au projet du canal soumis au congrès international d'étude du canal interocéanique.

Tel était l'objet même du contrat. Presque à la même date, 21 juin 1879, nous rencontrons un autre acte dont les stipulations montrent bien qu'il y a eu, à côté d'une entreprise commerciale, quelque chose de plus, de différent tout au moins :

Par devers Me Champetier de Ribes et son collègue, notaires à Paris, soussignés, a comparu M. Ferdinand de Lesseps, membre de l'Institut, président-directeur de la Compagnie universelle du canal maritime de Suez, demeurant à Paris, rue Saint-Florentin, 7;

Lequel a dit et fait ce qui suit :

Afin de poursuivre la nouvelle entreprise d'un canal interocéanique à travers le territoire colombien, il lui faut avoir à sa disposition un capital de deux millions de francs, pour :

1° Effectuer le premier versement du cautionnement de sept

cent cinquante mille francs que le gouvernement colombien exige d'après sa loi de concession;

2° Préparer et constituer la Société anonyme internationale, qui aura pour mission d'exécuter le percement du canal interocéanique et son exploitation.

En conséquence, M. Ferdinand de Lesseps fait appel au concours de personnes dévouées à la création de grandes entreprises et leur propose de créer *cinq cents parts* dites de fondateur de la Compagnie universelle du canal interocéanique, dont cent bénéficiaires et quatre cents payantes.

Les cent parts bénéficiaires seront à la disposition de M. Ferdinand de Lesseps, qui pourra les répartir entre les auxiliaires qui lui apporteront le concours de leur activité et de leurs connaissances.

Les quatre cents autres parts sont au capital de cinq mille francs chacune, sur lesquelles M. Ferdinand de Lesseps fera les appels de fonds comme il le croira utile.

Ces préliminaires réglés, qu'arrive-t-il?

S'il fallait un exemple de plus de l'impossibilité où sont les entreprises financières de se passer du concours soit des banquiers, soit des journaux, on le trouverait dans le fait suivant.

Certes, le grand congrès de 1879 avait fait bien du bruit; la Compagnie de Suez était une Compagnie bien puissante; M. de Lesseps était un homme bien populaire... eh bien! il offrit, par l'intermédiaire de la Compagnie de Suez, 800.000 actions... on en souscrivit 60.000! Pourtant on rédigea des prospectus, les mêmes qui serviront plus tard, et on donna à ces prospectus tout l'éclat, toute la publicité qu'on put imaginer. Seulement, privés de la publicité des journaux, ces prospectus n'arrivèrent point jusqu'au public.

Cependant, ni la confiance, ni l'énergie de M. Ferdinand de Lesseps ne furent un instant ébranlées. Le 8 décembre, il partit pour Panama. Aussi courageux pour les siens que pour lui-même, il emmena avec lui sa femme et trois de ses enfants.

Deux lettres de lui, écrites à son fils Charles, vont vous montrer à quel point M. Ferdinand de Lesseps avait conservé le feu, l'enthousiasme de ses jeunes années.

Cher fils,

L'accueil qui nous a été fait, à Colon, sur toute la ligne du chemin, a été une suite d'ovations indescriptibles.

Ici, on est en fêtes continuelles depuis trois jours : illuminations, fenêtres pavoisées, feux d'artifice, revues de troupes, promenades en bateau à vapeur sur la belle baie de Panama jusqu'à l'entrée du Rio Grande, où sera le débouché du canal maritime, bénédiction de cet emplacement par l'évêque; la marraine était Totote et le parrain le président de l'État de Panama.

Le colonel du génie américain, Totten, et le général Wright, arrivés de New-York pour nous rejoindre, ont été adjoints à la commission qui a fonctionné tous les jours dans l'intervalle des réceptions de députations, des banquets, etc.

Les cinq brigades d'opération ont été formées, le programme adopté : le comité exécutif de la commission est composé du colonel, président d'honneur; de M. Dirck, président; de M. Boutan, vice-président. Les autres membres sont chefs des brigades d'opération; c'est après-demain lundi que les brigades se mettent en mouvement, un grand banquet officiel, donné par les délégués du gouvernement central et des divers Etats de la Colombie, ayant lieu demain dimanche.

Le président de la Compagnie du chemin de fer de Panama est venu ici avec son directeur et M. Totten. Nous avons eu ce matin une très importante conférence. Ces messieurs ont commencé par nous offrir la gratuité du chemin de fer pour notre personnel et pour notre matériel pendant toute la durée de nos opérations.

Le président m'a déclaré qu'il avait tout pouvoir et toute autorité pour conclure avec moi l'arrangement dont tu connais le texte, sous réserve de la formation de notre Compagnie.

Il est disposé à signer jeudi et, suivant ce dont nous sommes convenus, j'adopterai la seconde combinaison, concernant la création des obligations et le payement de la rente pendant cinquante ans.

Le courrier ne partant que le 6, j'aurai le temps d'ajouter un *P.-S.* à ce billet.

Nous nous portons tous parfaitement et j'ai une grande satisfaction en visitant les localités de voir combien nous aurons à tirer avantage des deux magnifiques et sûres entrées, de la baie de Limon et du golfe de Panama, ainsi que du parcours de la ligne entourée de sites enchanteurs au milieu de la nature la plus luxuriante où se trouvent réunies toutes les ressources pour le personnel des travaux.

Nous vous embrassons tendrement.

Deuxième lettre du 20 janvier 1880 :

Parmi nos études, la question qui me préoccupait le plus était le barrage du Chagres au-dessous de Cruces. Les cartes et les plans ne me donnaient pas satisfaction complète.

J'ai été hier visiter les localités avec MM. Boutan, Bionne, Dauzats, le général Millen, correspondant rédacteur du *New-York Herald*, et deux ingénieurs colombiens.

Nous sommes tous convaincus que la solution est trouvée de la manière la plus favorable. Toutes les montagnes qui entourent la vallée du Chagres, au-dessous et au-dessus du Chagres, ont été parcourues au moyen de trochas, c'est-à-dire de lignes de passage comme on en fait pour séparer les coupes de bois dans les forêts. On a reconnu que cette vallée peut contenir 600 millions de mètres cubes d'eau et qu'il suffit d'un barrage de 900 à 1.000 mètres pour arrêter les eaux entre deux montagnes sur le point désigné où coule le Chagres.

De mémoire d'homme on n'avait pas connu une eau plus élevée que cette année ; la quantité d'eau remplissant le bassin du fleuve n'allait pas au delà de 400 millions de mètres cubes.

Le barrage aura une quarantaine de mètres de hauteur ; on en a construit de semblables dans d'autres pays, il aura toute la solidité désirable. Les pierres qui seront rendues à pied-d'œuvre pour le fonder seront transportées par un railway et proviendront des éclats de la montagne de l'Onaura à trancher pour réunir les deux vallées du Chagres et Rio-Grande qui livreront passage au canal maritime.

Je ne comprends pas, après avoir parcouru les localités diverses de l'isthme avec nos ingénieurs, que l'on soit resté si longtemps pour déclarer la praticabilité d'un canal maritime à niveau entre deux océans sur une distance aussi courte que de Paris à Fontainebleau.

Toutes nos brigades de Panama à Colon auront terminé leurs études à la fin de ce mois.

Je m'embarquerai pour New-York après la signature du rapport de la commission technique.

L'importance de ces lettres ne saurait être méconnue. M. de Lesseps visite l'isthme en compagnie d'ingénieurs qui sont tous des hommes considérables. Si l'impression que sa nature poétique reçoit de la beauté des lieux lui est toute personnelle, les opinions qu'il exprime sur des questions techniques sont l'écho du langage de tous ces ingénieurs admirablement choisis. Parti optimiste, il revient enthousiaste, qui peut songer à le lui reprocher? Et comment s'étonner qu'après avoir passé sa vie à vaincre des obstacles qu'on disait insurmontables, il ait longtemps conservé la confiance absolue dans le canal à niveau qu'il avait rapportée de Panama?

Un homme ordinaire se reposerait après un tel voyage; lui, il parcourt la Belgique, la Hollande, l'Angleterre : partout des discours, partout des conférences! M. l'Avocat général a presque envie de les lui reprocher.

Étranges préliminaires d'une escroquerie! Étaler partout ses combinaisons et ses idées, les livrer à toutes les contradictions, provoquer ainsi par tous les moyens l'examen et le contrôle, quelle preuve plus grande peut-on donner de son entière bonne foi?

Enfin le 20 octobre 1880, M. de Lesseps fonde la Société dans laquelle, vous le savez, il ne stipule pour lui-même aucun avantage. J'ai dit à la Cour que, lorsque j'aurai à examiner la prévention d'abus de confiance, je lui expliquerai l'usage que M. Ferdinand de Lesseps a fait de ses parts de fondateur et le résultat définitif de ses opérations personnelles. Mais voici les articles des statuts que la Cour doit connaître.

Il ne faut pas oublier, en effet, que la prévention reproche aux administrateurs d'avoir violé le mandat qu'ils ont reçu. Pour savoir s'ils ont violé ce mandat, il est assurément nécessaire de le connaître, et comme les règles de ce mandat sont écrites dans les statuts, ce sont les statuts qu'il faut étudier. Il suffirait peut-être, pour détruire d'un mot la prévention tout entière, de faire observer qu'il a fallu, pour la soutenir, laisser ignorer à la Cour la teneur du mandat qu'on reproche aux prévenus d'avoir violé.

Or, l'article 22 des statuts s'exprime ainsi :

La Société est administrée par un conseil composé de dix-huit membres au moins et de vingt-quatre membres au plus, pris parmi les associés.

Un comité choisi dans son sein est spécialement chargé de la gestion des affaires de la Société.

L'article 33 détermine les fonctions du conseil d'administration :

Art. 33. — Le conseil d'administration est investi des pouvoirs les plus étendus pour assurer la construction du canal, pour l'administration de la Société, pour la désignation et l'exploitation des terres domaniales concédées par les paragraphes 7 et 8 de l'article 1er et par l'article 4 de la loi de concession.

Il peut demander toutes concessions nouvelles, consentir tous traités avec les terres pour achat d'entreprises ou de concessions se rattachant à l'un des objets de la Société.

Il arrête l'ordre du jour des assemblées générales; il arrête les comptes qui doivent être soumis à l'assemblée; il fait un rapport à l'assemblée générale sur les comptes et sur la situation des affaires sociales.

Il fixe provisoirement le dividende et détermine, s'il y a lieu, l'acompte à payer au premier janvier sur le dividende de l'exercice clos par l'inventaire au 30 juin précédent.

Il statue sur les propositions du comité concernant les objets suivants, savoir :

1° Appel de fonds sur les actions;

2° Placements temporaires de fonds disponibles;

3° Etudes et marchés, plans et devis pour l'exécution des travaux;

4° Marchés à forfait;

5° Acquisitions, ventes et échanges de biens, meubles et immeubles, achats de navires ou de machines nécessaires pour l'exécution et l'exploitation de l'entreprise ;

6° Budgets annuels;

7° Fixation et modification des droits de toute nature à percevoir en vertu de la concession, conditions et mode de perception des tarifs ;

8° Disposition du fonds de réserve;

9° Disposition du fonds de retraite, de secours et d'encouragement pour les employés;

10° Réglementation de la caisse des dépôts pour les actions et obligations de la Société;

Et généralement il fait, dans l'intérêt social, tous les actes qu'il juge nécessaires et utiles.

Et enfin, voici ce que dit l'article 54 :

Art. 54. — L'assemblée générale entend le rapport du conseil d'administration sur les affaires sociales.

Elle entend également le rapport des commissaires sur la situation de la Société, sur le bilan et sur les comptes présentés par le conseil d'administration.

Elle discute et, s'il y a lieu, approuve les comptes.

Elle fixe le dividende à répartir.

Elle nomme les administrateurs à remplacer et les commissaires.

Elle vote, s'il y a lieu, l'augmentation du capital social, jusqu'à concurrence d'une somme de 300 millions pour le porter, si besoin est, à la somme totale de 600 millions.

Ces augmentations du capital ne peuvent se faire qu'en réservant aux premiers actionnaires un droit de préférence.

Elle vote tous emprunts par voie d'émission d'obligations, par voie d'affectation hypothécaire ou par tout autre mode.

Elle règle les comptes de premier établissement après l'exécution des travaux.

Elle délibère sur les propositions du conseil d'administration.

Elle délibère et statue souverainement sur tous les intérêts de la Société, et confère au conseil d'administration tous les pouvoirs supplémentaires qui seraient reconnus utiles.

Tels sont les pouvoirs des directeurs, des administrateurs et des assemblées générales. Quant à prétendre que ces organes sociaux aient été faussés, que les directeurs aient usurpé les pouvoirs des administrateurs, que les assemblées générales aient été frauduleusement composées, on ne l'essaie même pas.

Ici, cependant, dès le début vont commencer les critiques de la prévention, et comme elles se reproduiront à chaque appel qui sera fait au public, presque dans les mêmes termes, il convient de préciser dès à présent les questions de principe qu'elles soulèvent. Il est nécessaire de placer sous les yeux de la Cour deux ou trois pages du rapport de M. l'expert Flory.

Dès le 20 octobre 1880, un nouvel acte de Société est passé devant Me Champetier de Ribes et son collègue, notaires à Paris, pour établir définitivement, sous la forme anonyme, la Compagnie universelle du canal interocéanique, au capital de 300 millions.

Cette fois, toutes les mesures sont prises pour assurer le succès de l'émission, et nous allons voir quelle a été l'importance et la variété des sacrifices faits dans ce but. Il est bien entendu que la Compagnie, après sa constitution, a remboursé toutes les dépenses préliminaires à ceux qui en avaient fait l'avance, en y ajoutant, sous plusieurs titres, de larges rémunérations.

Le capital de 300 millions, divisé en 600.000 actions, que l'on allait émettre devait être employé, jusqu'à concurrence de 10 millions de francs, à rémunérer l'apport des fondateurs, moyennant 5 millions en espèces et 5 millions en 10.000 actions de 500 francs entièrement libérées. C'étaient donc 590.000 actions dont on allait proposer la souscription au public.

Le syndicat organisé pour préparer et faire aboutir cette émission a été formé par acte spécial (dont copie ci-annexée n° 7) entre M. Ferdinand de Lesseps et les personnes ayant accepté sa proposition. Par cet acte, les syndicataires, pour faire face aux premiers frais, s'engagent à verser entre les mains de la Société générale, spécialement désignée à cet effet, une somme de 4 francs par action, soit sur les 590.000 titres à émettre, 2.360.000 francs.

Chaque part prise dans le syndicat devait s'appliquer à 10.000 actions correspondant à un versement de 40.000 francs.

Il était convenu, pour le cas où la Compagnie arriverait à se constituer, que les membres du syndicat recevraient le remboursement de la somme avancée par eux, soit 2.360.000 francs, et qu'à titre de rémunération « pour les risques qu'ils auraient courus et le concours qu'ils auraient donné », il leur serait alloué une somme supplémentaire de 20 francs par action, ce qui représentait une rémunération totale de 11.800.000 francs.

Mais, en outre, et nous verrons plus tard par quels chiffres se traduisait cet avantage, il était attribué à chacune des 59 parts syndicataires l'une des parts de fondateur qui allaient être créées d'après les statuts, en rémunération des apports.

Le syndicat dont il s'agit avait été organisé avec la participation d'un financier aujourd'hui décédé, M. Lévy-Crémieux, vice-président de la Société franco-égyptienne.

Ce collaborateur, d'après les renseignements que nous avons relevés dans les livres et les actes qui sont passés sous nos yeux, est un de ceux qui ont pris la plus grande part dans les allocations de toutes sortes faites par la Compagnie de Panama pour les concours de toute nature qui lui étaient donnés dans ses émissions.

En ce qui touche spécialement les actions formant le capital de 300.000.000, leur émission a donné lieu, en sus de la prime de 1.800.000 francs dont nous venons de parler, à des payements de commissions aux établissements de crédit et aux intermédiaires qui ont eu à s'occuper du placement des titres.

Ce n'est pas seulement en France que des dispositions étaient prises pour assurer la constitution de la Compagnie; on avait également préparé le terrain aux États-Unis en organisant à New-York, sous le titre de « Comité américain », une réunion de financiers auxquels on allouait une indemnité de 12.000.000 dont 3.100.000 francs payables au moment de la constitution de la Société et le reste en diverses annuités, toutes acquittées depuis.

Ce comité a reçu en outre, pendant le cours de la Société, des allocations annuelles qui se chiffraient en moyenne à près de 200.000 francs.

Tous ces faits sont exacts. Mais en quoi tout cela peut-il être critiqué ? D'abord, que critique-t-on ? Est-ce le principe des concours financiers et du concours de la presse ? Est-ce la formation et l'organisation de syndicats financiers ? Il ne m'a pas paru, dans le réquisitoire de M. l'Avocat général, qu'il y eût là une question de principe. Ce n'est pas, à proprement parler, le principe qu'il conteste. Oh ! alors, c'est le quantum, ce ne peut être que le quantum ! M. l'Avocat général d'un signe m'indique que je ne me trompe pas. Alors je me demande à quel point de vue on se place pour le critiquer.

Je n'ai pas besoin de rappeler à la Cour le caractère

particulier de l'article 408. C'est un de ces très rares articles du Code pénal qui viennent ajouter une sanction criminelle aux sanctions du droit civil, qui garantissent la fidèle exécution des contrats. L'article 408 suppose nécessairement un contrat de mandat ou un contrat de dépôt; comme ces contrats reposent sur la confiance, et comme leur scrupuleuse exécution est une nécessité de la vie sociale, la loi, pleine de sagesse, a ajouté des sanctions pénales aux sanctions civiles. Mais, avant tout, il faut respecter les règles du droit civil, soit au point de vue de l'existence du contrat, soit au point de vue de son exécution, soit au point de vue des circonstances qui peuvent l'étendre.

Or les règles du mandat social sont bien connues, je n'en rappellerai qu'une seule à la Cour.

Conteste-t-on que l'approbation des assemblées générales emporte ratification des opérations engagées et suivies par le conseil d'administration, lorsque ces opérations ont abouti à des articles de comptabilité, lesquels ont eux-mêmes donné des soldes qui concourent à former les différents postes du bilan?

A moins que l'assemblée générale n'ait été trompée, soit par un faux bilan, soit par un faux rapport, l'approbation des comptes éteint toute action civile qui pourrait naître de l'exécution du mandat social.

Comme le dit admirablement un arrêt qui est de votre Cour même, on ne comprendrait pas que les administrateurs de Sociétés financières pussent consentir à demeurer pendant trente années sous le coup d'une demande en responsabilité. La loi imposant aux associés l'obligation de faire chaque année une revision de toutes leurs opérations, d'établir un inventaire, la conséquence nécessaire de ce rapprochement de tous les associés est que, une fois l'inventaire présenté, s'il est exact, l'approbation du rapport et de l'inventaire emporte décharge du mandat au profit des administrateurs. C'est là un principe que vous avez toujours admis, même en matière civile. Que dire, quand il s'agit de la matière criminelle !

Et il n'y a pas même à prétendre, comme on l'a fait quelquefois, que les actionnaires ont bien pu ne pas se rendre compte que tels et tels chiffres du bilan étaient la conséquence de telles et telles opérations. L'objection est sans portée. Voici pourquoi : la loi de 1867 a su de la manière la plus adroite concilier deux nécessités des grandes opérations de commerce : la nécessité impérieuse de les couvrir d'un secret absolu vis-à-vis de tous les associés, parce qu'il faut les couvrir du secret vis-à-vis du public et, en même temps, l'impérieuse nécessité d'éclairer les associés sur ces opérations elles-mêmes pour leur permettre de les apprécier, de les approuver ou de les condamner.

La loi a imaginé pour cela le moyen le plus ingénieux ; elle a donné aux associés des mandataires spéciaux, dont la fonction consiste à suivre les opérations et les livres, et il faut que ces commissaires fassent à l'assemblée générale un rapport sur les opérations et sur les comptes pour que le quitus qui résulte ensuite de l'approbation des comptes par les associés emporte décharge au profit des administrateurs.

Et dans la société de Panama, toutes ces règles ont toujours été scrupuleusement observées, et dès lors les approbations données chaque année par les actionnaires couvrent toutes les opérations.

Mais alors je pose à la prévention une simple question : au nom de qui parlez-vous, au nom de qui invoquez-vous coutre nous l'application de l'article 408? Est-ce au nom des actionnaires? Cela est impossible, car ils n'ont plus d'action, vous n'essayez même pas de le contester. Est-ce au nom des obligataires? Mais les obligataires sont les créanciers de la Société; ils ne peuvent pas avoir plus de droits que leur débiteur; jamais on n'a fait accepter, jamais on n'a jugé, excepté une fois, à Rouen, pour se faire casser, que les administrateurs d'une Société étaient les mandataires des obligataires, que, par conséquent, il leur fallait avoir un quitus des obligataires. Non, la Cour de cassation et la Cour d'Amiens, à sa suite, ont rétabli là-dessus les véritables principes : les obligataires, de quelque nom qu'on les décore, sont des créanciers comme d'autres, ils n'ont donc pas plus de droits que leur débiteur et c'est à leur débiteur, la Société, à régler avec ses mandataires les comptes du mandat; il est clair que les obligataires n'ont pas plus de droits que n'en auraient les actionnaires eux-mêmes; par conséquent, tout est consommé.

Voulez-vous me permettre, Messieurs, d'ajouter ceci? M. l'Avocat général disait hier : Mais si on avait dit aux actionnaires qu'on dépensait tant et tant d'argent pour les concours financiers, pour les journaux et autres agents de publicité, croit-on qu'ils auraient approuvé?

Présenté ainsi, sous cette forme dubitative, l'argument ne porte pas. Il ne s'agit pas de savoir ce qu'on pourrait penser sur cette question, il s'agirait de montrer qu'on était dans l'obligation de porter dans les bilans un article spécial pour ces articles de dépenses ; qu'étant dans l'obligation de le faire, on ne l'a pas fait; qu'on ne l'a pas fait avec une intention dolosive et que, ne l'ayant pas fait, on ne peut pas se couvrir de la décharge qui résulte de l'approbation des comptes. Mais cette preuve nécessaire, M. l'Avocat général ne l'a pas même tentée, parce que la loi est égale pour tous, et que la Compagnie de Panama a tout simplement suivi la pratique de toutes les sociétés, des plus grandes comme des plus petites, ce qu'on n'a pas même essayé de contester.

A cette première observation, il faut en joindre une autre qui a aussi un caractère général et qui reviendra fréquemment, je m'en excuse à l'avance, dans mes explications. Si l'on ne conteste pas le principe des dépenses faites pour les émissions, la critique s'adresse donc seulement à leur élévation. Mais, pour avoir le droit de la formuler, il faut être en état de déterminer la somme qu'il était permis de dépenser, ce que le ministère public n'a jamais essayé de faire.

Dès lors, la critique est vaine, d'abord parce que ces faits remontent à 1880 et sont atteints par la prescription, ensuite parce qu'ils ont été approuvés par les assemblées générales ; enfin parce qu'on n'essaie même pas de déterminer la mesure qui ne devait pas être dépassée.

Mais je veux pousser plus loin ma démonstration et montrer, dès le début, la loyauté absolue qui a toujours dicté à M. de Lesseps le langage qu'il a tenu soit aux actionnaires, soit au public.

Ecoutez le rapport fait par les commissaires à la deuxième assemblée générale constitutive :

Dans votre assemblée générale du 31 janvier dernier, vous nous avez fait l'honneur de nous nommer commissaires à l'effet de vérifier la valeur des apports faits à votre Société, de vous faire connaître notre opinion sur l'importance des avantages accordés à ses fondateurs et à ses administrateurs ; et, enfin, d'examiner les comptes des dépenses faites ou engagées jusqu'à ce jour en vue de préparer et d'assurer sa constitution.

Vos commissaires, Messieurs, pour obéir au vœu de la loi et pour remplir le mandat que vous leur avez confié, devaient examiner et étudier dans tous leurs détails les causes et la nature de ces apports et de ces avantages, ainsi que les comptes qui leur étaient soumis.

Nous nous empressons de vous déclarer que les explications les plus complètes nous ont été fournies par M. Ferdinand de Lesseps sur ces différents points, et qu'il a mis à notre disposition, sans aucune restriction, tous les documents qui pouvaient nous permettre de vous apporter ici une appréciation exacte des choses que vous avez bien voulu nous charger d'examiner.

APPORTS

Le premier point qui s'imposait à notre examen était la vérification des apports faits à la Société.

Ces apports consistent :

1° Dans la concession faite à une Société civile par le gouvernement des Etats-Unis de Colombie de 500.000 hectares de terres, à choisir par elle, et du privilège exclusif pour l'excavation au travers de son territoire et l'exploitation d'un canal maritime entre les océans Atlantique et Pacifique ;

2° Dans toutes les études, travaux et documents appartenant à ladite Société concessionnaire ;

3° Dans le bénéfice de tous les engagements que ladite Société a pu obtenir du Comité de direction de la Compagnie du chemin de fer de Panama.

M. Ferdinand de Lesseps vous apporte ces concessions et ces études pour la somme de dix millions de francs, montant des engagements qu'il a dû prendre pour assurer lesdits apports à votre Société, et cela sans plus-value ou majoration d'aucune sorte à son profit.

Ce prix de dix millions, auquel est venue s'ajouter une somme de 750.000 francs, versée au gouvernement colombien à titre de cautionnement, nous paraît devoir être ratifiée par vous.

Vous remarquerez, Messieurs, que la moitié de cette somme est payable en actions de votre Société ; d'où il ressort que les devanciers de M. de Lesseps, loin de lui avoir vendu leurs droits pour sortir d'une situation sans avenir, ont persisté à estimer cet avenir ce qu'il vaut. Ils sont donc restés associés au sort de l'entreprise qu'ils avaient préparée, mais qui, dans leur conviction, ne pouvait être menée à bonne fin que par M. de Lesseps.

FONDATEURS ET BÉNÉFICIAIRES

Votre Société a été fondée d'abord par les personnes qui ont fait l'avance, fort aventureuse, pensait-on alors, des fonds nécessaires pour préparer sa constitution, et ensuite par celles qui, sous une autre forme, ont prêté à M. de Lesseps un concours sans lequel il lui aurait été impossible de mener son œuvre à bonne fin.

Les unes et les autres n'auront droit, en dehors du remboursement de leurs avances d'argent s'élevant à 2 millions de francs, qu'à la part leur revenant, aux termes de l'article 7 des statuts, dans les 15 0/0 à prélever sur les bénéfices nets de l'entreprise.

Ces fondateurs ont donc renoncé, pour la période d'exécution tout entière, à prélever une rémunération quelconque; et, en agissant ainsi, ils ont montré, comme l'avait déjà fait la Société civile, quelle est leur confiance dans l'avenir de l'œuvre à laquelle ils ont si puissamment contribué.

Cette allocation de 15 0/0, ainsi retardée jusqu'à l'ouverture de l'ère des bénéfices réels, nous a paru pleinement justifiée.

CONSEIL D'ADMINISTRATION

Toujours comme conséquence de la même pensée de subordonner toute rémunération sérieuse, attribuée aux collaborateurs de M. de Lesseps, jusqu'au moment où son œuvre donnera des bénéfices nets, il a été stipulé que, sous la réserve des dispositions transitoires dont nous allons vous entretenir, il ne serait alloué aux administrateurs qu'une part de 3 0/0 dans les bénéfices, sans qu'aucune rétribution supplémentaire vienne s'y ajouter à titre de jetons de présence ou autrement.

Transitoirement et jusqu'à ce que la période des bénéfices soit ouverte, M. de Lesseps vous propose d'autoriser une dépense annuelle de 280.000 francs, au moyen de laquelle on devra pourvoir aux indemnités à allouer aux vingt-quatre administrateurs et au comité de direction.

Cette allocation, qui n'est que la rémunération du travail et de la responsabilité imposée à vos administrateurs, nous a paru justifiée.

PERSONNEL

(Il s'agit de l'attribution de 2 0/0 au personnel; j'épargne ces détails à la Cour.)

DÉPENSES FAITES OU ENGAGÉES POUR LA CONSTITUTION DE LA SOCIÉTÉ

Il nous reste, Messieurs, à vous faire connaître le résultat de l'examen auquel nous nous sommes livrés au sujet des dépenses que M. Ferdinand de Lesseps s'est trouvé dans la nécessité de faire ou d'engager pour arriver à constituer votre Société.

Au premier rang de ces dépenses figurent celles qui concernent la première émission faite en 1879, la propagande qui a précédé la formation du syndicat de la dernière souscription, les frais occasionnés par les différentes expéditions envoyées dans l'isthme pour inaugurer les premiers travaux du canal, enfin les frais de la dernière émission de 590.000 actions, comprenant : les impressions, les affichages, la publicité, les frais de poste, les frais de transport et de centralisation des fonds, les dépenses du personnel, ainsi que toutes les commissions dues aux banquiers intermédiaires et aux propagateurs, tant en France qu'à l'étranger.

Le total de ce chapitre, qui comprend l'emploi des deux millions versés par les fondateurs, s'élève à 10.891.577 fr. 59, chiffre représentant environ 1,80 0/0 du capital d'exécution.

À cette somme de 10.891.577 fr. 59, qui comprend tous les frais quelconques faits ou engagés depuis plus de vingt mois, tant pour la constitution de la Société que pour l'émission des actions, nous devons ajouter la rémunération stipulée au profit des membres du syndicat international qui a bien voulu faire l'avance des sommes considérables nécessaires pour parvenir à la formation de votre Compagnie, sommes qui auraient été entièrement perdues pour eux en cas d'insuccès de la souscription publique.

Cette rémunération s'élève à la somme de 11.800.000 francs.

Si on réunit les chiffres qui précèdent, on arrive à constater que les dépenses de toute nature faites pour arriver à la constitution de votre Société ne représentent que 3,76 0/0 du capital d'exécution évalué à 600 millions de francs.

Notre tâche serait terminée si nous n'avions à vous entretenir, comme l'a déjà fait M. de Lesseps, dans son rapport à votre première assemblée générale, d'engagements pris par lui et dont l'échéance n'est pas immédiate.

Il s'agit, messieurs, de la convention faite avec le groupe financier américain qui a accepté la mission de constituer un comité chargé de représenter les intérêts de la Compagnie aux États-Unis, dans tout ce qui concerne l'observation de la neutralité du canal définie par l'article 5 de la loi de concession de la république des États-Unis de Colombie, et dans toute autre question pour laquelle il sera fait appel à son concours par le conseil d'administration, tant pendant la période de construction que pendant celle d'exploitation du canal.

Cette convention entraînera le payement de six annuités s'échelonnant comme suit :

3.100.000 fr. payables après la constitution de votre Société;

1.400.000 fr. payables un an après, et enfin cinq annuités de

1.500.000 fr. payables à la fin de chacune des cinq années suivantes.

A notre avis, ces dépenses devront prendre place dans vos budgets annuels, à côté des autres dépenses d'administration et de contrôle.

En résumé, messieurs, l'examen très scrupuleux auquel nous nous sommes livrés au sujet de la création de votre Société ne nous a révélé aucune dépense ni aucun engagement qui ne soient justifiés, tant au point de vue de votre intérêt bien compris qu'eu égard à la grandeur de l'entreprise,

En conséquence, et à l'unanimité, vos commissaires ont l'honneur de vous proposer d'adopter les conclusions du présent rapport et de déclarer définitivement constituée la Compagnie universelle du canal interocéanique.

Voyons, Messieurs, je vous le demande, on a fait une instruction colossale, vous avez déjà consacré six audiences à la discussion de cette affaire, on est revenu vingt fois sur le grief qu'on fait aux administrateurs des dépenses engagées pour la constitution de la Société, on les a critiquées à tous les points de vue, on a paru même dire que si la prescription correctionnelle ne l'empêchait pas, on pourrait y voir des actes d'abus de confiance.

Le rapport de M. Flory a 500 pages; croyez-vous que la mention de ce document essentiel n'aurait pas beaucoup accru l'intérêt de l'œuvre, sans ajouter sensiblement à son étendue? (*Rires.*)

L'expert, avec la tranquille patience d'un entomologiste, collectionne un à un une foule de petits faits; puis il les groupe, ce qui produit de gros chiffres.

Mais il faut les détailler, ces chiffres! Si le ménage le plus modeste additionnait ainsi les sommes dépensées en dix ans, il serait épouvanté de sa prodigalité; ce n'est pas ainsi que les choses doivent être étudiées, il faut les examiner en détail, et, dès le début, nous constatons que les dépenses ont été connues de tous les actionnaires, appréciées et approuvées par eux.

Messieurs, je ne renouvellerai pas ces observations pour les émissions d'obligations qui vont suivre, et cela, par une raison très simple : à toutes les émissions, on a demandé de la façon la plus catégorique la même autorisation aux assemblées générales, on a eu recours aux mêmes intermédiaires, on a payé ce que — cette marchandise, malheureusement, n'a pas de mercuriale — on a considéré comme étant le prix du marché ; on a fait connaître les opérations aux assemblées générales, et elles les ont ratifiées. Par conséquent, à quelque point de vue qu'on se place, aucune critique ne peut être dirigée contre toutes ces opérations.

Mais, je manquerais aux devoirs que j'ai vis-à-vis de mes clients, si je me bornais à cette réponse décisive, quoique générale, et je veux, comme M. l'Avocat général, prendre maintenant l'ensemble de ces dépenses pour les examiner.

Je fais distribuer à la Cour les rapports de M. Monchicourt. Dans le premier rapport, M. Monchicourt détaille, de la page 67 à la page 83, toutes les dépenses faites par la Compagnie ; M. Flory a reconnu la régularité des écritures, et il est arrivé aux mêmes chiffres, à quelques centaines de francs près.

A l'heure où M. Monchicourt faisait son rapport, le 25 juillet 1890, il était sorti de la caisse 1.330 millions, mais il faut en déduire : 68 millions, versement non effectué par les derniers obligataires et dont un jugement du tribunal civil leur a donné quittance en décidant que, par suite de la mise en liquidation de la Société, on ne pouvait point leur demander de faire le complément de leurs versements ; 12 millions qui représentent le prix des bons à lots créés par le liquidateur et quelques dépenses faites par le liquidateur lui-même. En sorte que, pour le raisonnement, on peut fixer à 1.259 millions, disons 1.260, la somme dont les administrateurs ont, je me sers à dessein de cette expression, à expliquer l'emploi, car n'oubliez pas qu'ils en ont déjà justifié vis-à-vis de leurs mandants.

Je voudrais faire ici, Messieurs, une première observation. Il ne me viendrait pas un seul instant à la pensée de chercher à diminuer l'intérêt très vif, très profond qui s'attache à tous les créanciers de la Compagnie de Panama, et pourtant il m'est permis de dire qu'il y a ici une manifeste exagération.

Dans le deuxième rapport de M. Monchicourt, à la page 27, vous trouverez des énonciations intéressantes sur le nombre plus ou moins grand de personnes entre lesquelles sont réparties les obligations de Panama :

Comment les produits de la réalisation de l'actif pourraient-ils être répartis entre les obligataires ?

Actuellement, en dehors des entrepreneurs qui sont pourvus d'un nantissement, et de quelques créanciers hypothécaires, les créanciers de la liquidation sont, à très peu près, des obligataires.

Le nombre des obligations de la Compagnie de Panama qui se trouvent aujourd'hui en circulation est de...........		3.301.617
Il y a lieu d'en déduire :		
Obligations nouvelles, 3e série........	89.571	
Obligations à lots et bons à lots.......	1.213.883	
		1.303.454
Il reste donc...		1.998.163

obligations appelées à concourir à une répartition.

D'autre part, on connaît la proportion exacte des titres par rapport aux titulaires de certificats nominatifs : le nombre de ces derniers était, au 20 août 1891, de 16.072, s'appliquant à 178.943 obligations, soit 11 obligations pour un titulaire.

Si l'on appliquait cette proportion aux 1.819.220 obligations au porteur, on obtiendrait déjà, pour ces dernières, un chiffre de 166.000 porteurs; mais il est incontestable que ce sont les gros obligataires qui requièrent des certificats nominatifs; qu'à raison de la popularité dont l'entreprise a joui pendant plusieurs années, les titres sont très disséminés, et qu'un grand nombre de porteurs ne possèdent qu'un ou deux titres.

On demeure très probablement au-dessous de la vérité en supposant qu'il existe deux ou trois cent mille obligataires, ce qui donnerait, pour deux cent mille, environ neuf titres par porteur, et, pour trois cent mille, six titres et une fraction. Le mode légal de répartition entre cette armée de créanciers serait l'ouverture d'une contribution pour les sommes provenant de la réalisation de l'actif.

Vous le voyez, M. Monchicourt pense que les obligations de la Compagnie de Panama peuvent être réparties entre 300.000 porteurs environ. Cependant dans d'autres documents, on suppose qu'il y a 400.000 obligataires. Si l'on admet cette proportion, c'est une perte de 3.000 francs par chaque obligataire.

Mais, prenez-y garde, ce calcul est tout à fait inexact, car à partir de 1884, les obligations ont subi des baisses parfois très considérables, elles sont tombées jusqu'à 160 francs; or, il est clair qu'un certain nombre d'obligataires, aujourd'hui porteurs de leurs titres, les ont achetés à des cours très inférieurs au prix d'émission, en sorte que le calcul que je viens de faire représente bien en effet la perte totale subie par l'ensemble des obligations, mais cette perte totale ne pèse pas en entier sur chaque obligataire, parce qu'elle a été en réalité successivement répartie par fractions différentes entre ceux qui successivement ont eu ces obligations entre les mains.

Voulez-vous me permettre une autre observation? J'entends parler de calamité nationale... Quelle en est exactement la mesure? Les statistiques les plus exactes, dressées d'après les rôles du fisc, évaluent l'épargne moyenne de la France de 1 milliard et demi à 2 milliards par an.

Si vous considérez que la durée de la Société a été de huit années, vous vous rendrez immédiatement compte d'une proportion sur laquelle il est inutile d'insister.

Revenons maintenant à notre raisonnement.

Oui, il y a une somme de 1.260 millions dont il faut expliquer l'emploi... Et vous voyez qu'en cela je ne fais que suivre la méthode de M. l'Avocat général, j'entre dans ses vues, je fais des groupes, ce qui lui est favorable et ce qui m'est contraire, il ne peut pas s'en plaindre.

Voici d'abord une première somme : Intérêts sur titres et emprunts, 253.262.119 francs, c'est-à-dire que 20 0/0 des sommes empruntées ont été rendus aux prêteurs sous la forme d'intérêts à une heure où l'entreprise ne donnait pas et ne pouvait pas donner de fruits. C'était la loi du contrat, par conséquent, ces paiements étaient les plus légitimes du monde.

Permettez-moi cependant une simple observation qui est, je crois, bien à sa place : on reproche à M. de Lesseps et aux directeurs d'avoir mis, dans l'organisation et dans la direction de l'entreprise, de la précipitation, car c'est bien là ce qui est au fond de toutes ces critiques... Vous êtes partis trop tôt, vous n'avez pas suffisamment étudié le terrain, vous avez rompu les marchés trop vite... N'était-ce donc pas là une des conséquences des stipulations initiales de l'entreprise?

Ah! j'entends fort bien qu'il est commode pour les capitalistes de toucher de fort beaux intérêts pendant que l'entreprise est en cours d'exécution; mais comment ne pas comprendre et comment ne serait-on pas autorisé à dire que ceux qui placent ainsi leur argent doivent nécessairement soupçonner qu'il y a là un risque considérable, et que cette charge énorme, en retirant au fur et à mesure de la caisse les sommes d'argent apportées pour l'exécution du travail, peuvent finir par compromettre la Société?

Et, pour les administrateurs, quelle situation redoutable! Cela leur fait une loi de la rapidité, et de la rapidité à la précipitation il n'y a qu'une nuance; cette précipitation, elle est pour eux légitime, parce qu'elle est nécessaire, car il faut se hâter d'en finir et d'arriver au but, parce que sans cela le capital tout entier serait dévoré par les intérêts intercalaires. En tout cas, il est bien clair que pour cette somme il n'y a pas de justification à nous demander.

Voici maintenant une autre somme, 93 millions payés pour achat du Panama Rail-Road. On en a fait un grief aux administrateurs.

Supposons un canal maritime établi entre Paris et le Havre; à qui pourrait-il venir à l'esprit que la Société de ce canal pourrait n'être pas propriétaire du chemin de fer de l'Ouest, ou la Compagnie de l'Ouest propriétaire du canal? Si vous supposez une lutte sérieuse et continue entre ces deux entreprises, comment ne voyez-vous pas qu'elles se causeront l'une à l'autre un préjudice considérable et qu'elles se ruineront l'une l'autre!... On devait donc acheter ce chemin de fer, indispensable, d'ailleurs, pour le transport du matériel et des ouvriers.

Mais on nous dit toujours la même chose : Vous avez acheté trop cher; les actions étaient cotées au-dessous du pair et vous les avez achetées au-dessus... On a dit cela dans l'interrogatoire, on ne l'a pas répété à l'audience, parce qu'on a bien compris qu'il y a des choses si inexactes qu'il est impossible de les dire publiquement.

Il aurait fallu commencer par établir que les actions étaient au-dessous du pair! Or, M. l'Avocat général, quand il a étudié cette question, s'est rendu compte lui-même que le marché des chemins de fer américains est tout différent du marché des chemins de fer français, et que, tandis qu'en France les actions, même de la puissante Compagnie du Nord, sont réparties entre un nombre de porteurs assez grand pour qu'il y ait véritablement un marché sérieux, élastique, il n'en est pas de même en Amérique.

La mort du financier Jay Gould a mis tout récemment en relief la singulière distribution des actions de ces Compagnies de chemins de fer américains : Jay Gould avait fini par concentrer entre ses mains toutes les actions de très grandes Compagnies, il était le roi des chemins de fer, et il faisait des coups de Bourse formidables; car sa fortune, paraît-il, avait pour point de départ un certain vendredi que les Américains ont appelé le Vendredi Noir, dans lequel, en un seul coup de Bourse, il avait gagné 20 millions, culbuté 250 grandes banques et couvert de ruines l'Union tout entière. Ainsi on n'achète pas ces actions à la Bourse, elles sont syndiquées entre les mains d'un très petit nombre de porteurs; ces porteurs les gardent, ils en demandent le prix qu'ils veulent. Et vous entendez bien que la seule annonce du percement possible de l'isthme de Panama a rendu très exigeants les détenteurs de ces actions.

Nous avons acheté les actions à ce prix, parce que nous n'avons pas pu les acheter moins cher; nous n'avons pas d'autre réponse à faire.

Il y a d'autant moins de reproches à faire aux directeurs que, ne l'oubliez pas, tous les détails de cette opération ont été communiqués à l'assemblée générale qui a autorisé l'émission de 1883, faite spécialement en vue de cet achat; tous les comptes résultant de cette opération elle-même ont successivement figuré dans tous les bilans, ont été vus par tous les commissaires, proposés à toutes les assemblées générales et ratifiés par elles.

Enfin vous trouverez, dans le deuxième rapport de M. Monchicourt, à la page 23, un mot qui dit tout sur la critique qui nous est adressée de ce chef.

M. Monchicourt a pu se rendre compte de la valeur de ce chemin de fer, et il dit ceci :

> Le chemin de fer de Panama est considéré à juste titre comme la clef du canal. Le transport du personnel et des matériaux ou approvisionnements, etc.

Et permettez-moi, pour me résumer sur ce petit point, d'ajouter que lorsqu'on est réduit, pour soutenir une prévention d'escroquerie qui repose sur des actes de 1888, à commencer par de pareils griefs sur des actes de 1880, il est permis de penser que le reste n'est pas bien sérieux.

Je ne m'attache pas davantage à justifier la rémunération de 12 millions donnée au début de l'entreprise au Comité américain; en revenant sur l'entreprise de Suez, je vous ai dit, et vous ne l'avez point oublié, que l'une des difficultés qu'avait eu à vaincre M. de Lesseps, c'était l'opposition de l'Angleterre; il s'en est souvenu, et la première chose qu'il fit en commençant fut précisément d'intéresser les Américains à son œuvre.

Au surplus, le contrat a été soumis dans les moindres détails aux actionnaires qui l'ont approuvé.

M'arrêterais-je davantage à cette critique générale élevée contre les dépenses qu'on a faites pour l'administration et la conduite de l'entreprise, tant en France que dans l'isthme? Quoi de plus puéril qu'un tel reproche dans un tel procès? Il y avait, dites-vous, trop d'employés et on les payait trop cher! Qu'en savez-vous? Et quelle preuve en apportez-vous?

En premier lieu, ce sont là des comptes de ménage. Les administrateurs les ont réglés tous les ans avec leurs mandants qui les ont approuvés; que pouvez-vous répondre à cela? Rien, absolument rien.

En second lieu, pouvez-vous dire quels employés étaient inutiles et lesquels étaient payés trop cher? Vous vous gardez même de l'essayer.

En troisième lieu, vous avez invoqué la déposition de M. Frayssex. Ecoutons-le :

M. LE PRÉSIDENT. — Veuillez nous dire, monsieur Frayssex, ce que vous savez dans cette affaire. Vous avez été, je crois, à Panama, et par conséquent, je suppose que c'est à ce point de vue que vous pouvez nous apporter quelques renseignements utiles.

R. Oui, j'ai accompagné un capitaine de vaisseau, mon ami, agent général de la Compagnie. J'allais avec lui pour occuper mon temps d'une manière intéressante, car j'étais très enthousiaste de l'entreprise de Panama. Je suis resté avec lui deux mois. Il est parti brusquement, ne me laissant aucun des pouvoirs qui lui avaient été donnés. Je me suis trouvé en face d'une situation diminuée qui ne me convenait plus, qui a changé mes sentiments, et je suis rentré en France.

D. Quels étaient donc vos sentiments et vos impressions là-bas?

R. Mes sentiments là-bas étaient moins enthousiastes en présence de la difficulté gigantesque contre laquelle on avait à lutter. Je ne croyais pas que les moyens employés fussent de nature à permettre l'achèvement du canal dans les limites qu'on avait prédites. Je croyais qu'on avait un peu diminué la durée du temps nécessaire pour l'achèvement du canal. C'était un sentiment qui était flottant chez nous. Nous pensions qu'il faudrait trois ou quatre fois plus de temps qu'on n'en avait demandé.

D. C'était en 1883?

R. C'était en 1883; je suis arrivé au mois de novembre et je suis rentré en France au mois d'avril.

D. Et au point de vue de la dépense, vous aviez su comme tout le monde...

R. Les dépenses ne me regardaient en rien. Je n'ai jamais été tenu au courant ni des marchés, ni des dépenses qui ont été faites. Il y avait là un peuple de travailleurs et d'employés, mais il en mourait beaucoup. Il fallait avoir constamment des gens d'avance pour remplir les postes vacants, de sorte que ce nombre d'employés n'avait rien de bien exagéré, je crois. . . . .

Vous relirez toute cette déposition, qui se résume en un seul mot : C'est vrai, il y avait beaucoup de monde, mais c'était nécessaire parce qu'il fallait remplir au fur et à mesure les vides que la mort faisait dans les rangs des travailleurs.

Écoutez maintenant l'intéressante déposition du général Posada :

J'ai été gouverneur du département de Panama en 1886 et 1887, et je connais bien l'affaire de Panama en ce qui touche ce qui s'est passé dans l'isthme.

On n'a pas prévu que les prix s'élèveraient chaque année dans une progression croissante, et c'est ce qui est arrivé; ils ont dépassé toute mesure, et cette progression s'est fait sentir non seulement dans les travaux exécutés pour le compte de la Compagnie, mais encore dans la valeur de toute chose dans le pays. C'est ainsi que les prix payés par notre gouvernement ont triplé et quadruplé par le fait de l'entreprise; c'est ainsi qu'on payait 2.000 francs par mois les deux généraux colombiens commandant dans l'isthme, tandis que ceux des pays voisins n'en recevaient que 1.250; à chaque soldat on payait 5 francs par jour; mes appointements étaient de 60.000 francs par mois, plus 10.000 francs de représentation, tandis que mes collègues des départements voisins ne touchaient que 20 ou 25.000 francs. Mon valet de chambre gagnait 300 francs par mois; à un ouvrier on payait 10 francs par jour, et encore ce n'étaient que des ouvriers ne sachant rien, de simples journaliers.

Ces augmentations de prix avaient pour cause les besoins que créait l'entreprise elle-même, l'extrême abondance de l'argent, l'insalubrité du climat, la difficulté de trouver des ouvriers pour l'exécution des travaux.

Me sera-t-il permis d'ajouter que je n'entendais pas sans tristesse M. l'Avocat général parler avec tant d'aisance des traitements payés au personnel admirable que la Compagnie avait réuni? Vous savez déjà que trois des membres de la première commission sont morts dans l'isthme. M. Boyer y est mort; M. Dingler, — et je lui demande pardon, s'il m'écoute, de renouveler cette cruelle douleur, — y a perdu sa femme et ses enfants ! Comprenez-vous, maintenant, ce qu'il y a d'injuste, de profondément injuste à livrer ainsi en pâture à la malignité publique des assertions comme celle-ci : Vous avez gaspillé l'argent qui vous était confié pour exécuter le canal en le donnant à des hommes qui ne le gagnaient pas; car voilà bien la conséquence de votre accusation... ils ne le gagnaient pas ! Et pourtant ils mouraient en le gagnant !

Laissons cela de côté, c'est là encore un grief qu'il ne faut pas retenir à la charge des administrateurs.

Mais ce personnel, ainsi décimé par la maladie, quels travaux a-t-il exécutés ? Oh ! là-dessus, l'imagination populaire s'est donné carrière ; vous avez entendu dire que les travaux étaient à peine commencés, qu'on avait envoyé là-bas des machines qui n'étaient que d'inutile ferraille, que tout était à faire dans l'isthme. On est stupéfait quand on voit de pareilles niaiseries recueillies pieusement par la prévention.

Voici ce que nous dit l'expert :

Le chiffre total des mètres cubes extraits jusqu'à fin novembre 1887 s'élèverait ainsi à 36.355.302 mètres cubes.

Or, nous avons relevé les situations mensuelles réglées avec les entrepreneurs pendant la même période, et nous avons constaté qu'elles s'élevaient à un chiffre à peu près égal, c'est-à-dire à environ 36 millions de mètres cubes.

Les conclusions de M. l'ingénieur de la Compagnie, que les majorations et détournements sur les dépenses d'extraction signalées par les plaintes, et qui étaient basées sur les estimations plus ou moins précises de M. Druez et de M. Fourmont n'existent pas, se trouveraient ainsi confirmées.

Ce contrôle, comme on le voit, est arrêté à la date de fin novembre 1887, les éléments de discussion ne s'appliquant pas à la période comprise entre cette date et l'arrêt définitif des travaux.

Nous allons donc nous borner, afin de donner une base aux comparaisons qu'il pourrait y avoir lieu d'établir, si de nouveaux renseignements étaient apportés, de résumer, d'après le relevé que nous avons fait de toutes les situations mensuelles, les quantités de cubes comptées jusqu'à la fin des travaux par toutes les entreprises et dont le prix a été payé par la Compagnie.

Je saute, bien entendu, cette nomenclature qui arrive à un total, d'après cette situation, de 49.045.623 mètres cubes.

A ce chiffre il faut ajouter le cube exécuté par petites tâches, pour lesquelles nous n'avons ni contrats ni situations complètes, et dont les cubes sont relevés d'après les chiffres indiqués en regard des paiements, lesquels s'appliquent ensemble à 1.640.556 mètres cubes.

Le chiffre total des mètres cubes comptés et réglés d'après les situations et les paiements inscrits s'élèvent donc à 50.686.179 mètres cubes.

Nous croyons pouvoir affirmer l'exactitude de ce chiffre, bien qu'il diffère un peu de celui résultant du relevé général de toutes les tâches et entreprises dressé par l'administration et qui ne s'élève qu'à 49.988.206 mètres cubes.

Mais il existe une différence plus sensible avec le total des cubes publié dans le *Bulletin* de la Compagnie qui, jusqu'à la fin de décembre 1888, est, d'après la récapitulation que nous avons faite, de 55.385.107 metres cubes.

Or, en ce qui touche cette dernière quantité, il faut tenir compte de ce qu'elle ressort de chiffres fournis à titre de simple renseignement et avec une tendance incontestable à augmenter plutôt qu'à diminuer l'importance de la production réelle.

Il nous reste à examiner rapidement les derniers groupes d'emploi de fonds..., etc.

Ainsi 50.000.000 d'après l'expert, 55.000.000 d'après nos bulletins, cette différence étant d'ailleurs expliquée et admise par l'expert; enfin vous le savez, 56.000.000 d'après la commission d'études.

Le rapport de celle-ci va d'ailleurs nous fournir ses appréciations fort intéressantes.

Cette manière de voir cadre assez avec celle du gouvernement colombien, puisque dans sa dépêche du 12 octobre 1886, M. le ministre des finances s'exprimait ainsi :

« Considérant que des faits consignés dans le mémoire ci-dessus et dans le rapport qui l'accompagne, il résulte que les ouvrages exécutés pour l'exécution du canal interocéanique représentent actuellement plus de la moitié des travaux qu'implique la construction totale de ce canal, et que, en conséquence, la Compagnie universelle dudit canal interocéanique a acquis le droit parfait à ce qu'on lui adjuge la moitié des terres libres mentionnées dans l'article 4 de la loi de 1878. »

Or, dans son estimation, le gouvernement colombien faisait entrer, comme l'a fait la commission, et plus encore qu'elle, les faux frais de l'œuvre, ainsi que l'établit le passage suivant de la dépêche du 3 janvier 1884 :

« On informe le représentant de la Compagnie du canal et son délégué spécial que le pouvoir exécutif est d'accord en ce que cette question, comme toutes les questions qui naîtront de l'interprétation du contrat pour l'œuvre grandiose de l'excavation du canal, doivent être traitées avec une grande élévation de vues, en se rattachant plus à l'esprit qu'à la lettre du traité ; que par conséquent le gouvernement admet et estime comme travaux faits pour l'achèvement du canal, non seulement la quantité de terre remuée ou de mètres cubes creusés pour l'ouverture dudit canal (ce qui serait conforme à la lettre du contrat, mais non à la bonne foi avec laquelle il doit être accompli), mais aussi le capital réuni pour terminer l'entreprise, les études techniques et scientifiques pour le tracé et l'exécution de l'œuvre, la formation de la Compagnie, l'organisation des travaux, le transport dans l'isthme d'une grande partie des machines et du matériel d'excavation, et la partie déjà matériellement construite, et qu'après avoir pris tout ceci en considération, le pouvoir exécutif déclare que la Compagnie du canal de Panama a droit à ce qu'on lui adjuge, suivant les termes dudit article 4.150.000 hectares comme l'équivalent d'un peu plus du tiers de l'exécution de l'œuvre. »

Si le gouvernement colombien, sur le rapport de ses délégués, considérait comme au tiers accomplie en 1884, et à moitié en 1886 l'exécution du canal à niveau, la proportion que la commission adopte en 1890 pour le canal à écluses n'a rien que de vraisemblable. Il y a moins de terrassements à faire que pour le canal à niveau, mais il y a beaucoup de maçonneries en plus. Depuis 1886 de grands mouvements de terre ont été exécutés; mais, d'une part, il y en a eu d'inutiles; d'autre part, le cube total des déblais est, en raison de la nature des terrains, très supérieur aux prévisions du débit et il n'est pas surprenant que, toute compensation faite, la situation soit un peu moins avancée et empirée par cette circonstance grave en plus que le temps a marché et que la déchéance est plus menaçante.

Ainsi les travaux exécutés et payés sont immenses; et de ce chef il n'y a nul reproche de gaspillage à faire aux administrateurs.

Mais, dira-t-on, en se plaçant tout de suite à un autre point de vue et avec l'esprit de critique systématique qui fait le fond de toute la prévention, si vous avez fait la moitié en sept ans avec 783 millions, il vous faudra 14 ans et le double, soit 1.560 millions, pour achever le canal; or, vous n'avez pas dit cela.

C'est une objection que je crois sans valeur. Je n'ai pas besoin de dire à la Cour que je reviendrai, en discutant l'escroquerie, sur le détail des différents griefs qui nous sont imputés; je ne m'attache, quant à présent, qu'aux griefs généraux. Je dis que l'objection est sans portée.

Dans une entreprise colossale et sans précédent, tout, à l'origine, est tâtonnements, difficultés, erreurs et, par conséquent, dépenses; cette période passée, tout s'accentue avec une rapidité progressive. Or, veuillez bien remarquer ceci: 36 millions de mètres cubes avaient été extraits en six ans, et 20 millions ont été extraits pendant les deux dernières années.

Si je me reporte à l'entreprise de Suez, je vois qu'en dix ans il a fallu extraire 75 millions de mètres cubes et que, sur ces 75 millions, les 50 derniers millions, c'est-à-dire les deux tiers de l'opération elle-même, ont été accomplis dans les deux dernières années.

Vous voyez donc qu'il y a là en quelque sorte une loi de ce genre d'entreprises. Il faut qu'on soit sorti de la période des tâtonnements, que les machines soient installées, que les ouvriers soient dressés, que les ingénieurs soient sûrs de l'effet des ordres qu'ils vont donner, pour que l'entreprise prenne une marche plus régulière, chaque jour plus rapide, jusqu'au complet achèvement.

Et cela n'est pas vrai seulement de la dépense, cela est vrai du temps aussi; car n'oubliez pas ce que les ingénieurs envoyés par les liquidateurs ont dit et qui est capital: « Le matériel transporté dans l'isthme est suffisant pour l'achèvement du canal. » Cela est écrit dans le deuxième rapport de M. Monchicourt, à la page 23:

Le matériel est en bon état, quoique ayant une certaine usure. Dans la pensée de la commission, il pourra suffire tel qu'il est à l'achèvement du canal, si le mode d'exécution des travaux n'est pas changé et dispense d'en créer un nouveau.

Un état joint au présent travail indique l'importance de ce matériel et justifie les dépenses faites par la liquidation pour le conserver et l'entretenir.

Toute aliénation anticipée de l'ensemble de ce matériel priverait les ayants droit de la valeur relative qu'il peut atteindre, si les travaux peuvent être repris avant le 28 février 1893.

La commission, dans son rapport technique, à la page 66, dit précisément la même chose :

L'exécution des travaux est tout entière subordonnée à l'utilisation du matériel et des installations existantes ; c'est dans cette prévision que l'évaluation des dépenses a été établie. Sans sortir du caractère exclusivement technique de ce rapport, il y a donc lieu de donner quelques renseignements sur le parti qu'on pourra en tirer.

Vous pouvez rapprocher de ce document cette déposition du général Posada :

J'ai été gouverneur du département de Panama en 1886 et 1887, et je connais beaucoup l'affaire du canal de Panama en ce qui touche ce qui s'est passé dans l'isthme. J'ai visité les travaux du canal d'un bout à l'autre ; ils m'ont paru gigantesques, et il résulte tant de mes propres constatations que de celles de mes agents et de différents voyageurs, qu'on a beaucoup et consciencieusement travaillé.

Reprenons maintenant le rapport de la commission technique :

Le matériel approvisionné dans l'isthme a une importance que la commission ne pouvait pas perdre de vue ; il s'agit, en effet, d'objets dont l'acquisition, le transport et le montage sur place ont coûté 150 millions.

La délégation envoyée dans l'isthme a constaté que le classement, la mise en état, le sauvetage même des divers outils oubliés dans les remblais ou au fond des fouilles par les entrepreneurs ont été méthodiquement poursuivis, depuis la suspension des travaux. Les ateliers sont en bon état, un ordre parfait règne dans les magasins, et le matériel sur les chantiers a été nettoyé avec soin et mis à même de résister aux influences atmosphériques.

Au cours de ses tournées, la délégation a eu l'occasion de voir, en outre, en mouvement plusieurs locomotives, des chaloupes à vapeur et divers outils qui se sont bien comportés.

D'autre part, elle a fait mettre en marche, en sa présence, sur avis donné seulement quarante-huit heures à l'avance, deux excavateurs et une drague à la Culebra, une drague marine à la Boca, plusieurs grues de chargement. L'expérience a été satisfaisante.

Il y a donc dans l'isthme un matériel d'une valeur réelle ; cependant la commission n'a pu le chiffrer, car cette valeur est purement conventionnelle ; presque nulle si les travaux ne sont pas continués, elle devient au contraire très considérable pour une Société nouvelle qui trouverait dans son emploi la possibilité de mettre immédiatement la main à l'œuvre.

Mais ce que la commission croit pouvoir affirmer, c'est que, sauf peut-être quelques engins spéciaux, ce matériel répond à tous les besoins. Quels que soient les procédés adoptés, des dragues de toute espèce, les excavateurs, les grues de chargement, les rails, locomotives et wagons de terrassements sont en quantité largement suffisante.

La commission n'a donc compté dans son évaluation aucune acquisition nouvelle ; les prix qu'elle a appliqués comportent seulement l'entretien et, le cas échéant, le renouvellement de l'outillage par les futurs entrepreneurs.

Les installations d'ateliers offrent également toute l'ampleur désirable. Les trois principales se trouvent à Colon, à Matachin et à la Boca ; des installations de moindre importance sont disséminées sur tout le parcours de la ligne. L'ensemble de ces constructions et des divers outils qu'elles renferment est plus que suffisant pour faire toutes les réparations de matériel que comportera un travail très actif.

Quant aux habitations pour le personnel et les ouvriers, leur nombre est énorme et semble même exagéré, car elles permettent d'assurer le logement de 26.000 à 27.000 ouvriers ; de ce chef, il n'y a aucune dépense à prévoir.

Grâce au matériel et aux installations qu'elle trouvera sur place, la nouvelle Société pourra donc immédiatement attaquer le massif de la Culebra.

Mais un seul chiffre va suffire à montrer l'injustice des reproches adressés aux administrateurs. Le liquidateur avait posé à la commission envoyée dans l'isthme cette question : A quel prix puis-je vendre à une Société nouvelle les travaux effectués et le matériel ? La réponse se trouve dans le premier rapport de M. Monchicourt, à la page 62.

La commission déclare :

1° Qu'il est possible d'achever le canal dans un délai de huit ans et que la solution à laquelle elle s'est arrêtée consiste dans l'adoption d'écluses de huit à onze mètres de chute, réparties en deux groupes du côté de l'Atlantique, et en trois groupes sur le côté du Pacifique ;

2° Que le matériel qui se trouve actuellement dans l'isthme est dans un état satisfaisant et pourra suffire, tel qu'il est, à l'achèvement du canal, si le mode d'exécution des travaux n'est pas changé ;

3° Que l'estimation des travaux proprement dits peut être portée à 580 millions de francs.

La commission, évaluant ensuite les frais d'administration dans l'isthme et à Paris, les frais de constitution de capital, les intérêts intercalaires des sommes à emprunter, porte en bloc à 900 millions le capital à demander à la fortune publique pour terminer le canal interocéanique.

Elle estime les travaux déjà effectués et le matériel de l'isthme à 450 millions de francs...

Et n'oubliez pas ceci. Cette valeur que la commission détermine, est une valeur de liquidation, c'est-à-dire avec une réduction de plus de 30 0/0 à laquelle il convient d'ajouter la dépréciation qui résulte du brusque arrêt des travaux. Cependant, malgré tout cela, la commission estime encore que les travaux à faire pour achever le canal s'élèvent seulement à la somme de 580 millions, et que les travaux déjà faits représenteront, pour la Société nouvelle, une valeur de 450 millions.

J'ai donc le droit de dire, et je le démontrerai plus péremptoirement encore, s'il est possible, au fur et à mesure que j'entrerai dans le détail des faits sociaux, il est vrai de dire que la Compagnie de Panama est tombée au moment où elle allait réussir, je vous le montrerai jusqu'à l'évidence, avec l'opinion de tous les hommes spéciaux, M. Rousseau, M. Dingler, M. Hutin, elle a fait naufrage en vue du port. Les Italiens ont un proverbe qui leur vient sans doute de leurs ancêtres : « Celui qui sur dix pas en a fait neuf, n'a fait encore que la moitié du chemin. » Si cela est vrai du coureur dont les pieds agiles soulèvent la poussière du stade, combien plus d'une colossale entreprise qui avait à compter avec les plus formidables hasards qu'une œuvre humaine ait jamais affrontés !

AUDIENCE DU 24 JANVIER

MESSIEURS,

J'aborde maintenant la seconde partie de la tâche que j'ai à remplir devant la Cour.

J'ai, dans la dernière audience, examiné la conduite des membres du comité de direction vis-à-vis de leurs mandants; mais j'ai arrêté cet examen au seuil de l'année 1888, parce qu'à partir de cette date le ministère public ne se borne plus à critiquer les faits, il les incrimine.

Je vais maintenant revenir en arrière et justifier le langage que les directeurs de la Compagnie de Panama ont tenu tant à leurs actionnaires qu'au public dans les communications qu'ils ont faites lors des diverses émissions.

C'est là, vous le voyez, la prévention d'escroquerie, mais je pousserai cet examen jusqu'à la chute même de la Société, jusqu'au 31 décembre 1888, réservant à une troisième partie, que je ne pourrai sans doute pas aborder aujourd'hui, l'examen des faits d'abus de confiance et en même temps les considérations qu'il est nécessaire de présenter à la Cour pour dégager nettement les hommes qui sont devant elle, des faits auxquels nous assistons depuis deux mois.

Je n'ai pas besoin de dire à la Cour que la tâche que j'ai à remplir devant elle aujourd'hui, pour utile qu'elle soit, est singulièrement aride ; c'est une longue route bordée de documents et de pièces que je dois parcourir avec elle. J'aurais voulu pouvoir lui épargner cette fatigue, mais cela est absolument impossible. On peut accuser avec un seul mot bien choisi ; la véritable défense consiste à montrer les documents tels qu'ils sont et à les mettre tout entiers sous les yeux de la Cour.

Je veux faire d'abord une première observation. Tous les documents que nous allons examiner sont antérieurs de sept années à l'émission incriminée de 1888, pour les plus anciens, ensuite de 6, de 5, de 4, de 3, de 2 années. Par conséquent, il est clair que les critiques dont ils ont été l'objet, critiques extrêmement vives, sans bienveillance, sont des critiques tout épisodiques, puisqu'ils n'ont eu, ni pu avoir aucune influence déterminante sur la souscription des obligations émises en 1888.

Voici maintenant ma seconde observation : on incrimine la publication de faits qu'on prétend faux et qui auraient été publiés pour faire réussir des émissions. Mais cette formule, M. l'Avocat général l'emprunte à une loi, la loi de 1867. Que dit donc l'article 15 de la loi de 1867?

Sont punis des peines portées par l'article 405 du Code pénal, sans préjudice de l'application de cet article à tous les faits constitutifs du délit d'escroquerie :

1° Ceux qui, par simulation de souscriptions ou de versements ou par publication faite de mauvaise foi, de souscriptions, ou de versements qui n'existent pas, ou de tous autres faits faux, ont obtenu ou tentent d'obtenir des souscriptions ou des versements.

Or, il y a dans cette affaire deux points dès à présent certains : le premier, c'est que l'article 15 de la loi de 1867, comme toutes les dispositions pénales que cette loi contient, ne s'applique pas aux sociétés civiles. C'est la disposition d'un arrêt de cassation de 1876 qui depuis fait autorité dans cette matière. Or, vous le savez, par un arrêt de cette chambre même, la Compagnie de Panama est une société civile.

Le second, c'est que, si toute publication de faits faux ayant pour but d'obtenir des versements tombait sous le coup de l'article 405, il n'aurait point été nécessaire de faire l'article 15 de la loi de 1867.

Je ne veux pas fatiguer la Cour de lectures doctrinales. Il me suffira de lui rappeler que la disposition de l'article 15 de la loi de 1867 a été introduite dans nos lois par la loi de 1856. Antérieurement à cette loi, la jurisprudence hésitait à appliquer l'article 405 aux entreprises criminelles dont le public tout entier pouvait être victime, et la loi de 1856, comme celle de 1867, a voulu faire cesser ces hésitations.

La pensée du législateur est très claire :

Il assimile à une manœuvre la simple publication de faits faux, faite de mauvaise foi ; cela suffit pour l'application de l'article 15 de la loi de 1867 aux sociétés commerciales. Si, au contraire, on veut se placer sur ce qu'on appelle volontiers, dans le langage du ministère public, le grand terrain de l'article 405, oh ! alors, il ne suffira pas d'apporter la preuve d'une publication de faits faux, il ne suffira pas même de prouver que cette publication a été faite de mauvaise foi, il faudra de plus établir la manœuvre, c'est-à-dire l'existence de faits artificieusement combinés pour donner au mensonge l'apparence de la vérité, et surprendre la confiance d'un homme de moyen entendement.

Au surplus, la jurisprudence n'a jamais varié sur ces matières, et toutes les fois qu'on s'est avisé de transformer les exagérations des réclames en manœuvre d'escroquerie, elle s'y est absolument refusée. Vous me permettrez de placer simplement sous vos yeux deux arrêts : l'un, célèbre sur cette matière, c'est l'arrêt du Crédit général français, l'autre est l'arrêt même qu'a invoqué M. l'Avocat général. Voici le premier :

En ce qui touche la publicité, considérant que le *Moniteur des Tirages financiers* n'a pas été fondé par les prévenus, qu'il était, bien avant l'entrée de M. X... au conseil d'administration, l'instrument de publicité du Crédit général français ;

Considérant qu'il portait en sous-titre, imprimés en gros caractères, ces mots : « Propriété et organe du Crédit général français » ; que les lecteurs étaient donc d'avance prévenus que les renseignements qu'il contenait ne pouvaient être que favorables à la Société à laquelle il appartenait ou aux affaires qu'elle patronnait ;

Considérant que de l'examen des différents numéros indiqués dans les conclusions des parties civiles, il ressort que ce journal constatait que les actions du Crédit général français avaient, depuis la fondation de cet établissement, donné un revenu de 12 à 15 0/0, ce qui était vrai, mais ce qui en même temps démontrait qu'elles étaient des valeurs de spéculation et non un placement de père de famille, comme il le déclarait dans les éloges hyperboliques qu'il faisait de la Société ; que, sans doute, il préconisait sans cesse la hausse, en faisant remarquer, conformément à la réalité, que le Crédit général français n'avait jamais accepté de comptes courants, qu'il invitait dans son intérêt le public à acheter des actions, en passant sous silence les opérations de reports faites par la Société et en soutenant inexactement que le marché avait absorbé tous les titres ; que ces articles, si regrettables qu'ils soient, ne dépassent pas la limite des affirmations aventureuses ou même mensongères qu'on rencontre trop souvent dans les prospectus commerciaux, et qu'il était facile aux abonnés de se mettre en garde contre des appels dont ils connaissaient la source ;

Considérant, d'autre part, que les circulaires produites à la Cour ne contiennent que des réclames du même genre ;

Considérant qu'il est incontesté en droit que de simples allégations mensongères, quelque multipliées qu'elles aient pu être, n'auraient pu elles-mêmes constituer des manœuvres frauduleuses au sens de l'article 405 du code pénal ;

Considérant que si l'examen approfondi des faits de la cause révèle chez les prévenus des habitudes de spéculation sans scrupule, il est constant que le délit d'escroquerie ne peut exister qu'à la condition que des remises de fonds aient été obtenues à l'aide de manœuvres caractérisées ; qu'il résulte de ce qui précède que les faits invoqués par les parties civiles ou bien ne sont pas établis ou bien ne présentent pas le caractère de manœuvres délictueuses ; que le délit ne peut donc être retenu.

Voyons maintenant l'arrêt P... invoqué par M. l'Avocat général; c'est un arrêt de la Cour de Paris du 12 mars 1885 :

Considérant que P... a, en 1881, à Paris, de concert avec L... et autres, créé la Société anonyme de la Raffinerie centrale de Douai, au capital de 3 millions de francs ;

Que, pour se conformer aux prescriptions de l'article premier de la loi du 24 juillet 1867, il a constaté par une déclaration dans un acte notarié que la totalite du capital social avait été souscrite, et que chaque actionnaire avait versé le quart au moins de ses actions;

Considérant que cette déclaration était contraire à la vérité;

Qu'en effet, à part quelques petites souscriptions provenant du département du Nord, et offrant un caractère sérieux, la plupart des actions n'avaient été souscrites que d'une manière fictive;

Que les organisateurs de l'affaire s'étaient bornés à apposer sur la liste leurs noms, tout dépourvus qu'ils fussent de ressources personnelles, les noms d'un certain nombre de leurs parents, amis ou employés, voire même quelques noms de fantaisie, moyennant quoi ils avaient tenu les prescriptions de la loi pour suffisamment observées;

Que les souscripteurs ainsi recrutés n'avaient naturellement rien versé;

Qu'il n'était donc entré dans la caisse sociale qu'une très faible partie des 400.000 fr. qu'elle était censée avoir reçus pour le montant du premier quart;

Que néanmoins les assemblées générales constitutives ont été tenues;

Qu'il s'est trouvé un commissaire pour conclure à l'approbation des apports, quelque exorbitante qu'en fût l'évaluation;

Que la Société a été déclarée définitivement constituée et qu'un conseil d'administration de cinq membres, comprenant P... et J... sous la présidence de L... est entré immédiatement en fonctions;

Considérant que ce conseil d'administration, pendant sa courte existence, s'est préoccupé, non de la réalisation de la promesse de vente, mais des intérêts de ses membres et des formalités à remplir, soit pour porter à la connaissance du public la constitution de la Société, soit pour arriver à la mise en circulation de ses titres;

Considérant que les actions de la Société ont été émises, que 753 ont été détachées de leur souche; qu'il en restait encore 192 en circulation au jour du jugement dont est appel; que la responsabilité de cette émission incombe non seulement à P... et à L..., mais aussi à J... qui a eu le tort grave d'accepter de faire partie avec eux du conseil d'administration d'une Société irrégulièrement constituée, sans prendre souci de ces irrégularités de constitution, et, notamment, du défaut de versement du quart qu'il n'a pu ignorer;

Considérant que la négociation des actions a eu également lieu par le fait de P... et de L...; que les achats faits par Arnoult à Mazure, agent de L..., et par la veuve Rey à Bonheur, agent de P..., ne permettent aucun doute à cet égard;

Considérant que P... et L... ont fait plus; qu'après avoir créé une société dans les conditons de fraude qui viennent d'être énoncées, ils ont formé avec des amis complaisants un syndicat pour le placement de ces actions dans le public; qu'ils ont eu recours, en vue de ce résultat, à une publicité fallacieuse; qu'alors qu'ils n'étaient pas même en possession de l'usine de Douai, ils ont fait insérer dans le journal la *Cote de la Bourse et de la Banque* une série d'articles dans lesquels ils exaltaient leur entreprise sans mesure et sans bonne foi, parlaient de 25 0/0 qu'allaient toucher les actionnaires et annonçaient que les actions se traitaient actuellement à 510 francs, en d'autres termes qu'elles faisaient prime;

Considérant que des actions ont été ainsi écoulées, mais en petit nombre; que le public s'est montré rebelle..., etc.

M. L'AVOCAT GÉNÉRAL. — C'est l'arrêt de la Cour de cassation que j'avais lu.

Me BARBOUX. — Oui, Monsieur l'Avocat général, mais c'est pour cela que je cite l'arrêt de la Cour de Paris, car l'arrêt de cassation est purement et simplement un arrêt de rejet, il n'examine pas les faits eux-mêmes, et je cite l'arrêt de la Cour de Paris pour montrer la gravité exceptionnelle des faits qui avaient motivé l'application de l'article 405.

En un mot, Messieurs, comme je le disais à la Cour, la jurisprudence n'a jamais admis que le langage, quelque hyperbolique qu'il pût être, des prospectus, des réclames et d'autres documents de cette nature, pût être considéré en lui-même (nous verrons les autres manœuvres invoquées par le ministère public) comme constituant une manœuvre frauduleuse et entraînant l'application de l'article 405.

Mais cette preuve faite, la prévention n'est encore qu'à la moitié de sa route. Il faut qu'elle prouve que la manœuvre a été déterminante ; c'est-à-dire qu'entre la manœuvre et la remise des fonds, il y a un rapport de cause à effet. La jurisprudence a toujours maintenu que la preuve de ce rapport était l'un des éléments constitutifs du délit d'escroquerie; toute autre doctrine ne serait pas moins contraire au bon sens qu'à l'équité.

A la lumière de ces principes, examinons les faits incriminés.

Dans la mesure où il est possible de préciser les récriminations, qui, pour très vives, n'en sont pas moins très vagues, on peut dire qu'on reproche à MM. de Lesseps d'avoir dissimulé la vérité sur trois points : le coût du canal, le rendement probable du canal et la durée des travaux.

Il est clair d'abord que, s'agissant de faits futurs, les affirmations même les plus positives ne sauraient être acceptées par personne que sous la réserve de faits imprévus. Or, la Compagnie du canal s'est adressée au public sous deux formes, par son *Bulletin* officiel et ensuite par les journaux.

Parlons de ceux-ci d'abord, pour les mettre tout de suite hors du débat.

On dirait, à entendre M. l'Avocat général, que la Compagnie rédigeait elle-même les articles, envoyés ensuite comme copie aux divers journaux. Les choses se passaient tout autrement. La Compagnie remettait au directeur du journal les documents, et elle y ajoutait les renseignements nécessaires pour les bien comprendre. Puis le directeur choisissait lui-même l'écrivain qui lui paraissait le plus propre à traiter le sujet dont il s'agissait, et chaque rédacteur suivait ensuite la pente de son esprit, ou se conformait au ton du journal.

Tantôt le journaliste se borne à des extraits de documents officiels rattachés les uns aux autres par des transitions; tantôt, au contraire, il étudie les documents eux-mêmes et il en compose un article personnel. Celui-ci est un statisticien, il se hérisse de chiffres et de géographie; un autre, au contraire, écrit dans un journal moins sérieux; il publie, si le journal est illustré, la photographie des directeurs, il entre dans leur cabinet d'étude, il le décrit, il fait connaître leurs habitudes, leurs allures, il donne l'adresse de l'ébéniste qui a fait les meubles, le nom et l'adresse du tapissier qui a fourni les tentures... Vous connaissez ce genre de réclame, qui, sans doute, a la faveur du public, puisqu'on voit tant d'honnêtes jeunes gens se livrer à ce jeu innocent.

Voulez-vous prendre maintenant des publications plus spéciales? Celui-ci est le *Journal des Viticulteurs;* il parlera des plants americains et des mines de Californie. Un autre écrit pour les naturalistes; il s'attache à décrire en style tropical la faune et la flore du pays.

Ne croyez pas que ces choses soient ridicules ; elles ne sont ni ridicules, ni même inutiles, car rien n'est inutile, entendez-le bien, quand il s'agit de piquer la mobile curiosité du public et de retenir, fût-ce un instant, son insouciante frivolité.

Et les articles de journaux sont, comme toutes les manifestations extérieures de la volonté ou de la pensée humaine, soumis aux règles de la bonne foi. Ils peuvent engager la responsabilité de ceux qui en fournissent les éléments comme de ceux qui les écrivent. Mais il faut établir le mensonge pour avoir le droit d'invoquer cette responsabilité.

M. l'Avocat général s'est ensuite élevé avec force contre l'habitude d'enrégimenter la presse... Je prie la Cour de considérer que M. l'Avocat général lui-même a constaté l'usage en le critiquant, qu'en tout cas le reproche, si reproche il y a, s'adresse à de plus grands que nous, et si cet usage constitue une escroquerie, pourquoi ne les poursuit-on pas ? Mais, en réalité, il n'y a point là d'escroquerie.

Tout d'abord le danger est moindre qu'on ne l'imagine. On ne peut jamais avoir pour soi toute la presse ; les journaux se multiplient à mesure qu'on les traite avec une plus grande prodigalité. Tôt ou tard, il faut s'arrêter dans cette voie. Un petit journal, *le Panama*, a été attaché aux flancs de la Compagnie pendant toute sa durée, et n'a cessé de couvrir la Société et les administrateurs de diffamations et d'injures. Vous recevez comme nous ces petits papiers jaunes qui attaquent avec violence le grand établissement du Crédit foncier. Et pourtant on n'a pas encore appris qu'il se soit désintéressé de l'opinion de la presse.

Et puis les journaux n'ont pas la toute-puissance qu'on leur suppose. De même qu'un orateur, avide d'applaudissements, cherche moins à exprimer des idées personnelles qu'à donner une voix éclatante aux sentiments confus de la foule qui l'écoute ; de même le journal qui veut être lu, s'efforce de deviner les idées du public auquel il s'adresse. La presse, considérée dans son ensemble, ne crée pas le courant de l'opinion ; elle le suit. Elle peut quelquefois l'accélérer, l'infléchir ; mais elle ne peut ni le déterminer, ni l'arrêter. Spécialement dans les matières financières, le public, de lui-même, s'engoue ou se détourne de certaines valeurs. La presse peut augmenter cette disposition générale ; elle ne la fait pas naître : dans un temps de défiance, elle peut d'un mot ruiner le crédit qui est chose fragile ; dans un temps de confiance, ses pronostics les plus sinistres seraient méprisés.

En veut-on la preuve ? Depuis deux mois, tous les bulletins financiers n'ont pas cessé de chanter les louanges d'actions qui n'ont pas cessé de baisser. Et tout l'argent dépensé par la Compagnie de Panama n'a pas guéri l'atteinte portée à son crédit à partir de 1884.

Laissons donc les journaux et venons au *Bulletin*.

Ce *Bulletin*, permettez-moi cette première réflexion, a paru deux fois par mois pendant sept années. Vous verrez cette immense collection. Eh bien ! dans cette publication volumineuse, on n'est pas même en état d'incriminer un article tout entier, il faut prendre çà et là quelques informations, quelques phrases, et prétendre qu'elles constituent des inexactitudes. Je vous montrerai, qu'il n'y a pas d'inexactitudes sérieuses ; mais j'ajoute que, lorsqu'on veut se rendre compte de l'effet d'une publication, il faut la prendre dans son ensemble, et non pas dans quelques détails sans importance.

Dès les premiers numéros, M. de Lesseps fait connaître au public que le congrès évalue le coût du canal à 1 milliard 70 millions, que la sous-commission technique a réduit cette dépense à 612 millions, et que M. Reclus a évalué les cubes à extraire à 47 millions.

M. de Lesseps annonce également que M. Couvreux envoie un ingénieur dans l'isthme, — je copie textuellement le *Bulletin*, — « pour faire des études nouvelles en vue de l'exécution du canal ».

Vous savez que M. de Lesseps partait en même temps pour Panama, emmenant une commission composée de neuf ingénieurs d'un grand talent. Au retour il publia immédiatement dans le *Bulletin* le rapport de la commission technique, et il le fit suivre des réflexions suivantes :

Note de M. de Ferdinand de Lesseps :

Résultat de mes observations sur le rapport de la commission. J'admets le chiffre total de 75 millions de mètres cubes de déblais, quoique, pour l'exécution, la majorité de la commission ait retenu que le complément des études apportera, dans le tracé, des améliorations que l'on prévoit, mais que l'on n'était pas encore en mesure de vérifier.

En ce qui concerne le prix, je partage l'opinion des membres de la commission qui avaient proposé l'évaluation de 1 fr. 50 pour le déblai des terres. De ce chef il y aurait donc à prévoir, sur 39.400.000 mètres cubes de déblais à la drague ou autrement, 39.400.000 francs d'économie.

J'admets une économie de 20 millions de francs, sur les 100 millions de francs adoptes pour le barrage du Chagres supérieur.

D'après la maniere large dont on a évalué la quantité de mètres cubes de terres ou de pierres à déblayer, je ne compte pour l'imprévu que 5 0/0 au lieu de 10 0/0.

Enfin, je considère que certains travaux dont je ne blâme pas la prévision en théorie, pourront en pratique n'être exécutés qu'après l'inauguration du transit, et peut-être ne pas l'être du tout.

Par exemple, la dérivation du Chagres inférieur et de ses affluents, qui me paraît faire double emploi avec le barrage supérieur, et avec la porte de marée du Pacifique.

On avait autrefois prévu une porte de marée à Suez, je ne l'ai pas faite, et je m'en suis bien trouvé. J'avais dit aux ingénieurs qu'on la ferait plus tard, s'il y avait lieu, comme je l'avais dit pour l'endiguement des lacs amers, qui heureusement a été évité.

Michel Chevalier avait évalué à 10 mètres la hauteur de la marée du Pacifique; plus tard, on n'a plus signalé que 6 mètres; mais d'après l'expérience que j'ai fait faire en ma présence, je n'ai constaté que 4 mètres. On me dira qu'il y a des exceptions pour les grandes marées; mais lorsque l'on aura dragué à 8 ou 9 mètres au-dessous des plus basses eaux, entre l'embouchure du Rio Grande et les îles où les grands vapeurs vont mouiller actuellement, la marée s'épanouira lentement en profondeur, au lieu de s'étaler rapidement sur un rivage à pente douce. J'espère alors que le courant de marée ne sera guère plus considérable qu'à Suez, où le mouvement d'arrivée et de retraite des eaux ne cause aucun inconvénient dans le chenal creusé entre la rade et les lacs amers. Ce mouvement est même souvent favorable pour les bâtiments qui naviguent plus facilement contre un courant.

Je récapitule mes réductions :

1° 75.000.000 francs, pour dérivation du Chagres inférieur et de ses affluents;

2° 12.000.000 francs, pour la porte d'entrée du Pacifique;

3° 39.400.000 francs, pour le prix du déblai des terres;

4° 20.000.000 francs, à retrancher des 100 millions du barrage du Chagres;

5° 38.000.000 francs, pour 5 0/0 d'imprévu, au lieu de 10 0/0.

Total 184.400.000 francs.

A retrancher de 843.000.000 francs.

Reste effectivement à prévoir 658.000.000 francs.

Je ne fais aucune observation sur la quantité ou le prix du mètre cube de roches tendres ou dures, au-dessus ou au-dessous de l'eau; mais il y a lieu de prévoir sur ce chapitre de grosses économies qui compenseront largement les intérêts à payer aux actionnaires, pour le capital dépensé pendant la construction.

Quoi de plus loyal que ce langage ! N'oubliez pas d'ailleurs qu'il avait entre les mains le devis de MM. Couvreux et Hersent, inférieur de 100.000.000 au devis rectifié qu'il publiait lui-même. Enfin M. de Lesseps avait communiqué tous ces documents à l'Académie des sciences, qui les avait contrôlés et avait émis l'avis suivant :

Exécution des travaux. MM. de Lesseps se sont adressés à MM. Couvreux et Hersent qui ont montré au canal de Suez et dans d'autres grandes entreprises une habileté réelle pour l'organisation des chantiers et la mécanique des travaux de construction.

Deux des ingénieurs de cette maison, MM. Couvreux fils et Gaston Blanchet, ont, comme il a été dit, rédigé un mémoire sur la marche à suivre pour la construction du canal. Votre commission a vu cet écrit avec intérêt; elle y a trouvé la preuve que cette question a été étudiée sérieusement, mais elle ne doit pas vous entretenir en détail de dispositions dans lesquelles rien n'est positivement nouveau et qui seront sans doute bien modifiées dans l'exécution.

MM. Couvreux fils et Gaston Blanchet évaluent à 15.000 chevaux la puissance qui sera nécessaire pour l'ensemble des travaux et les transports sur le Chagres. Cette puissance sera produite principalement par la vapeur, mais on se propose d'utiliser divers cours d'eau. La chute que l'on obtiendra au barrage de Gamboa doit être employée à comprimer l'air pour faire mouvoir les perforateurs.

Le nombre des ouvriers est évalué à 9.000.

Toute grande entreprise bien dirigée amène des perfectionnements dans les procédés d'exécution. Nous avons la confiance qu'une œuvre aussi considérable que le canal de Panama laissera une trace durable dans la science de la construction.

La Commission technique a pensé que les travaux exigeraient huit années et que la dépense s'élèverait à 843 millions, somme qui se décompose comme il suit :

Déblais de toute nature faits à sec...............	523	millions.
Dragages et excavations sous l'eau.............	47	—
Barrage de Gamboa..........................	100	—
Rigoles....................................	75	—
Écluse de Panama...........................	12	—
Jetée dans la baie de Limon...................	10	—
Dépenses imprévues.........................	70	—
Total............	843	millions.

MM. Couvreux et Hersent indiquent également huit années pour l'exécution des travaux, mais ils ne portent la dépense qu'à 512 millions. Les frais généraux de la Compagnie et la somme nécessaire pour la construction d'une écluse sont en dehors de leur évaluation.

Conclusions. — Nous sommes arrivés au terme de notre tâche, car nous croyons qu'elle ne comprend ni l'examen du contrat projeté avec MM. Couvreux et Hersent, ni l'appréciation des résultats financiers que l'on peut attendre de l'entreprise, ni même l'étude des modifications que le commerce général éprouvera par suite de l'ouverture du canal. Ces dernières questions ont été discutées au Congrès de Paris. Il nous suffit que l'œuvre entraîne d'une manière certaine des avantages considérables pour toutes les nations et notamment pour la France, qui doit être l'objet de nos principales préoccupations.

Nous terminerons en appliquant au canal de Panama les paroles de la commission de 1857 sur celui de Suez, que « la conception et les moyens d'exécution de cet ouvrage sont les dignes apprêts d'une entreprise utile à l'ensemble du genre humain » et, sous le mérite des diverses observations contenues dans ce rapport, nous vous proposons de déclarer que les mémoires présentés par M. Ferdinand de Lesseps sont dignes de votre approbation.

Les conclusions de ce rapport sont adoptées.

En réalité, une somme de 600 millions de francs sera nécessaire pour atteindre, en sept ou huit années au maximum, le jour de l'ouverture du canal de Panama à la grande navigation.

Il n'a été appelé qu'un capital de 300 millions de francs, parce qu'en complétant les 600 millions de francs, au fur et à mesure des besoins, par des émissions successives d'obligations, les bénéfices réservés aux actionnaires se trouveront plus tard notablement accrus.

Les recettes du canal de Suez vous montrent ce que l'avenir réserve aux actionnaires de Panama, outre la jouissance assurée, dès à présent, d'un intérêt de 5 0/0 sur les sommes versées.

Ils ne se laisseront ébranler ni par les malveillants, ni par les spéculateurs.

Je ne puis que les remercier aujourd'hui de leur admirable confiance. Ils sauront mettre à profit pour l'avenir l'expérience de leurs aînés du Bosphore égyptien.

Que lui reproche-t-on cependant? Le démenti que l'avenir a donné à ses prévisions. Or écoutez ceci :

L'Opéra de Paris devait coûter 22 millions, il en a coûté 43; on a dit que le canal de Marseille coûterait

13 millions, il en a coûté 45 ; on a dit que le canal du Verdon coûterait 7 millions, il en a coûté 23 ; on a dit que le canal de Manchester coûterait 245 millions, il en a coûté 385 ; on a dit que le canal de Corinthe coûterait 24 millions, il en coûtera près de 60 ; on a dit que le port de la Réunion... Mais il faut citer ici textuellement.

Loi du 23 juin 1877. — Convention entre le ministre (M. Léon Say) et MM. Lavelley et Pallu de la Barrière. — Société au capital de 5 millions. — Avance de l'Etat, 4 millions. — Autorisation d'émettre ou de vendre à un syndicat 34 millions d'obligations. — Recette annuelle garantie par l'Etat : 1.925.000 francs ou 5,63 0/0. — Prix des travaux à forfait « aux risques, périls et profits » des concessionnaires, 34 millions. Exécution en 6 ans.

En 1884, nouvelle convention : on avait pensé que le forfait de 34 millions établi pour les travaux, non seulement serait suffisant, mais qu'il laisserait même à la Compagnie concessionnaire une certaine part de bénéfices... La Compagnie ne peut plus marcher ; elle sollicite une nouvelle garantie annuelle de 570.000 francs.

Les obligations autorisées à 280 francs ont été émises à 335 fr. Malgré le bénéfice de 7.500.000 francs qui en est résulté et autres ressources réalisées, par suite des mécomptes et de la charge du paiement des intérêts intercalaires... les travaux n'ayant avancé que lentement... l'entreprise s'est trouvée écrasée.

Nouveau devis : 64 millions.

MM. Tirard (ministre des finances), Rousseau, de Lanessan (rapporteur) soutiennent la nouvelle convention, qui est votée.

Eh bien ! ces 64 millions n'ont pas suffi, l'Etat a dû prononcer la déchéance de la Compagnie et achever lui-même les travaux. Reprochez-nous donc maintenant nos illusions et nos erreurs.

A propos des devis Couvreux et Hersent, on formule un autre grief : le public a dû croire que MM. Couvreux et Hersent s'engageaient à construire le canal pour une somme forfaitaire de 512 millions. Quel langage a donc tenu M. de Lesseps ? Le voici : « MM. Couvreux se sont engagés à construire le canal, soit à forfait, soit en régie, à notre choix, pour une somme de 512 millions. »

M. Charles de Lesseps vous a fait ici une observation d'une évidente justesse. Quelle valeur pourrait avoir un forfait de 512 millions signé par un particulier? Aucune; car il est clair que la fortune de ce particulier ne peut pas couvrir les conséquences de l'inexécution du forfait. D'ailleurs M. de Lesseps ne l'a pas écrit.

Cela est vrai, dit la prévention. Mais le *Journal des Débats* a parlé de forfait et non de régie.

Vraiment? Et à quelle époque? En 1880. Ainsi c'est un article de journal de 1880 qui aura déterminé la souscription des obligations de 1888! Voilà qui est extraordinaire.

Il me suffira de faire observer que cet article de journal a précédé la constitution de la Société; — que de 1880 à 1888, toutes les transformations que les événements ont amenées dans la direction de la Société ont été étalées sous les yeux du public; — que si le *Journal des Débats* a commis cette erreur, les autres journaux n'y sont pas tombés; — et qu'enfin il est au moins étrange d'attribuer à l'influence du *Journal des Débats* et de la *Revue des Deux Mondes* (*Rires*) la souscription des petits obligataires de Panama.

Mais au surplus, voici des documents qui ne peuvent laisser aucun doute dans l'esprit de la Cour.

Discours de M. Couvreux à Gand en juin 1880 :

M. de Lesseps vous a dit aujourd'hui, dans sa belle conférence, que notre maison serait chargée de l'exécution des travaux du canal de Panama, dont nous avons établi les devis à 512 millions de francs.

Plusieurs de mes amis s'ouvrirent à moi franchement, et je les remercie, en me disant qu'il semblait étonnant de voir le coût du canal de Panama établi par le Congrès de Paris à la somme de 1 milliard... puis 843 millions par la commission technique et internationale de Paris, réduit par nous au chiffre de 512 millions.

C'est ce point, Messieurs, si important dans la question et surtout pour la renommée de notre maison, que je désire expliquer.

M. de Lesseps vous a dit aussi que huit années suffiront pour l'exécution de ces travaux, et cela de l'opinion de notre maison. Je n'aurai pas besoin d'insister autrement sur ce point qu'en vous rappelant qu'à Suez, comme au Danube, nous avons devancé les époques fixées pour l'achèvement de nos entreprises, et qu'ici, sur le canal de Terneuzen, il en a été de même.

DEUXIÈME DOCUMENT, DEVIS PUBLIC

La prudence la plus élémentaire exigeait que les prix de base fussent maintenus à leur maximum. La solution complète de toutes ces questions ne peut être définitivement acquise qu'après un commencement d'exécution ; cependant la discussion attentive des résultats de la dernière campagne d'études, l'expérience déjà obtenue sur le terrain, ont permis aux deux entrepreneurs éminents qui ont offert leur collaboration à M. Ferdinand de Lesseps, MM. Couvreux et Hersent, de préciser davantage...

Les prix unitaires d'excavation proposés ci-dessus par MM. Couvreux et Hersent comprennent, etc... On peut donc raisonnablement les admettre comme prix de contrat...

TROISIÈME DOCUMENT, PREMIÈRE ASSEMBLÉE CONSTITUTIVE, 13 JANVIER 1881

Je ne m'étendrai pas sur les événements qui ont suivi :

Propositions des habiles entrepreneurs de travaux publics, MM. Couvreux et Hersent, qui étaient disposés à se charger de l'exécution.

... Acceptation par MM. Couvreux et Hersent de l'entreprise des travaux d'exécution définitive, sur un devis rectifié de 512 millions de francs.

Il faut bien admettre, n'est-ce pas? que ceux qui lisent ces documents ne confondent pas un devis avec un forfait.

Deuxième assemblée constitutive, 3 mars 1881 :

La confiance que l'entreprise de MM. Couvreux et Hersent a su inspirer aux fondateurs de la Compagnie et aux éminents financiers européens et américains qui nous ont apporté leur concours, nous a donné les moyens de faire face aux dépenses dont vos commissaires vous proposent la ratification.

Suit l'exposé détaillé (page 332) du programme et des devis des travaux.

Pendant qu'à Panama nos pionniers exécutaient leur tâche, à Paris, nos entrepreneurs dressaient les devis et les programmes d'exécution... (suit l'exposé).

...Dès le commencement de l'année 1882, plusieurs chantiers seront ainsi en complète activité.

Les premiers mois de travaux effectifs permettront de faire en grand l'expérience pratique de la meilleure utilisation des appareils, des procédés d'exécution, des modes de transport donnant les résultats les plus avantageux; c'est alors que les commandes définitives du matériel, mûrement étudiées, seront faites en connaissance de cause...

Suit le programme complet.

Tel est, dans ses grandes lignes, le programme d'exécution du canal maritime préparé par des hommes qui ont été chargés de travaux publics importants, qui ont, sans exception, toujours tenu leurs promesses et ont rempli leurs engagements aux conditions et dans les délais qu'ils avaient fixés.

J'ai communiqué à l'Académie des sciences les études et les projets d'exécution du canal de Panama. L'Académie a nommé une commission composée de MM. Daubrée, Sainte-Claire Deville, amiral Mouchez, baron Larrey, général Fové, Lalanne de la Gournerie...

Il est nécessaire que vous sachiez tout ce que nous avons fait et tout ce que nous comptons faire.

Circulaire de M. de Lesseps à ses correspondants, du 15 novembre 1881 :

Ainsi que nous l'avons prévu, lors de l'assemblée constitutive de la Compagnie universelle, le 3 mars dernier, dans la partie du rapport intitulée « Programme des travaux », la première campagne se terminant au mois d'octobre prochain aura vu s'achever la periode des études, des installations et de l'organisation administrative.

Allocution de M. Lefébure de Fourcy :

Notre commission s'est réunie pour la première fois le 25 de ce mois, et, dans sa première session, qui doit se terminer tout à l'heure, elle a été appelée à délibérer sur de graves questions dont la solution va permettre, après une période d'études et de préparation qui étaient indispensables, d'entrer résolument dans la voie d'une exécution définitive et d'organiser de vastes chantiers, appelés à se développer sans cesse jusqu'à l'achèvement de la seconde de ces grandes œuvres qui seront la gloire du dix-neuvième siècle, dont l'une s'appelle déjà le canal de Suez, et dont l'autre s'appellera dans quelques années le canal de Panama.

Et enfin, *Bulletin* de janvier 1882 :

Ces jours-ci, le chef des études a étudié deux variantes du tracé du canal.

Ainsi, soit qu'on ait réfléchi à la nature de l'entreprise, soit qu'on se soit arrêté au langage de la Compagnie, tout le monde a su que MM. Couvreux et Hersent s'étaient chargés d'opérations préparatoires et non d'une exécution définitive.

Autre grief qui nous est fait par l'expert, sans que M. l'Avocat général semble l'avoir retenu.

Les comptes de la Compagnie devaient, aux termes des statuts, être clôturés le 30 juin de chaque année; ils étaient centralisés à Paris, mais, étant donnée la nécessité d'y comprendre les opérations faites dans l'isthme, dont les écritures n'arrivaient au siège social qu'après un délai normal exigé pour le voyage, les bilans et inventaires ne pouvaient être dressés et présentés à l'assemblée générale des actionnaires, qui se réunissait apres l'expiration de chaque exercice, qu'avec une année de retard. De telle sorte que ce n'était, par exemple, qu'après le 30 juin 1882 que l'on connaissait la situation de l'exercice clos le 30 juin 1881. On comprend combien un pareil retard elevait de difficultés pour permettre aux intéressés de se rendre compte des opérations accomplies, jusqu'au moment où les comptes leur étaient soumis.

A cette cause d'obscurité sur la situation et qui était inhérente à la nature même de l'affaire, s'en joignait une autre résultant de la façon défectueuse dont les bilans annuels étaient établis.

On peut, d'après le dernier de ces bilans, arrêté à la date du 15 décembre 1888, dans la forme usitée pendant le cours de l'existence de la Société, et que nous reproduisons ci-après, se rendre compte de leur insuffisance pour éclairer les points les plus intéressants; ce bilan a été publié par M. le liquidateur dans son premier rapport du 25 juillet 1890. Nous le transcrivons littéralement.

. . . .

. . . .

Ce bilan, comme tous ceux qui l'ont précédé, se borne, comme on le voit, en ce qui concerne la partie de l'actif indiquée sous le titre de « Depenses faites pour la construction du canal », à reproduire, en première ligne et en un seul chiffre, le montant, *in globo*, des dépenses constatées à l'inventaire précédent.

Ce n'est que pour les dépenses du dernier exercice, seul, que la répartition est faite par grandes lignes dans les charges sociales, les frais de l'administration centrale et les dépenses pour travaux et frais d'administration dans l'isthme.

De telle sorte que pour savoir exactement ce qui avait pu être employé depuis le début pour chaque catégorie de dépenses ou de charges, il fallait se reporter à tous les bilans antérieurs et établir une récapitulation, article par article, des sommes qui s'y trouvaient portées.

Un pareil travail n'était à la portée ni de la grande majorité des actionnaires ni des tiers, et les rapports des commissaires-vérificateurs, très sobres d'ailleurs de details, ne portaient que sur les comptes de chaque exercice pris isolément. Il est donc certain que la situation financière et l'état général des dépenses n'étaient qu'imparfaitement connus des actionnaires et du public, lorsque la Compagnie faisait les appels de fonds ou réalisait les emprunts par lesquels elle s'est procuré une somme totale de plus de 1.300 millions de francs.

Est-il possible d'imaginer une plus puérile critique? Tous les chiffres sont exacts : les éléments de l'actif ne sont pas majorés. Ceux du passif ne sont pas dissimulés. Mais il fallait disposer autrement les chiffres. Passons.

L'émission du 3 octobre 1883 de 600.000 obligations 3 0/0, émises à 333 francs et qui a produit 171 millions, est pour la prévention l'occasion d'un nouveau reproche. On nous dit : Vous auriez dû prévenir le public que 600 millions ne suffiraient pas pour achever l'ouvrage, parce que 93 millions avaient été employés à acheter le chemin de fer du Panama Rail-Road. M. de Lesseps a répondu avec une évidente raison : Mais, à l'assemblée précédente, 29 juin 1882, les actionnaires ont autorisé spécialement un emprunt pour cet objet, plus un emprunt de 300 millions pour le canal. Il était inutile de faire remarquer aux actionnaires que 300, plus 300, plus 109 font un peu plus de 600. Tel le reproche et telle la réponse. Et non seulement les actionnaires ont été appelés à se prononcer sur les besoins financiers de l'entreprise, mais encore ils ont été tenus à cette date au courant des détails d'exécution dont le règlement appartenait au conseil. Vous allez le voir dans le *Bulletin* du 5 juillet 1888 :

EXÉCUTION DU CANAL MARITIME

Le 12 mars 1881, nous avions signé avec MM. Couvreux et Hersent un contrat dont les conditions vous avaient été soumises. Aux termes de ce contrat, les éminents entrepreneurs qui avaient les premiers manifesté leur foi dans l'exécution pratique du canal maritime, divisaient eux-mêmes leur tâche en deux périodes :

1° La période d'organisation qui devait durer deux années et à l'expiration de laquelle la Compagnie et les entrepreneurs auraient eu à évaluer les prix unitaires d'exécution;

2° La période d'entreprise proprement dite à régler par une convention speciale basée sur les prix unitaires.

Les deux années de la première période étant expirées et le programme se trouvant accompli, MM. Couvreux et Hersent nous écrivirent, le 31 décembre 1882 :

« Au moment, Monsieur le Président, où la première période de deux années prévue au contrat du 12 mars 1881 va expirer, nous devons, comme nous l'avons fait au début de l'entreprise, vous exprimer loyalement notre opinion. Et d'abord, veuillez nous considérer comme prêts à inaugurer la deuxième période, la période d'exécution proprement dite, aux conditions prévues au contrat, c'est-à-dire sur la base des prix unitaires qui résulteront du travail déjà exécuté.

« Mais nous avons, en même temps, le devoir de vous faire remarquer qu'une telle convention serait onéreuse à la Compagnie.

« D'un autre côté, l'expérience faite pendant ces deux années, justifiant nos prévisions, a démontré que parmi les divers systèmes d'exécution énumérés dans notre lettre du 15 mars 1880, il en est un qui s'applique le mieux aux nécessités actuelles.

« En effet, les travaux d'études, d'organisation et d'installation exécutés pendant la première période ont permis à une série d'entrepreneurs divers, européens et américains, de proposer à la Compagnie des exécutions partielles de travaux, sur tous les points de l'isthme de Colon à Panama, de telle sorte que le creusement du canal maritime va résulter actuellement d'une collectivité d'efforts divers.

« Convaincus que ce système de la division des entreprises répondait mieux que tout autre aux nécessités actuelles de la situation, en ce qu'il permettait d'abord l'essai pratique des méthodes variées, et en ce qu'il assurait ensuite une exécution plus rapide de l'œuvre, nous vous avons, sans hésiter, prêté notre concours dans l'examen des contrats partiels à faire adopter comme préférables. »

MM. Couvreux et Hersent n'avaient cessé d'intervenir dans l'examen des contrats partiels que, dans l'intérêt exclusif du prompt achèvement de l'entreprise, la direction avait eu à sanctionner.

Mais cette intervention même de MM. Couvreux et Hersent, si utile à nos intérêts, avait créé une situation spéciale à ces entrepreneurs, conformément aux termes du premier contrat. Ce premier contrat avait dû prévoir et régler à l'avance les avantages pécuniaires qui résultaient pour MM. Couvreux et Hersent de leur intervention.

Or, cette intervention ayant été générale, effective et journalière, l'application correcte du contrat conduisait à une dépense d'autant plus grande, que l'activité déployée, les travaux exécutés et les contrats intervenus étaient plus importants.

L'application stricte du contrat eût fait bénéficier MM. Couvreux et Hersent d'abord d'une somme basée sur les travaux exécutés, les dépenses faites au 31 décembre 1882, et ensuite d'une autre somme importante, calculée d'après leur participation effective à la rédaction des contrats partiels en cours d'exécution et à l'étude ainsi qu'aux commandes de matériel relatives à ces mêmes contrats partiels.

Pour la fixation de ces avantages, le contrat même avait prévu la nomination d'une commission. MM. Couvreux et Hersent nous écrivirent :

« Il n'y a aucun désaccord entre nous, Monsieur le Président, il n'y a donc pas lieu de nommer une commission ; il n'y a qu'à arrêter amiablement la prime qui, en équité, et non en droit, peut nous être remise, et nous vous prions d'intervenir personnellement, de fixer le montant de cette prime, acceptant à l'avance votre décision. »

Nous répondîmes à MM. Couvreux et Hersent :

« Je retrouve, dans votre lettre du 31 décembre dernier, les sentiments qui dictèrent votre communication du 15 mai 1880 et le contrat du 12 mars 1881 qui en fut la conséquence.

« Conformément au programme que nous avions arrêté, votre expérience et votre dévouement nous ont permis de procéder à l'organisation et à l'installation de nos chantiers, à la construction d'un matériel puissant et à l'exécution d'essais utiles.

« Vous avez fait davantage : ne vous préoccupant que de l'entreprise du percement de l'isthme américain, au succès duquel votre nom demeurera attaché, vous avez étudié avec nous, avec une abnégation que j'apprécie, les modes d'exécution rapide et avantageuse préférables, et vous avez concouru, dans une large mesure, à l'application du système actuel, consistant à confier à une série d'entrepreneurs les exécutions partielles des travaux que nous avons étudiés ensemble.

« Vous me demandez de fixer la rémunération qui vous est due, aux termes de notre contrat ; j'accepte ce mandat, parce que je désire reconnaître, au nom de la Compagnie du canal interocéanique, les services que vous nous avez rendus et que je sais l'esprit qui vous anime.

« Aux termes stricts du contrat, l'application de la prime, prévue dans le contrat même, aux dépenses faites par votre entremise, basée sur les comptes arrêtés au 31 décembre 1882, fait ressortir un total de 1.200.000 francs.

« J'estime que la direction que vous avez su imprimer à nos études de travaux et à nos commandes de matériel, justifie amplement l'application entière de cette clause de notre contrat, et je n'ai pas l'intention de la diminuer.

« Mais j'ajoute que, dans ma pensée, vous eussiez pu réclamer, aux termes mêmes du contrat, l'application de la prime prévue, aux dépenses engagées notamment en commandes de matériel, dépenses qui ne seront soldées qu'en 1883, et peut-être demander

au moins une participation dans l'ensemble des contrats passés avec les entrepreneurs et auxquels vous avez contribué.

« J'aime à constater ici que, dans nos conversations, vous avez paru désireux d'exonérer la Compagnie de cette dépense, dont la fixation aurait d'ailleurs nécessité l'établissement de comptes nouveaux, longs et compliqués.

« Je sais l'importance de ce renoncement et je vous en exprime, en mon nom personnel, au nom du conseil d'administration et au nom des actionnaires, toute notre gratitude. »

Voici la lettre par laquelle MM. Couvreux et Hersent acceptèrent notre décision :

« Nous acceptons le règlement définitif du compte que vous avez bien voulu nous proposer, et en des termes dont nous vous sommes reconnaissants.

« Nous sommes heureux d'avoir pu contribuer, par une expérience que vous daignez apprécier et par un dévouement à votre œuvre qui subsiste, au succès du percement de l'isthme américain. »

Et cette conclusion, Messieurs, ne fut pas une vaine formule : M. Hersent consent à demeurer auprès de nous comme entrepreneur-conseil.

Le rapport continue :

Ainsi, la première partie du programme que nous vous exposions, il y a deux ans, et qui pouvait alors paraître téméraire, se trouve ponctuellement exécutée. La période d'organisation a exactement duré les deux années que nous avions prévues à ce programme.

La seule et très importante modification que nous ayons à vous signaler, consiste à avoir substitué une série d'entrepreneurs à l'entreprise unique dont nous avions jeté les bases.

. . . .

. . . .

L'assemblée, après avoir entendu la lecture du rapport fait par M. Ferdinand de Lesseps, président-directeur de la Compagnie, au nom du conseil d'administration,

Approuve ce rapport.

L'assemblée, conformément aux propositions du conseil d'administration et aux conclusions du rapport des commissaires,

Approuve les comptes tels qu'ils sont présentés par l'administration de la Compagnie pour l'exercice 1881-1882.

Qu'on essaie de prétendre maintenant que les actionnaires ou le public aient ignoré la nature et la conclusion du contrat Couvreux et Hersent !

L'année suivante, nouveau rapport tout aussi clair et précis que le précédent.

Avant d'aborder l'exposé de notre programme général d'exécution, dressé en vue d'assurer l'achèvement du canal maritime en 1888, nous résumerons rapidement les phases principales de nos opérations antérieures.

Nous vous faisions remarquer dès l'origine, c'est-à-dire à l'époque de notre constitution, que nous avions la ferme intention de ne procéder à l'exécution matérielle des travaux, sur le terrain, qu'après un mûr examen et après avoir arrêté avec précision les moindres détails de l'organisation des chantiers.

Cette manière de procéder a pu avoir l'inconvénient de ne pas éclairer à l'avance les personnes n'ayant pas la pratique des travaux publics, c'est-à-dire que voyageurs ou visiteurs, ne « voyant rien », seraient disposés à s'inquiéter des lenteurs apparentes apportées à la mise en œuvre des moyens préparés. Mais ce procédé a eu l'avantage considérable, étant donné notre but de creuser rapidement le canal, de nous éviter les conséquences de hâtives dispositions.

. . . .

. . . .

L'année dernière, en 1883, le 18 juillet, nous pouvions vous dire : « La première partie du programme que nous vous exposions il y a deux ans, et qui pouvait alors paraître être téméraire, se trouve ponctuellement exécutée. La période d'organisation a exactement duré les deux années que nous avions prévues à ce programme. La seule et très importante modification que nous ayons à vous signaler, consiste à avoir substitué une série d'entrepreneurs à l'entreprise unique dont nous avions jeté les bases. »

Vous voyez, par ces deux citations, que fidèles à notre but, qui est l'achèvement du canal en 1888, nous n'hésitons pas, quand l'expérience pratique nous en indique la nécessité, à modifier, suivant les circonstances, nos moyens d'action.

Mais ces modifications, pas plus que nos programmes, ne sont l'œuvre exclusive de ceux que votre confiance a placés et maintient à l'administration ou à la haute direction de votre entreprise; elles ne sont pas exclusivement l'œuvre personnelle de l'éminent ingénieur en chef des ponts et chaussées de France qui dirige et exécute les travaux.

Une commission supérieure consultative, composée de hautes notabilités du corps des ingénieurs des ponts et chaussées et des mines, de la marine française, et dans laquelle figurent un ingénieur en chef des canaux de la Hollande et un ingénieur italien qui a participé aux travaux du canal de Suez, reçoit communication, examine et discute les modifications et les programmes qui lui sont soumis.

Le 18 juillet de l'année dernière, nous vous disions, la période des études et des installations nous ayant paru suffisamment achevée : « Votre conseil d'administration a confié la direction de ces grands travaux à un ingénieur en chef des ponts et chaussées de France, M. Dingler, dont vous ne tarderez pas à apprécier les qualités éminentes, l'énergie calme et la clairvoyance expérimentée.

« M. Dingler doit partir pour l'isthme le 6 février 1883 après avoir entendu l'exposé, devant la commission supérieure consultative, des divers problèmes à résoudre pour l'exécution rapide des travaux. »

Après un séjour de trois mois dans l'isthme, M. Dingler revenait à Paris en juillet avec un programme d'ensemble de tous les travaux à exécuter pour atteindre le but désiré.

La commission supérieure consultative, expressément réunie à cette intention, et après un examen approfondi, approuvait sans réserve le programme de M. Dingler, se résumant ainsi :

(A) Exécution du canal avec une profondeur normale de 9 mètres sous le niveau moyen de la mer ;

(B) Largeur du plafond du canal 22 mètres ;

(C) Tranchée directe, entre les deux mers, à ciel ouvert, sur tout le parcours ;

(D) Sas, avec porte de marée, du côté de Panama, pour assurer à la marine universelle sa communication avec l'océan Pacifique, à toute heure et quels que soient l'amplitude des marées et les courants temporaires pouvant en résulter ;

(E) Création de vastes ports à Colon et à Panama ;

(F) Creusement d'une grande gare de 5 kilomètres vers le milieu du canal, près de Tabernilla, permettant le croisement des convois de navires ;

(G) Garage de Gamboa pour régulariser les crues du Chagres, avec dérivation des eaux.

Tel est le programme, entièrement approuvé dans son ensemble et dans ses détails par la commission supérieure consultative des travaux, et que M. Dingler devait mettre en train pendant la campagne de 1883-1884 dont nous vous rendons compte aujourd'hui.

Ce programme comporte un cube total de terrassements de 110 millions de mètres cubes pour le creusement du canal proprement dit et les ports largement suffisants aux extrémités pour l'exploitation maritime.

Les travaux de dérivation du Chagres équivaudraient, en outre, à un total de 10.000.000 de mètres cubes.

A l'origine, nos évaluations comportaient pour le creusement du canal proprement dit un cube total de 75.000.000 de mètres cubes, pouvant être réduit à 72.986.000 mètres cubes.

A mesure que nos chantiers se développaient et que la pratique du terrain nous instruisait, nous relevions d'une part, la présence d'une moins grande quantité de roches dures, et d'autre part une plus grande quantité de terrains susceptibles d'être attaqués et enlevés par des procédés beaucoup plus faciles. D'où il résulte, en fait, une économie de temps qui compense largement la plus grande quantité de mètres cubes à extraire.

D'un autre côté, des travaux de parachèvement, d'amélioration et même de sécurité, — qu'il eût fallu faire après l'inauguration du canal maritime dans un temps donné, — s'exécuteront avec une telle économie pendant l'exécution même du canal maritime proprement dit, que nous n'avons pas hésité à les comprendre dans notre programme, malgré l'augmentation de cubes qui en résultait, puisque cette augmentation ne devait pas retarder l'achèvement du canal maritime en 1888.

Nous vous dirons, plus loin, comment notre directeur général des travaux, M. Dingler, prépare l'inauguration du canal maritime pour 1888.

Nous devons auparavant vous exposer la situation actuelle des chantiers.

Prenez-y garde, ce n'est là qu'une très petite partie du rapport, et permettez-moi d'appeler toute votre attention sur la lenteur avec laquelle les inconnues de ce vaste problème se sont peu à peu dégagées. Ainsi, en 1879, on avait admis qu'il n'y aurait à déblayer que 45 millions de mètres cubes ; ensuite, on était arrivé à 75, puis en 1884, M. de Lesseps dit : « Non, tout cela c'étaient des espérances, nous avons à présent la certitude du cube total du déblai que nous devons opérer, c'est le chiffre de 120 millions, y compris 10 millions pour la dérivation du Chagres. » Cette partie du problème était cette fois connue, et en effet depuis, le chiffre n'a pas varié ; mais les autres éléments se sont ensuite modifiés, chacun à son tour.

Ce rapport était présenté à l'assemblée générale de 1884, et M. de Lesseps lui demandait de voter une nouvelle émission d'obligations ; cette émission fut votée, mais elle ne fut pas entièrement couverte. Voici à cet égard ce que nous dit M. Flory :

Mais cette fois, malgré toutes les mesures prises et les moyens employés, la souscription ne fut pas entièrement couverte.

Sur une quantité de 387.387 titres émis, le public n'en souscrivit que 318.245 qui, au prix de 333 francs, ne procurèrent à la Compagnie qu'une somme de................ Fr. 105.975.585 » au lieu de celle de 129 millions que l'on comptait obtenir.

Ce fut le premier échec financier subi par la Compagnie depuis sa constitution, et, à partir de ce moment, nous la voyons rechercher dans des combinaisons nouvelles la réussite de ses emprunts.

Quant aux 69.142 obligations 4 0/0 formant le complément des 387.387 titres à placer au moment de l'émission, l'on attendit jusqu'au mois de mars suivant pour les mettre sur le marché.

A ce dernier moment le conseil d'administration ayant, dans sa séance du 7 mars 1885, autorisé le comité de direction, qui l'avait proposé, à faire au mieux le placement de ces 69.142 titres, l'on traita avec un syndicat d'établissements financiers qui prit ferme un tiers des titres à placer, soit 23.047 au prix de 305 francs, c'est-à-dire avec réduction de 8 francs sur le prix d'émission; les deux autres tiers étaient pris à option, savoir :

	23.047	à 310 francs,
et	23.047	à 315 —
Ensemble	46.094	

Les 23.047 obligations vendues ferme produisent une somme de.................... 7.029.335 »

Quant aux 46.094 obligations données à option (plus exactement 46.095), elles ne furent placées que successivement et ne se trouvèrent complètement écoulées que le 5 mars 1886. Leur placement n'a produit, en calculant sur la moyenne des placements de 1885-1886, que............. 12.845.754 60

De telle sorte que l'émission ouverte le 25 septembre 1884, à 387.387 obligations 500 francs 4 0/0. n'a pu être complétée qu'après dix-huit mois environ et par l'emploi de plusieurs modes de placement; elle a fourni en fin de compte, à la Compagnie, une somme totale de........Fr. 125.850.674 60

Enfin, par un appel fait le 15 février 1885 du troisième quart sur les actions, la Compagnie se procura une autre somme de 73.750.000 francs.

Mais on dut bientôt avoir de nouveau recours aux emprunts. Toutefois, on renonça, pour cette fois, à la souscription publique, et c'est par la vente des titres que la Compagnie tenta de placer une nouvelle série d'obligations 4 0/0 dont nous allons nous occuper.

M. Flory a constaté le fait et n'en a pas recherché les causes. Ce n'était pas, à vrai dire, l'objet de sa mission; il importe cependant de les bien voir, parce qu'elles expliquent en partie les événements qui vont suivre.

A ce moment, 1884, ni le prestige de M. de Lesseps, ni la popularité de l'entreprise n'avaient encore subi la moindre atteinte, et j'en rapporte la preuve par les discours de deux orateurs inégalement célèbres, mais qui tous deux auront certainement leur place dans l'histoire, M. Ricard, alors maire de Rouen, et M. Renan, je n'ai peut-être pas besoin d'ajouter, de l'Académie française. A tout seigneur tout honneur... Commençons par M. Ricard. (*Rires dans l'auditoire.*) M. Ricard reçut donc à Rouen la visite de M. Ferdinand de Lesseps.

Sur l'invitation du maire de Rouen, dit le journal, et du président de la Société pour la défense des intérêts de la vallée de la Seine, M. Ferdinand de Lesseps s'est rendu à Rouen jeudi dernier pour assister à l'inauguration d'un nouveau quai, qui a reçu le nom de quai Lesseps.

A son arrivée en gare, il a été l'objet d'une ovation sympathique de la part de la population rouennaise, et il a été reçu par MM. Hendlé, préfet de la Seine-Inférieure ; Ricard, maire de Rouen ; de Coene, président de la Société pour la défense des intérêts de la Seine et le bureau de cette Société ; les membres de la Chambre de commerce, de la Société normande de géographie, etc.

A deux heures, au milieu d'un immense concours de population et en présence de toutes les notabilités de la ville, a eu lieu, sur l'emplacement même du nouveau quai, la réception officielle de M. Ferdinand de Lesseps, auquel le maire de Rouen a remis copie de la délibération du conseil municipal relative à la dénomination du quai Lesseps et a souhaité la bienvenue en ces termes :

« Monsieur de Lesseps,

« La ville de Rouen est heureuse de vous saluer aujourd'hui et d'inaugurer, en votre présence, le quai qui porte votre nom.

« Votre vie a été si remplie et si utile que je ne songe pas à rappeler tous les services que vous avez rendus à notre pays. Le nom du « grand Français » est, en France, sur toutes les lèvres; je puis vous affirmer qu'il est ici dans tous les cœurs.

« Après le rapporteur du conseil municipal, je me plais à le répéter.

« Quoique vivant, vous appartenez dès à présent à l'histoire, et ainsi que nous l'avons fait pour Victor Hugo, nous pouvons, sans réserve aucune, vous donner une place que l'on n'accorde d'ordinaire qu'aux illustrations entrées déjà dans la postérité.

« Au nom de l'administration et du conseil municipal, j'ai l'honneur de vous remettre copie de la délibération prise le 17 octobre 1884 et du décret de M. le Président de la République, qui l'a sanctionnée.

« Je désire que ce souvenir vous soit aussi agréable que sera vivace et profond parmi tous nos concitoyens celui de votre visite et de cette manifestation. »

Puis à la fin de la cérémonie, M. le maire de Rouen reprend la parole et ajoute :

Les grandes œuvres accomplies par M. de Lesseps sont populaires parmi nous. C'est que nous nous intéressons vivement à tout ce qui développe le commerce et l'industrie de la France, c'est que nous avons une foi robuste et absolue dans l'avenir du port de Rouen. Je ne saurais mieux caractériser cette foi qu'en la comparant à celle de M. de Lesseps pour le canal de Suez et le canal de Panama.

Voilà, certes, un témoin de notre bonne foi que vous n'attendiez pas. (*Rires.*)

Voyons, maintenant, l'académicien. Oh! celui-là est peut-être moins éloquent (*Sourires*), mais il voit autrement clair. « Vous parlez très bien, dit-il à M. de Lesseps, mais il n'y a pas d'art de parler, pas plus qu'il n'y a d'art d'écrire. » C'est ainsi qu'il débute, et tout de suite il va nous en donner la preuve.

Il n'a garde d'oublier la véritable cause de cette séduction irrésistible que M. Ferdinand de Lesseps a exercée sur tous ceux qui l'ont approché, et qui ne vient pas, sachez-le bien, de son génie, parce que le génie s'enveloppe souvent d'une hauteur qui éloigne de lui tous les hommes, mais qui a sa source dans l'inépuisable bonté de son cœur.

Vous étiez bon pour tous ceux qui s'offraient ; vous leur faisiez sentir que leur passé serait effacé, qu'on était absous, reclassé dans la vie morale pourvu qu'on aimât le percement de l'isthme. Tant de gens sont prêts à s'améliorer pourvu qu'on veuille leur oublier quelque chose ! Un jour, toute une bande de galériens vint s'abattre sur l'isthme comme sur un Eden. Le consul d'Autriche les réclama. Vous fîtes traîner l'affaire en longueur. Au bout de quelques semaines, le consulat d'Autriche n'avait d'autre occupation que d'expédier l'argent que ces braves gens envoyaient à leurs parents pauvres, peut-être à leurs victimes. Le consul alors vous fit prier instamment de les garder, puisque vous saviez tirer d'eux un parti si excellent.

Je lis dans le compte rendu d'une de vos conférences ce qui suit : « M. de Lesseps a constaté que les hommes sont fidèles, nullement méchants, lorsqu'ils ont de quoi vivre. L'homme ne devient méchant que par peur ou lorsqu'il a faim. » Il faudrait peut-être ajouter : « quand il est jaloux ».

« Jamais, ajoutiez-vous, je n'ai eu à me plaindre de mes travailleurs, et j'ai pourtant employé des parias et des forçats. Tout par le travail redevenait honnête, on ne m'a jamais rien volé, pas même un mouchoir. Le fait est qu'on tire tout de nos hommes en leur témoignant de l'estime et en leur persuadant qu'ils travaillent à une œuvre d'intérêt universel. » Vous avez ainsi fait reverdir de nos jours une chose qui semblait flétrie à jamais. Vous avez donné, en un siècle sceptique, une preuve éclatante de l'efficacité de la foi et vérifié au sens positiviste ces autres paroles : « Je vous dis que si vous aviez de la foi pas plus gros qu'un grain de sénevé, vous diriez à cette montagne : Va et jette-toi dans la mer, et elle irait. » Le dévouement que vous obteniez de votre personnel était immense. Je passai une nuit à Shalloufet-Errabah sur le canal d'eau douce, dans une baraque absolument isolée, occupée par un seul de vos employés. Cet homme me frappa d'admiration. Il était sûr de remplir une mission; il s'envisageait comme une sentinelle perdue en un poste avancé, comme un missionnaire de la France, comme un agent de civilisation. Tous vos fonctionnaires croyaient que le monde les contemplait et avait intérêt à ce qu'ils fissent bien leur devoir.

Et ici j'ai deux choses à dire à la Cour. La première, c'est que chaque courrier m'apporte, de tous les points de la France et même de l'étranger, les témoignages éclatants de la popularité dont jouit encore le nom de M. Ferdinand de Lesseps. Je ne sais comment remercier tous ces collaborateurs inconnus, et je tiens à leur dire que si je sais, mieux qu'ils ne le savent eux-mêmes, combien et pourquoi la prévention est injuste, mon cœur, du moins, bat à l'unisson du leur, et que j'emploierai toutes mes forces à prouver que cette poursuite est un crime envers la patrie.

La seconde, c'est que ce don de se faire aimer qui est la source de la plus enviable de toutes les puissances, puisqu'elle n'emprunte rien à la contrainte et doit tout à la liberté, M. Charles de Lesseps l'a d'avance hérité de son père. Au milieu des protestations de toutes sortes que son arrestation a soulevées sur tous les points du monde, et dont j'ai les mains pleines, je ne veux signaler à la Cour qu'un seul document :

Le 1er janvier 1893, les employés du Suez se sont réunis et ils ont voté une adresse à M. Charles de Lesseps, qu'ils lui ont portée à Mazas. Ce même jour, Messieurs, un tas d'hommes s'en allaient de porte en porte déposer des cartes et des signatures. Convenez avec moi que toutes ces manifestations d'une déférence banale, ou intéressée, ne valent pas ce témoignage de reconnaissance et de respect donné par ces braves gens à un prisonnier. Vous êtes, Messieurs, des juges éminents, et vous savez à quel signe on reconnaît la valeur morale des hommes : il suffit de compter les courtisans de leur infortune. Là-dessus vous pouvez comparer les prévenus avec leurs accusateurs.

Revenons cependant à M. Renan :

Ce que vous avez dépensé, en cette lutte, de vaillance, de bravoure, de ressources de toutes sortes, tient du prodige. Quel trésor de bonne humeur, en particulier, ne vous a-t-il pas fallu pour répondre patiemment à tant d'objections puériles que l'on vous opposait : sables mouvants du désert, vases sans fond du lac Mensaloeh, menaces d'un déluge universel, amené par l'inégalité du niveau des deux mers ! Pendant les quatre premières années, votre activité n'a pas d'égal, vous faites par an 10.000 lieues, plus que le tour du monde !

Il fallait persuader l'Europe ; il fallait surtout convertir l'Angleterre, notre grande et chère rivale. Vous prîtes les mœurs du pays. Vous alliez de ville en ville, avec un seul compagnon de voyage, portant avec vous des cartes colossales, des chargements de brochures et de propectus. En arrivant dans une ville, vous vous rendiez chez le lord-maire ou chez le personnage le plus important de la localité pour lui offrir la présidence du meeting ; puis vous choisissiez le secrétaire ; vous alliez voir les rédacteurs de tous les journaux. En quarante-cinq jours, vous fîtes ainsi trente-deux meetings dans les principales villes des trois royaumes ; la nuit se passait à corriger les épreuves du discours de la veille ; vous en emportiez mille exemplaires, que vous distribuiez le lendemain.

Vous ne repoussez aucun des moyens dont notre siècle a fait les conditions du succès. Vous ne dédaignez pas la presse, et vous avez raison ; car, à n'envisager que l'effet sur le monde, la manière dont un fait se raconte est plus important que le fait en lui-même. La presse a remplacé de nos jours tout ce qui autrefois mettait les hommes en rapport les uns avec les autres, la correspondance, la parole publique, le livre, presque la conversation. Renoncer à ce puissant moyen, c'est renoncer à sa part d'action légitime dans les choses humaines.

Et il termine :

Le principe de la grande action, c'est de prendre la force vive où elle est, de l'acheter au prix qu'elle coûte et de savoir s'en servir.

Dans l'état présent du monde, la barbarie est encore un dépôt énorme de forces vives. Votre intelligence si ouverte comprit qu'il y a une puissance immense entre des mains incapables de s'en servir, et que cette puissance appartient à qui sait la prendre. Vous acceptez bravement les choses humaines comme elles sont. Le contact de la sottise et de la folie ne vous déplaît pas. Libre à celui qui ne touche pas les réalités de la vie de faire le difficile et de rester immaculé. L'humanité se compose de deux milliards de pauvres créatures, ignorantes, bornées, avec lesquelles une élite marquée d'un signe est chargée de faire de la raison, de la justice, de la gloire.

Arrière les timides et les délicats, arrière les dégoûtés, qui ont la prétention de sortir sans une tache de boue de la bataille engagée contre la sottise et la méchanceté ! Ils ne sont pas propres à une œuvre pour laquelle il faut plus de pitié que de dégoût, un cœur haut et fier, la grande bonté, souvent assez différente de la philanthropie superficielle, quelque chose enfin du sentiment large de Scipion l'Africain répondant à je ne sais quelle chicane : « A pareil jour, j'ai gagné la bataille de Zama; montons au Capitole et rendons grâce aux dieux. »

Prenez-y garde, Messieurs, il ne s'agit point ici de ces congratulations banales que les hommes s'adressent volontiers les uns aux autres dans les circonstances publiques; ce n'est pas non plus un échantillon de cette ironie fine et légère qui est le sel des réceptions académiques et qui fait plaisir à tout le monde, à l'orateur qui en a doucement aiguisé les saillies inoffensives, comme à l'auditoire élégant qui les attend, les souligne et les récompense d'un favorable murmure. L'orateur est un penseur singulier et profond, qui a poussé la pénétration et le scepticisme plus loin que Voltaire lui-même, car s'il avait par hasard défendu Calas, il aurait certainement montré en même temps qu'il y avait d'excellentes raisons de le condamner... Il a passionnément cherché la vérité, tout en disant à qui voulait l'entendre qu'il n'était pas bien certain qu'il y en ait une; il a couvert de la magie d'un style inimitable des dogmes et des légendes que sa critique scientifique s'acharnait en même temps à détruire; enfin, par sa mort comme par sa vie, il a montré que le plus sûr moyen d'enchaîner les vains suffrages des hommes, ce n'est pas de les aimer et de les servir, mais bien de les railler de haut, sans les servir et sans les aimer... Bossuet prêchait un jour dans la cathédrale de Dijon; il avait pris pour texte ce qu'on appelait au dix-septième siècle l'honneur du monde, nous dirions aujourd'hui la gloire humaine. Comme il montait en chaire, le prince de Condé, arrivé la veille, entrait dans l'église et, le prince de Condé étant cousin du roi, l'usage imposait au prédicateur l'obligation de lui faire un compliment. Bossuet le lui fit comme il savait les faire: il n'abaissa pas la gloire des armes, il l'exalta au contraire, mais pour l'abattre au pied des autels. M. Renan lui, est un incrédule : nul prestige ne l'enchante, nulle gloire ne l'éblouit, nul éclat ne fait baisser ses yeux pénétrants, et avec une clairvoyance impitoyable, il n'hésite pas à montrer et à mettre à nu ce grain de boue que la condition humaine mêle nécessairement à l'or de la gloire pourtant la plus pure, celle d'une œuvre magnifique et utile accomplie par le seul effort de la volonté.

Du côté de M. de Lesseps, rien n'était donc changé. Mais tout était modifié du côté du crédit. Nous sommes en 1884, c'est-à-dire à deux années de grand krach de 1882 On a fait le calcul de ce que cette calamité nationale avait coûté à la France. La perte n'est pas inférieure à cinq milliards, et rappelons-nous que cette perte est due, un garde des sceaux l'a confessé à la tribune, à la la maladroite arrestation de M. Bontoux. Quelle belle occasion de nous rappeler le mot de Figaro, sur la légèreté avec laquelle les maîtres d'un jour ordonnent le mal qu'ils ne peuvent ensuite réparer! Autant le crédit était facile, abondant, avant l'année 1882, autant au contraire il devint ombrageux à partir de cette époque. En sorte que la Compagnie, qui se trouvait dans la nécessité de continuer son entreprise, allait avoir à lutter désormais, non plus seulement avec les difficultés techniques que les travaux faisaient surgir, mais encore avec les embarras financiers.

Nous arrivons ainsi à l'assemblée générale du 29 juillet 1885. Le compte rendu de cette assemblée est tellement long qu'il est absolument impossible de le placer *in extenso* sous les yeux de la Cour. Vous le trouverez d'ailleurs, Messieurs, dans mon dossier.

M. de Lesseps craint si peu d'être mis en contradiction avec lui-même qu'il rappelle année par année la substance de toutes ses affirmations. Il met ainsi en relief les tâtonnements inévitables et les mécomptes qu'on a éprouvés; cette fois, il croit toucher au terme, il fait connaître au public l'état de toutes les entreprises, il annonce qu'il faut compter, il l'a déjà dit l'année précédente, sur 120 millions de mètres cubes à extraire, et il rend en même temps sensibles les difficultés exceptionnelles de la section de la Culebra où 20 millions doivent être extraits.

Section de la Culebra. — Ce point culminant de l'isthme, considéré avec raison comme le nœud du problème...

Considéré avec raison comme le nœud du problème, c'est une étrange manière de dissimuler la vérité aux actionnaires.

Ce point culminant de l'isthme, considéré avec raison comme le nœud du problème, a attiré cette année l'attention toute particulière de la direction. Le chantier est difficile parce qu'il comporte un enlèvement de 20 millions de mètres cubes sur un développement de deux kilomètres seulement. Ces conditions étaient un empêchement au maintien en ligne de travail d'un grand nombre d'appareils, à mesure que la tranchée, en s'enfonçant, devait diminuer de largeur.

Les entrepreneurs anglo-hollandais, qui s'étaient engagés à exécuter cette tranchée jusqu'à 50 mètres au-dessus du niveau de la mer, seraient bien arrivés à la date d'achèvement prévue ; mais les entrepreneurs à qui la Compagnie aurait eu à confier la continuation de la tranchée, depuis la cote 50 jusqu'au plafond, n'auraient peut-être pu commencer l'installation de leurs chantiers avant l'enlèvement du contrat actuel. Des doutes subsistant quant aux conditions d'exécution de cette dernière partie d'extraction, comportant l'achèvement du canal sur ce point, les prix de cette extraction demeuraient également inconnus.

A la demande de la Compagnie, les entrepreneurs anglo-hollandais ont examiné le problème, et ils l'ont résolu en nous offrant de se charger, définitivement, de l'enlèvement de la Culebra jusqu'au plafond du canal, c'est-à-dire jusqu'à 9 mètres au-dessous du niveau de la mer.

Nous avons la satisfaction de vous annoncer que, d'après le projet de contrat offert par les entrepreneurs, combiné avec le contrat actuellement en exécution, le prix moyen de l'extraction totale ressort à 8 francs par mètre.

Ainsi tombent, devant un fait, les deux dernières objections élevées sur l'engagement que pourraient prendre des entrepreneurs pour l'enlèvement de la Culebra jusqu'au fond, et sur le prix auquel ces entrepreneurs s'engageraient. Les conditions que nous venons d'annoncer rentrent dans les limites des devis du congrès international.

Mais les entrepreneurs, MM. Cutbill, de Lungo, Wattson et Van Hattum, après un mûr examen, n'ont pas voulu s'engager à avoir terminé cette tâche le 31 décembre 1888, ils se sont engagés à livrer le canal terminé, ouvert au passage des navires, à travers le massif de la Culebra, le 1er juillet 1889.

Nous croyions que ces entrepreneurs pourraient achever leur tâche le 31 décembre 1888. Nous ne négligeons rien, quant à nous, de ce qui facilitera l'avancement de la date inscrite.

L'énoncé des mêmes chiffres par lesquels ces entrepreneurs ont établi l'achèvement de leur tâche au 1er juillet 1889 légitime notre espoir, ainsi que le démontre l'exposé suivant :

L'emportement total comporte environ 20 millions de mètres cubes.

Les entrepreneurs supposent que d'ici au 31 décembre 1885, ils n'auront enlevé qu'un million de mètres, soit fr.... 1.000.000

Que du 1er janvier 1886 au 1er juillet 1887 (18 mois), ils enlèveront 610.000 mètres par mois, soit........ 11.000.000

Que du 1er juillet 1887 au 1er juillet 1889 (24 mois), ils enlèveront 300.000 mètres par mois seulement, soit.. 8.000.000

Le premier contrat ayant prévu un enlèvement mensuel possible, à un moment donné, de 700.000 mètres, on voit que les nouveaux engagements n'ont rien d'excessif ; ils permettent, sinon de compter, au moins d'espérer que cette partie du canal pourra encore, comme toutes les autres parties, être terminée le 31 décembre 1888.

Ce passage suffit pour bien marquer la franchise du rapport. Enfin il annonce qu'il faut compter sur une dépense de 1.300 millions.

Savez-vous ce que dit l'expert? « M. de Lesseps annonce *avec toutes sortes de précautions oratoires.* » Voilà le grief. Il dit la vérité, mais il emploie des précautions oratoires. Les précautions oratoires ne seraient donc plus permises, et seraient-elles considérées comme une manœuvre par la prévention? Ceci serait très grave, et il est bon que la Cour rende arrêt sur ce point. (*Sourires.*)

Mais jusqu'à nouvel ordre, je tiendrai pour certain que les précautions oratoires sont permises, qu'elles ne constituent pas une manœuvre d'escroquerie, et quand M. l'expert est obligé de reconnaître que M. de Lesseps annonce à ses actionnaires que la dépense sera de 1.300 millions, qu'il faut encore voter une émission de 600 millions, quand même M. de Lesseps aurait employé toute espèce de précautions oratoires, jamais on ne viendra à bout de faire admettre à la Cour qu'il a commis une manœuvre d'escroquerie.

Par conséquent je tiens que, *malgré ses précautions*

oratoires, l'expert se réfute lui-même et qu'il est inutile d'insister.

J'arrive maintenant à l'année 1886. Quoi! nous dit-on, à cette date, vous conservez encore l'espérance d'achever le canal avec la somme de 600 millions! Comment cela est-il possible, puisque vous avez entre les mains des contrats qui, si vous multipliez le prix unitaire par le montant du cube à extraire, vous montrent qu'il faudra, pour atteindre la fin de votre entreprise, une somme infiniment plus considérable? Voici ma réponse :

Si j'avais à discuter ce point dans une instance civile, je devrais entrer, en effet, dans un énorme détail, parce que je prendrais un à un chacun des contrats, et montrerais la réduction dont, d'après les ingénieurs eux-mêmes, ces contrats étaient susceptibles. Ce ne sont pas, en effet, des contrats forfaitaires. Le forfait ne porte que sur le prix unitaire. Mais comment a-t-on déterminé le nombre de mètres cubes à extraire? M. Dingler vous l'a fort bien expliqué : les profils qui servaient à cette détermination étaient tracés avec le parti pris de demeurer plutôt au delà de la vérité ; si bien que lui-même vous a dit les importantes économies qu'il avait réalisées dans la conduite des travaux. Par conséquent, il n'était pas téméraire de penser qu'à ce moment on obtiendrait sur tous les contrats d'importantes réductions.

Mais j'ai une bien autre réponse à faire devant la Cour. Cette discussion, à mes yeux, est absolument sans intérêt. Il me suffit en effet de faire remarquer que ces prévisions sont de 1886, qu'elles se rapportent à l'exécution d'un canal à niveau, tandis qu'à partir de l'année suivante on va se préoccuper d'un canal à écluses.

En effet, pendant que la Compagnie négociait ses contrats, M. l'ingénieur Rousseau revenait de Panama et remettait son rapport au ministre des travaux publics, le 30 avril 1886; la Compagnie n'a eu connaissance du rapport de M. Rousseau que par l'instruction où nous l'avons trouvé. Mais cette observation n'a pas d'importance, car en réalité, le résumé du rapport de M. Rousseau est extrêmement fidèle, et donne admirablement la physionomie du travail tout entier.

Permettez-moi, pour l'utilité de ma discussion, de replacer sous vos yeux les termes de ce résumé.

Résumé et conclusion. — En résumé, j'estime que le percement de l'isthme de Panama est une œuvre possible et qu'elle est engagée aujourd'hui à un point où on ne saurait l'abandonner.

N'oubliez pas cela, Messieurs. C'est un ingénieur de l'autorité de M. Rousseau qui dit cela. A qui? Au gouvernement lui-même, qui pour l'instant n'est encore engagé ni de près ni de loin à soutenir la Compagnie; il estime que le gouvernement ne doit pas l'abandonner. Si cela est vrai pour le gouvernement, que dire, Messieurs, des administrateurs qui la dirigent!

Cet abandon serait, en effet, un véritable désastre, non seulement pour les actionnaires de la Compagnie qui sont presque tous Français, mais pour l'influence française elle-même dans toute l'Amérique.

A la bonne heure! et nous voici sur le véritable terrain du débat.

Il ne me paraît pas douteux que si l'affaire sombrait entre les mains de la Compagnie française, elle serait immédiatement reprise par une Compagnie étrangère désireuse de ne pas laisser perdre le fruit des énormes sacrifices déjà faits et les résultats obtenus.

La Compagnie de Panama, par le nom et le passé des hommes qui la dirigent, par les collaborateurs éminents dont elle s'entoure, par le caractère grandiose et en quelque sorte humanitaire de l'œuvre qu'elle poursuit, par les efforts sérieux qu'elle a déjà faits et qu'elle fait encore pour mener cette œuvre à bien, mérite d'ailleurs la bienveillance particulière des pouvoirs publics.

Quel témoin ! on ne prétendra pas que les directeurs l'aient trompé.

Par tous ces motifs, je suis d'avis que le gouvernement non seulement doit éviter avec soin de lui créer des entraves dans l'accomplissement de son œuvre, mais qu'il doit même l'y aider dans la mesure que comporte sa situation vis-à-vis d'elle ; mais il est nécessaire de bien définir cette mesure afin de ne pas engager imprudemment la responsabilité de l'Etat.

Le gouvernement peut et doit, suivant moi, user des moyens administratifs et diplomatiques dont il dispose pour soutenir une grande entreprise française qui poursuit un but éminemment utile et qui est dirigée par des hommes dignes de respect.

Voilà qui nous console de certaines injures...

Mais comme l'approbation des projets et des marchés lui échappe complètement aussi bien que la direction des travaux, comme l'entreprise présente d'ailleurs de sérieux aléas, il ne doit donner à la Compagnie ni conseils ni garantie quelconque.

Tout ce qu'il doit faire, c'est de s'assurer que la Compagnie poursuit sérieusement son œuvre, qu'elle ne ferme point les yeux à ces difficultés, qu'elle cherche consciencieusement à les résoudre, qu'elle s'éclaire pour cela des lumières des hommes considérables par leur science et leur autorité morale, qui forment ses conseils, qu'elle soumet, en un mot, à une instruction sévère, toutes les mesures qu'elle est appelée à prendre. Cela me paraît d'autant plus indispensable dans le cas actuel que, si je considère, ainsi que je l'ai fait plus haut, le percement du canal de Panama comme possible, je n'ai pas dissimulé dans le cours du présent rapport que son achèvement avec les ressources prévues et dans les délais annoncés me paraît plus que problématique, à moins que la Compagnie ne se décide à apporter dans ses projets des réductions et des simplifications importantes.

Le gouvernement n'a point à indiquer à la Compagnie quelles pourraient être ces simplifications, mais il lui appartient, avant de statuer sur la demande d'emprunt dont il est saisi, de réclamer à cet égard les justifications les plus approfondies.

En conséquence, j'estime qu'avant d'engager devant les Chambres la discussion de cette demande d'emprunt, le gouvernement doit inviter la Compagnie de Panama à prendre l'avis de sa commission supérieure consultative sur les deux questions suivantes :

1° La réalisation du programme que la Compagnie s'est tracé ne soulève-t-elle pas, au point de vue technique, des difficultés presque insurmontables? Peut-on espérer que ce programme sera réalisé dans les conditions que l'on annonce au public, en l'invitant à souscrire l'emprunt?

2° Ne serait-il pas possible, au point de vue technique, d'apporter au projet des changements et des simplifications qui faciliteraient l'achèvement de l'œuvre?

La Compagnie devrait naturellement soumettre à sa commission consultative, comme éléments essentiels de ses délibérations, les avis de MM. Jacquet et Boyer, de manière que toutes les responsabilités soient nettement engagées dans cette affaire.

Les procès-verbaux des délibérations de la commission consultative, ainsi que les rapports annexés, seraient transmis au gouvernement, qui apprécierait s'il y trouve une base suffisamment solide pour engager la discussion devant les Chambres.

Ce résumé si fidèle du travail tout entier, la Compagnie l'a publié au *Bulletin*. Il a reçu, à l'occasion des discussions parlementaires une publicité immense et personne ne peut dire qu'il l'ait ignoré.

Presque à la même heure mourait dans l'isthme un homme à la mémoire duquel M. Rousseau a rendu hommage, M. Léon Boyer. Ecoutez cette lettre :

Monsieur le Vice-Président,

Nous venons de traverser des jours bien douloureux... dont je vais vous faire connaître le détail qu'il ne m'a pas été possible de vous envoyer par le câble.

Lundi dernier 26 avril, nous avons assisté à l'enterrement de M. Lillaz. M. Boyer avait suivi le cortège à pied, de la cathédrale au cimetière. C'est la seule course qu'il ait faite depuis bien des jours, et nous supposons que c'est là qu'il a pris le germe de la maladie qui l'a emporté. Mardi, il était bien; il a travaillé comme de coutume, et le soir à cinq heures nous avons fait à la savane notre promenade habituelle.

Mercredi matin, le directeur est venu au bureau et a travaillé jusqu'à onze heures. Il s'est senti fatigué après déjeuner et n'est pas venu au bureau le soir. La fièvre a commencé vers trois heures; nous supposions qu'il ne s'agissait que d'une fausse digestion et d'un petit accès de fièvre, mais le docteur Mouilleron manifestant quelque hésitation à se prononcer, nous avons tout de suite appelé en consultation le docteur Didier.

La fièvre a persisté toute la nuit. Le docteur Mouilleron a passé la nuit auprès du malade et dès le lendemain matin n'hésitait pas à diagnostiquer une fièvre jaune.

La journée du jeudi s'est passée tout entière sans que la fièvre cédât, — l'albumine a paru vers trois heures, confirmant ainsi le diagnostic. Les autres symptômes se sont également manifestés et le vendredi matin les médecins déclaraient qu'un miracle seulement pouvait sauver le malade.

Déjà, voyant la marche de la maladie, d'autres médecins avaient été appelés; Marfarral, Vernial, arrivés de Colon, vendredi matin par un train spécial, tous avaient été unanimes à reconnaître leur impuissance en présence d'une maladie d'un caractère aussi foudroyant.

Jusqu'au vendredi midi, M. Boyer a paru se faire illusion sur la gravité de son état, mais dans l'après-midi il m'a fait appeler, m'a fait rester seul auprès de lui et après m'avoir dicté une lettre à sa famille, il m'a donné pour vous toute une série de commissions; il m'a fait les recommandations les plus précises, en me chargeant de vous apporter moi-même son rapport avec son projet détaillé; et comme je faisais des efforts pour lui persuader que sa maladie n'était pas aussi grave qu'il le pensait, il m'a dit qu'il n'avait aucune illusion; qu'il se savait perdu; que du reste la mort lui était douce et facile et qu'il avait la ferme confiance que le canal serait fait.

A six heures on peut dire que l'agonie a commencé; le délire est venu, laissant cependant de longues intermittences de raison et de lucidité. Après vingt-quatre heures de souffrance il s'est éteint samedi soir à six heures trente.

Je n'ai pas besoin de vous dire qu'il a été entouré depuis le commencement de sa maladie des soins les plus dévoués. Les médecins ne l'ont pas quitté, l'un d'eux restant toujours en permanence auprès du malade.

Mgr Thiel, l'abbé Tiberi, nous tous avons fait tout ce qu'il était humainement possible de faire, mais rien n'a pu arrêter la marche de la maladie.

Les funérailles ont été célébrées hier au milieu d'une affluence immense. La mort de M. Boyer a produit une très grande émotion dans la ville. Le gouverneur a suivi le convoi funèbre à côté de moi et a prononcé sur sa tombe quelques paroles. Vous trouverez, du reste, dans le *Star*, le compte rendu très détaillé de cette cérémonie, qui a été un hommage éclatant rendu à la mémoire de M. Boyer.

Ainsi la fatalité s'acharnait à paralyser tous les efforts de la Compagnie, car de tels hommes ne se remplacent pas aisément. Vous voyez quelle confiance profonde M. Boyer avait dans le succès de l'entreprise. Mais il pensait qu'il fallait modifier le profil et franchir le massif de la Culebra à l'aide d'un ascenseur hydraulique. Au contraire, M. Rousseau tenait pour les écluses.

Le ministre, avisé par le rapport, de M. Rousseau, écrit alors à la Compagnie et lui demande de soumettre à l'avis de sa commission consultative technique les deux propositions qui se trouvaient résumées dans la conclusion du rapport de M. Rousseau.

Le rapport de cette commission, qui est du 21 mai 1886, est un des quatre ou cinq documents qui écrasent la prévention. Voulez-vous me permettre de le placer sous vos yeux ?

Monsieur le Président,

Vous nous avez communiqué une dépêche de M. le ministre des travaux publics, en date du 18 mai 1886, par laquelle il vous demande de produire une réponse de vos conseils aux questions suivantes :

La réalisation du programme que la Compagnie s'est tracé ne soulève-t-elle pas, au point de vue technique, des difficultés presque insurmontables?

Peut-on espérer sérieusement que ce programme sera réalisé dans les conditions que l'on annonce au public en l'invitant à souscrire à l'emprunt?

Examinant la question technique dégagée de ses accessoires, la question des délais et celle de la dépense à prévoir, nous renfermant d'ailleurs, autant qu'il est possible, dans les limites de nos attributions, nous répondrons, Monsieur le Président, successivement, ainsi que vous nous invitez à le faire, aux questions posées par M. le ministre des travaux publics.

Nous n'avons jamais dit, aucun ingénieur n'a dit et la Compagnie n'a pas affirmé qu'au point de vue technique il fût facile d'exécuter les travaux nécessaires pour pratiquer à travers les Cordilières une tranchée à ciel ouvert, qui au point culminant atteint 100 mètres de hauteur.

En 1879, le congrès international, qui comptait parmi ses membres des ingénieurs éminents, a déclaré qu'au point de vue technique l'entreprise était possible.

Après les études approfondies qui ont été faites par la Compagnie, la première session de votre commission consultative a été close le 29 novembre 1881 par une allocution que vous avez livrée à la publicité, et où, après n'avoir rien dissimulé de l'importance du problème qui restait à résoudre pour l'exécution d'une œuvre sans précédents dans le monde, le Président de la commission s'exprimait ainsi, avec l'assentiment unanime de ses collègues :

Tel a été, Messieurs, le travail de votre première session et je crois être l'organe de tous les membres de la commission en disant que les études auxquelles nous nous sommes livrés en commun, corroborent et font passer à l'état de conviction dans l'esprit de tous l'opinion que la création du canal n'a rien qui excède les limites de la science du géologue ou de l'art de l'ingénieur.

Cette conviction, déjà si ferme, est devenue de plus en plus profonde à mesure que M. Dingler, — que de cruels malheurs ont éloigné de la direction des travaux, mais qui reste aujourd'hui votre ingénieur-conseil et apporte à votre œuvre le concours si précieux de ses connaissances techniques, de sa grande expérience des travaux et l'autorité de son nom, — à mesure que M. Dingler, disons-nous, a présenté ses beaux projets et a su préparer dans l'isthme ces grandes installations et cet outillage puissant qui ont obtenu sans réserve le suffrage de votre commission et les suffrages des ingénieurs de tous les pays, même des adversaires du canal, de telle sorte que parmi ceux qui ont été appelés à voir par eux-mêmes la situation des travaux, il n'est personne qui doute que, s'il ne survient pas de difficultés étrangères aux considérations techniques, l'œuvre s'accomplisse conformément au programme qui a été tracé dans ses grandes lignes par le congrès international.

Un de nous, M. Jacquet, répétant que la construction du canal interocéanique à niveau est loin de présenter des difficultés insurmontables, pense même que le projet en cours d'exécution comporte des économies sur les dépenses prévues avec une ampleur qui aura sa raison d'être dans l'avenir, mais qui n'est pas nécessaire dans les premières années d'exploitation, et que, par des réductions — que la direction des travaux à Panama examine d'ailleurs — la Compagnie peut espérer qu'elle renfermera l'entreprise dans les limites du temps et d'argent qui sont annoncées. M. Jacquet suggère que ce résultat pourrait également être facilité, en cas de besoin, par une solution qui consisterait — sans abandonner, bien entendu, comme but définitif le canal à niveau — à étudier un premier mode provisoire d'exploitation au moyen d'un système d'écluses, avec bief de partage à une hauteur à déterminer.

En présence de ces observations, conviendrait-il d'examiner si, soit pour atténuer les dépenses, soit pour hâter l'ouverture du canal, il n'y aurait pas lieu de renoncer à l'exécution du programme du congrès international, en restreignant l'œuvre à la construction d'un canal éclusé?

Voilà bien la question, n'est-ce pas?
Que répond la commission technique?

Nous ne croyons pas que cette solution, qui, d'ailleurs, au point de vue technique, a été examinée et repoussée par le congrès, puisse aujourd'hui être à nouveau et utilement discutée. Le jour où la Compagnie ferait connaître que, même à titre provisoire ou comme pis-aller, elle accepte cette solution si imparfaite et si dangereuse, elle cesserait de remplir l'espèce de mandat qu'elle a reçue du congrès international.

Et vous verrez que jamais M. de Lesseps n'a parlé au public un autre langage :

Quant à la question du délai et à l'objet de la dépense, nous devons tout d'abord vous faire observer que les membres de votre commission consultative sortent de leur rôle, excedent leurs attributions et même leur compétence, en répondant à cet égard pour la première fois à des questions que vous ne leur avez jamais posées et que vous n'aviez pas à leur poser, parce qu'il ne leur appartient pas de savoir si, par des motifs d'ordre supérieur dont la Compagnie est seule juge, il est nécessaire de hâter l'achèvement des travaux, et parce que la dépense définitive dépend dans une large mesure de beaucoup d'éléments qui ne sont et qui ne doivent pas être soumis à notre appréciation, tels que la direction à imprimer aux travaux en vue d'assurer leur achèvement plus ou moins rapide, les marchés à passer avec les entrepreneurs, les détails de votre administration, enfin les dispositions financières qu'elle juge les plus économiques et les plus opportunes pour assurer l'exécution des travaux.

Cependant, puisque sur ces questions M. le ministre vous demande notre avis, voici ce que nous pouvons répondre :

Les dispositions déjà prises et l'avancement des travaux nous donnent toute raison d'espérer que les délais indiqués dans le rapport de la commission technique du congrès ne seront pas dépassés.

Si, en vue d'arriver plus tôt, la Compagnie croyait devoir multiplier et étendre ses moyens d'action, déjà considérables, il y aurait au point de vue technique à examiner si de nouveaux développements sont compatibles avec la nature même des travaux; il y aurait, au point de vue de la dépense, une comparaison à faire entre l'augmentation de dépense qui serait immédiatement nécessaire pour activer les chantiers et la diminution de charges d'intérêt et de frais généraux qui résulterait d'une exécution plus rapide.

Cet examen technique et cette comparaison de dépenses, nous ne pouvons les faire aujourd'hui, surtout dans le court délai qui nous est imparti pour répondre aux questions du gouvernement.

En ce qui touche la dépense finale, le chiffre de 1.200 millions auquel serait porté par le nouvel emprunt le capital engagé dans l'entreprise du canal, tout en conduisant son exécution à un degré d'avancement qui ne permettra aucun doute sur le succès, laissera, après défalcation des dépenses déjà faites des charges d'intérêts et des frais généraux, une somme disponible qui pourrait ne pas être suffisante pour le parachèvement des travaux.

Ce chiffre de 1.200 millions est cependant celui que la commission technique du congrès avait adopté, avec d'autant moins d'hésitation qu'il lui avait été fourni par une sous-commission dont plusieurs membres étaient opposés à la solution qui a prévalu.

Mais devrait-on s'étonner si ce chiffre venait en réalité à être dépassé dans les conditions exceptionnelles et sans précédents d'une pareille entreprise?

Quoi qu'il en soit, il résulte pour nous des renseignements que vous nous avez fournis qu'après la réalisation de l'emprunt que la Compagnie demande à émettre, vous serez en mesure de conduire l'entreprise à un degré d'avancement tel que, si la communication n'est pas ouverte entre les deux mers, il apparaîtra du moins aux yeux même les plus prévenus que l'achèvement final de l'entreprise est assuré, moyennant un dernier effort, qu'alors on pourra mesurer avec précision. Et cet effort, fût-il même relativement considérable, on ne saurait douter qu'il vous sera facile de le faire, parce que, dans cette situation, les capitaux tiendront à profit et à honneur d'assurer le couronnement de cette œuvre de civilisation, qui doit compléter la transformation du commerce et de la navigation maritime, déjà si heureusement inaugurée et à moitié accomplie par l'ouverture du canal de Suez.

Ainsi à cette date, 21 maï 1886, une commission composée de MM. Daubrée, Ch. de Fourcy, Jacquet, Jurien de la Gravière, Lalanne, Laroche, Pascal, Ruelle, estime : 1° qu'il faut faire le canal à niveau ; 2° que vraisemblablement on pourra le faire sans dépasser un chiffre de 1.200 millions ; 3° que dépassât-on le chiffre et le temps prévus, cela n'a aucune importance, quand il s'agit d'une entreprise qui n'a pas de précédent parce que très certainement le résultat définitif sera alors assuré.

Oui ou non, cette lettre a-t-elle été remise au gouvernement ? Assurément, personne ne le conteste, et c'est dans ces conditions que le 1er juin 1886 le gouvernement présente le projet de loi. Je laisse ici la parole à M. de Lesseps qui, vous le savez, six semaines après, demande lui-même le retrait de ce projet de loi.

Lettre de M. Ferdinand de Lesseps, 15 juillet 1887.

La commission nommée le 24 juillet par la Chambre des députés à l'effet d'examiner le projet de loi tendant à autoriser la Compagnie du canal interocéanique à émettre des obligations à lots, a, depuis cette date jusqu'au 8 juillet, consacré six séances à l'examen de divers documents dont elle avait demandé communication (notamment le rapport de M. l'ingénieur Rousseau et la réponse de la commission technique), et à l'audition des dépositions verbales qu'elle avait jugé utile de provoquer.

C'est ainsi que la commission a entendu :

Le 2 juillet, MM. Demôle, ministre de la justice ; Baïhaut, ministre des travaux publics ; Sadi Carnot, ministre des finances, et Rousseau, auteur du rapport ; le 4 juillet, M. de Freycinet, président du conseil, et M. Sarrien, ministre de l'intérieur ;

Le 5 juillet, MM. Ferdinand de Lesseps et Charles de Lesseps, M. Jacquet, inspecteur général des ponts et chaussées, membre de la commission technique, et M. Dingler, ingénieur en chef de la Compagnie.

Le 8 juillet, la commission a été saisie d'une demande formulée par quelques-uns de ses membres, aux termes de laquelle un rapporteur devait être nommé, et le rapport soumis aux délibérations de la Chambre des députés avant la clôture de la session.

La commission, par 6 voix contre 4 et 1 abstention, s'est opposée à la nomination d'un rapporteur et a rendu matériellement impossible le dépôt d'un rapport quelconque avant les vacances parlementaires, en décidant qu'elle demanderait à la Compagnie du canal communication d'une série de documents.

La session prochaine ne devant commencer qu'en octobre ou novembre, la Compagnie n'a pas cru possible d'attendre, et en présence de cette détermination qui avait pour conséquence d'ajourner la solution de cette importante question et de compromettre ainsi les intérêts des nombreux porteurs de titres de la Compagnie de Panama, M. Ferdinand de Lesseps a adressé la lettre suivante à M. le Président du conseil des ministres :

« Paris, le 9 juillet 1886.

« Monsieur le Président,

« Le vote émis hier par la commission de Panama ajourne fatalement à plusieurs mois le vote que la Chambre avait à émettre sur le projet de loi que le gouvernement avait bien voulu soumettre au Parlement.

« L'importance des intérêts qui me sont confiés ne me permet pas de me prêter à cet ajournement. J'ai, en conséquence, l'honneur, monsieur le président, en vous transmettant une copie de la circulaire que j'adresse à mes actionnaires et correspondants, de vous notifier le retrait de la demande que j'avais formulée le 27 mai 1885, en vue d'être autorisé à émettre des obligations à lots.

« Veuillez agréer, etc... »

M. de Lesseps adressait le même jour à M. Germain Casse, Président de la commission, une lettre ainsi conçue :

Paris, le 9 juillet 1886.

Monsieur le député,

En réponse à la lettre que vous avez bien voulu m'adresser ce matin, j'ai l'honneur de vous informer que le projet de loi présenté par M. le Président du conseil des ministres ne pouvant pas être discuté avant la fin de la présente session, j'ai prié M. de Freycinet de retirer ce projet.

Je me réserve de m'adresser directement, pour l'émission des obligations de Panama, aux 400.000 petits souscripteurs de mes deux grandes entreprises.

Veuillez agréer, monsieur le député, l'assurance de ma haute considération.

M. de Lesseps faisait connaître tous ces événements à ses actionnaires et au public dans la circulaire suivante :

Messieurs,

J'apprends la décision prise par la commission parlementaire chargée d'examiner le projet de loi par laquelle le gouvernement de la République proposait de m'autoriser à émettre 600 millions en obligations à lots. Six députés sur onze, saisis du projet de loi, ont pris une décision dont la conséquence est de renvoyer à la session d'automne, c'est-à-dire en octobre ou novembre, la solution à intervenir.

Est-ce par de tels atermoiements, par de telles lenteurs, que l'on facilitera à nos travailleurs, là-bas, l'exécution du canal pour 1889 ?

Faut-il attendre encore quatre mois et perdre un temps précieux? Faut-il livrer la destinée de notre œuvre aux incidents imprévus de la politique? Faut-il risquer l'intérêt de nos 350.000 actionnaires ou obligataires? Je ne le pense pas.

On m'ajourne — je n'accepte pas l'ajournement.

Fidèle à mon passé, lorsqu'on veut m'arrêter je marche! Non pas seul, certes, mais avec 350.000 Français partageant ma confiance patriotique.

J'ai vu exactement, dans des circonstances identiques, se passer pour Suez ce qui se passe maintenant pour Panama: Les installations et les machines sont prêtes, tout est disposé pour l'effort final, et cet effort final, comme à Suez, va, je l'espère bien étonner même ceux qui ont la foi.

Je crois, personnellement, qu'avec les 600 millions compris dans les prévisions du congrès international de 1879, l'achèvement du canal maritime de Panama sera assuré avant la fin de 1889.

Est-ce à dire que j'attends avec tranquilité, sans prévoyance, la démonstration pratique de ce succès? Au contraire, nous n'avons cessé d'étudier les moyens par lesquels, en cas de retards imprévus, l'inauguration du canal serait assurée quand même, sauf à achever plus tard, comme cela a eu lieu au canal de Suez, le programme complet d'exécution totale.

Ce qu'il faut, c'est qu'avec les 600 millions réalisés, toutes les mesures soient prises pour que les navires passent d'un océan à l'autre océan.

Pour alléger les charges devant résulter de l'emprunt, j'avais demandé au gouvernement l'autorisation d'émettre des obligations à lots ; le gouvernement avait soumis à la Chambre le projet de loi m'accordant cette autorisation ; la commission parlementaire me renvoie à la fin de l'année pour émettre un avis...

Mais, le type d'obligation à lot n'est heureusement pas le seul qui existe ; on peut procéder à une émission de titres qui, en outre d'un revenu honorable, assurerait à chaque porteur, sans exception, dans un temps donné, une large prime bénéficiaire, avec des tirages fréquents où le plus grand nombre possible d'obligations sortiraient, de manière à favoriser également le plus grand nombre possible de porteurs, au lieu d'en favoriser un seul de temps en temps par un gros lot.

C'est là, Messieurs, ce que je vais proposer au conseil d'administration.

Et puisque des représentants de mon pays, puisque de mes compatriotes, puisque six députés par leur attitude m'empêchent d'aller de l'avant, de marcher avec vous à la conquête pacifique entreprise par la France dans l'isthme de Panama, nous passerons par-dessus l'obstacle, nous irons ensemble à cette deuxième victoire, nous émettrons les 600 millions nécessaires, au moyen d'obligations nouvelles, aux conditions générales que je viens d'indiquer.

Une telle émission d'obligations devant être avantageuse pour tous, nous réserverons, dans la mesure du possible, un privilège de souscription aux 350.000 actionnaires et obligataires actuels du canal de Panama.

Je ne saurais terminer sans exprimer ma gratitude aux ministres qui, après avoir reçu communication du rapport de M. Rousseau, ont loyalement présenté aux Chambres le projet de loi auquel les lenteurs d'une commission parlementaire n'ont pas permis d'aboutir en temps utile.

Il n'y a plus un jour à perdre, si l'on veut que le canal de Panama soit promptement ouvert, et c'est ce qui justifie la décision que je vais soumettre au conseil.

Dès que cette décision aura été prise, nous procéderons à l'émission, et je m'empresserai de vous en prévenir.

Veuillez agréer, Messieurs, la nouvelle assurance de mon dévouement.

Comment ! ce langage ne suffit pas pour éclairer tout le monde ! Mais M. l'Avocat général trahissait d'un mot sa pensée : il appelle les circulaires que M. Ferdinand de Lesseps adresse à ses intéressés des proclamations; il n'y a rien qui ressemble moins aux prospectus que des proclamations.

Maintenant, si vous voulez connaître les raisons que la commission donnait de cet ajournement, écoutez cet article du *Journal des Débats:*

Après maintes tergiversations, la commission a décidé, malgré les réclamations de deux de ses membres dont l'un était favorable à l'autorisation et l'autre hostile, que, avant de prendre une détermination, elle contrôlerait toutes les opérations antérieures faites par la Compagnie. Les chefs de service seraient convoqués, on entendrait les dépositions des principaux agents, les entrepreneurs devaient donner connaissance de leurs traités et engagements. Qui sait même si une délégation n'aurait pas été chargée de se rendre sur les lieux! Cette enquête terminée, la commission prononcerait.

La résolution de la commission ne pouvait que la compromettre et engager la responsabilité de la Chambre et celle du gouvernement. Elle ne pouvait avoir qu'un résultat: faire gagner du temps et retarder le moment où l'on serait obligé de se prononcer. Or, ce système d'atermoiements et de tergiversations, nous ne le connaissons que trop. En politique, on sait ce qu'il a produit. En affaires, il est absolument inacceptable, et il n'est pas plus aujourd'hui qu'il y a vingt-cinq ans dans le tempérament de M. de Lesseps. Aussi ne sommes-nous pas étonné qu'il l'ait repoussé et qu'il ait cru devoir en appeler immédiatement du suffrage restreint de la commission de la Chambre au suffrage du public tout entier.

Vous reconnaissez là les tendances que nous voyons en ce moment se produire sous nos yeux: sortir du droit public qui seul appartient à la Chambre pour envahir le droit privé qui ne lui appartient pas.

Cependant, si l'on est obligé de reconnaître la franchise presque brutale du langage tenu par M. de Lesseps, on s'avise maintenant d'un autre reproche.

Comment, lui dit-on, pouviez-vous parler encore d'un canal à niveau, quand vous aviez entre les mains trois rapports qui le condamnaient, celui de M. Rousseau, celui de M. Jacquet et celui de M. Boyer ?

D'abord M. de Lesseps n'en avait que deux ; car le rapport de M. Jacquet est du 25 septembre 1886. En voici les principaux passages :

Dans le cas où l'établissement d'un canal à niveau donnerait lieu à des incertitudes, ou à des difficultés trop grandes ou à des dépenses excessives, un canal à écluses satisferait-il convenablement aux exigences d'une navigation maritime ?

Vous voyez dans quels termes M. Jacquet posait lui-même le problème. Comment le résout-il ?

Je considère comme impossible que la Société universelle du canal interocéanique achève le canal à niveau.

Je tiens à cet égard à bien préciser ma pensée.

Je le répète, je n'entends point exprimer l'opinion que le canal à niveau est impossible.

La construction présenterait certainement de grandes difficultés ; mais ces difficultés ne sont pas insurmontables. Les ingénieurs américains eux-mêmes, très hostiles, très prévenus contre l'entreprise française du canal interocéanique, le reconnaissent tous.

Je trouve donc rationnel que l'on ait entrepris l'exécution du canal à niveau. Les ingénieurs de la Compagnie se sont trouvés en présence d'une solution que les hommes les plus compétents du monde entier avaient déclarée possible. Cette solution, indépendamment de l'avis des princes de la science de l'ingénieur, avait notoirement pour elle et a peut-être encore aujourd'hui ce que je pourrais appeler la faveur populaire. C'eût été aller contre l'opinion publique que de repousser cette solution, pour une autre que l'on savait moins coûteuse, mais qui alors ne paraissait pas devoir présenter les conditions économiques de nature à compenser les inconvénients qu'on lui supposait.

Aujourd'hui, nous nous trouvons en présence d'une expérience que, pour ma part, je considère comme décisive.

L'entreprise offre à tous les points de vue : difficultés des terrains, cherté de la main-d'œuvre, insalubrité du climat, des conditions que ne pouvait prévoir le congrès de 1879. Les calculs économiques de la Société concessionnaire sont bouleversés par des circonstances que les esprits les plus clairvoyants ne pouvaient certes pas faire entrer en ligne de compte.

Si le canal, au lieu d'être exécuté par une Compagnie concessionnaire, était exécuté par l'État français... — ... ou par tout autre État, disposant d'un budget et n'ayant pas à compter avec des ressources limitées et des charges financières, je penserais sans doute encore, qu'il serait de bonne administration de changer le système du canal, en vue des économies énormes à réaliser. Mais sentant que mon opinion personnelle est contraire à celle de presque tous ceux qui ont étudié cette grande question, je me rangerais volontiers à l'avis de la majorité. Peut-être même, séduit par la grandeur de l'œuvre, je pourrais trouver que les milliards et les années ne sont rien pour le monde, si l'on peut, comme cela a été dit, ouvrir un Bosphore entre les deux continents de l'Amérique.

Mais nous n'avons pas devant nous un État et le Trésor public. C'est une Société concessionnaire qui exécute. L'entreprise, quelles qu'en soient les dépenses, sera sans doute magnifique dans son résultat final. Mais il importe qu'elle puisse être menée jusqu'au bout, et pour cela il faut mesurer les dépenses non pas seulement sur les produits définitifs à espérer, mais aussi sur les ressources dont on pourra disposer.

Telle est la raison de ma conviction, qu'il faut modifier le système suivi, et tout en conservant le tracé du canal, qui est le meilleur dans tous les cas, diminuer les dépenses et les difficultés d'exécution, en adoptant franchement la solution d'un canal à écluses.

Cette solution est tellement conforme à la nature même des choses, que je suis étonné qu'elle n'ait pas prévalu tout d'abord.

Le succès du canal de Suez a sans doute été pour une grande part dans la détermination d'adopter à Panama le principe d'un canal à niveau.

Mais combien les conditions sont différentes à Panama! le relief du sol est considérable; il exige des tranchées profondes dans des terrains dont les sondages ont à peine fait soupçonner la nature et surtout la constitution, dans un climat pluvieux, naturellement malsain, et dont les terrassements au-dessous du niveau des cours d'eau augmenteront encore l'insalubrité.

L'art de l'ingénieur ne consiste pas à agir de la même manière dans des conditions absolument différentes, sans tenir compte des obstacles.

L'on doit à Panama, aussi bien qu'ailleurs, user de toutes les ressources que présente la science, faire appel à tous les progrès de l'art des constructions mécaniques pour surmonter les difficultés que l'on ne pourrait aborder directement qu'au prix de sacrifices immenses, lorsqu'il n'y a d'ailleurs peut-être aucun intérêt à le faire.

J'ai tenu à rappeler, au commencement de ce rapport, comment et dans quels termes le congrès avait voté pour l'établissement d'un canal à niveau unique. Il résulte du vote lui-même, et surtout des discussions qui l'ont précédé, que le canal à niveau a été considéré comme désirable, mais non pas que cette solution est la seule bonne.

Il convient d'y renoncer, du moment qu'on reconnaîtra qu'elle doit entraîner des dépenses excessives, et qu'elle risque de se heurter à des difficultés qui pourraient compromettre le succès de la plus grande œuvre du siècle.

Cet avis, comme vous le voyez, s'efforce de concilier les opinions opposées qui ont été émises; mais vous allez voir que, loin de le négliger, la Compagnie en a tenu le plus grand compte.

Toutefois il faut d'abord répondre à un autre reproche que M. l'Avocat général a formulé en ces termes :

... Les autres moyens n'étaient pas négligés. On voulait émettre le 3 août : il fallait se préparer; et on s'empare, non pas des opinions qui avaient été émises par les hommes techniques derrière lesquels on entend s'abriter toujours : M. Rousseau, M. Boyer, M. Jacquet; non, on va s'abriter derrière l'opinion du délégué de la chambre de commerce de Marseille. C'est la seule chose qu'on publie et on dit uniquement : M. Roux, délégué de la chambre de commerce de Marseille, a examiné la chose avec nous, quand il s'est transporté sur place au commencement de 1886, et, d'après lui, il est bien certain que tout le canal sera terminé vers la fin de 1889.

Je suis bien convaincu qu'il n'est pas entré dans la pensée de M. l'Avocat général de donner à croire que M. Roux ait fait un rapport complaisant et mensonger en faveur de la Compagnie; tout le monde connaît M. Roux et sait la grande position qu'il a dans le commerce de Marseille; au point de vue de l'intelligence comme de la délicatesse il est au-dessus de tout soupçon.

M. L'AVOCAT GÉNÉRAL. — Voulez-vous me permettre une observation? Je m'associe à ce que vous dites de l'honorabilité de M. Roux qui est hors de doute et hors de toute atteinte, mais je dis qu'on avait fourni à M. Roux des éléments qui n'étaient pas suffisants et qui devaient le conduire à faire en toute sincérité un rapport favorable qui était l'opposé du rapport technique, et qu'on a imprimé le rapport de M. Roux avant l'extrait du rapport de M. Rousseau, et qu'on n'a jamais publié ni le rapport de M. Boyer, ni le rapport de M. Jacquet. Voilà la simple observation que je voulais faire...

M. LE PREMIER PRÉSIDENT. — Je dois vous déclarer que les paroles de M. l'Avocat général n'avaient pas paru avoir une autre portée que celle qu'il vient de leur donner.

Me BARBOUX. — J'en ai la conviction, Monsieur le premier Président. Il me suffit de répondre que l'allégation de la prévention demeure sans preuves, et je passe.

J'arrive tout de suite à l'assemblée générale du 31 juillet 1887. Rappelons bien les hésitations des années précédentes : M. de Lesseps et la commission technique, à la date de 1886, tiennent toujours pour le canal à niveau. M. Boyer a pensé à un ascenseur hydraulique, M. Rousseau a proposé le système des écluses ; M. Jacquet est du même avis. Dans cet état, nous allons entendre le langage de M. de Lesseps, et nous allons voir s'il a manqué à la franchise.

M. de Lesseps, suivant son habitude, au commencement de son rapport, résume toutes ses précédentes déclarations, en sorte qu'il se charge lui-même d'étaler les contradictions qui résultent des faits, puis il continue :

Si les difficultés que nous avons rencontrées dès le premier semestre de 1887 s'accentuaient ou se prolongeaient; si, même, par des circonstances actuellement imprévues, la date de l'achèvement total du canal maritime paraissait devoir s'éloigner trop du terme que nous avons fixé, nous continuerions à chercher et à appliquer les moyens par lesquels nous simplifierions la tâche acceptée par les entrepreneurs, ou bien nous prendrions les mesures susceptibles d'augmenter la production du cube..., etc.

Vous pouvez lire, dans le compte rendu de sa mission dans l'isthme fait par M. Charles de Lesseps au conseil d'administration — que nous avons distribué avec ce rapport, en annexe, — comment, par l'addition de deux dragues au matériel de l'entrepreneur, nous avons pu avancer la date d'achèvement d'une partie du canal.

A la Culebra, nous avons entrepris le creusement de puits descendus à 30 mètres, qui préparent l'essai de creusements en galeries, indépendants de la continuation du travail actuel qui augmenterait la production moyenne du cube.

Voici, à ce sujet, la résolution votée par la commission consultative..., etc.

Puis M. de Lesseps fait connaître aux actionnaires le détail du programme général du canal à niveau tel qu'il a été établi par la commission technique, et tel qu'il l'exposait lui-même en 1885. Il continue :

Nous sommes en mesure cette année de vous signaler d'importantes simplifications apportées à ce programme.

Le sas avec porte de marée du côté de Panama ne sera pas construit.

Au retour de son dernier voyage à Panama, votre Président avait demandé à la commission consultative des travaux si au point de vue technique elle verrait un inconvénient quelconque à ajourner la construction de cette écluse, jusqu'à ce que, le canal ayant été ouvert complètement, l'expérience se fût prononcée nettement au sujet de la nécessité de cet ouvrage.

Le 19 janvier la commission consultative donnait acte de la décision prise par l'administration de surseoir à l'exécution de cet ouvrage.

Depuis lors, l'Académie des sciences, à qui votre Président avait soumis la question de la différence de niveau pouvant exister entre les deux Océans, approuvait les conclusions suivantes de M. Bouquet de la Grye, rapporteur de la commission :

« Dans aucun cas les courants dus à la dénivellation ne pourront dépasser deux nœuds 1/2, et cette vitesse, qui ne peut être atteinte tous les ans que pendant quelques heures, ne paraît pas de nature à gêner la navigation des bateaux à vapeur dans le canal que l'on creuse actuellement à Panama. »

Ensuite il rappelle le langage qu'il tenait l'année précédente aux actionnaires.

Est-ce que j'attends avec tranquillité, sans prévoyance, la démonstration pratique du succès? Au contraire, nous n'avons cessé d'étudier les moyens par lesquels, en cas de retards imprévus, l'inauguration du canal serait assurée quand même, sauf à achever plus tard, comme cela a eu lieu au canal de Suez, le programme d'exécution totale.

Ce qu'il faut, c'est qu'avec les 600 millions réalisés, toutes les mesures soient prises pour que les navires passent d'un Océan à l'autre Océan.

Mais, dit-on encore, qui vous assure qu'à mesure que vous descendrez vos grandes tranchées du massif central, vous ne rencontrerez pas des difficultés matérielles d'exécution telles, que vous ne pourrez pratiquement pas établir une communication entre les deux Océans en 1889?

Il est certain qu'aucune puissance humaine ne saurait nous garantir contre l'imprévu qui réside dans les mystères géologiques du massif central. On disait aussi, pendant l'exécution du canal de Suez, que les « montagnes de sable » du Sérapéum et d'El Guisr recélaient des « problèmes insolubles ». L'El Guisr et le Sérapéum ne recélaient aucun problème, et voici bientôt vingt ans que les navires passent dans ces tranchées énormes, sans qu'il se soit produit un seul de ces éboulements ou « ensablements formidables » dont on menaçait les actionnaires.

Certes, de telles œuvres sont pleines d'imprévus; mais à n'admettre par hypothèses pessimistes que des imprévus grossis, on ne ferait jamais rien ; on n'eût pas osé même creuser une rigole à travers l'isthme de Suez. Il y a aussi les imprévus favorables dont il faut tenir compte, dans une certaine mesure au moins; c'est précisément ce qui nous est arrivé pour la Culebra, que l'on croyait d'abord en entier formée de roches excessivement dures, que l'on a crue ensuite toute d'argile (parce que le sommet en était argileux), et qui est, en somme, semble-t-il, de formation pleinement favorable à l'exécution de la coupure entreprise.

Notre devoir, cependant, est d'admettre comme possibles toutes les hypothèses, surtout les plus défavorables. Nous n'avons pas failli à ce devoir. Et voici, textuellement, ce que nous vous disions l'année dernière :

« Notre regretté directeur des travaux, M. Boyer, avait été chargé de rechercher les moyens par lesquels, en cas d'incidents imprévus, l'exploitation du canal maritime pourrait être sûrement inaugurée en 1889, dans la limite de la dépense totale des 600 millions demandés ; et M. Boyer nous a laissé un rapport où son merveilleux esprit a su dessiner une solution. »

C'est là ce que la prévention appelle : laisser ignorer au public l'avis de M. Boyer !

Nous avons également d'autres projets, d'autres idées ingénieuses, que nous n'aurions pas le droit de repousser d'ailleurs, le cas échéant, et que nous avons le devoir d'examiner, d'étudier, de discuter même.

Aucun de ces projets ne modifie la marche actuelle des travaux du canal maritime, tels que les entrepreneurs les exécutent ; ils se concilient avec cette exécution même ; nous avons donc le temps de les apprécier.

Nous avons décidé cependant de réunir dans le plus bref délai les membres de notre commission supérieure consultative des travaux, et de les saisir des divers projets d'exécution qui nous ont été ou qui nous seront transmis.

Notre commission consultative a été convoquée ; elle s'est réunie le 18 janvier. Voici le texte de la note par laquelle les membres de cette haute commission ont été saisis de leur mandat par votre Président :

« La Compagnie, convaincue que l'exécution du canal à niveau tel qu'il a été défini et voté par le congrès international de 1879, est réalisable et doit être réalisée, demande à la commission supérieure consultative des travaux de vouloir bien :

« 1° Donner son avis sur divers projets de canaux à écluses qui ont été présentés à l'administration ;

« 2° Examiner d'autres projets, par lesquels, le creusement du canal à niveau étant continué sans interruption, une communication entre les deux océans et, en conséquence, un commencement d'exploitation maritime pourraient être établis dans un plus bref délai ;

« 3° Apprécier et comparer les divers projets au point de vue de l'exploitation ainsi que de la durée et de la dépense d'exécution. »

Était-il sage de procéder ainsi ? Au milieu de tant de contradictions, la prudence voulait qu'on n'abandonnât rien à la précipitation et au hasard.

Mais il ne faut pas que de cette formule, présentée loyalement et sans restriction, il y ait un malentendu.

Parmi ces projets soumis à la commission consultative, il en est qui consisteraient à substituer définitivement un canal à série d'écluses au canal à niveau entre les deux Océans.

Je ne consentirai jamais à cette substitution définitive.

Est-ce clair et catégorique ? M. de Lesseps n'est pas un roi absolu qu'on ne peut renverser que par une révolution. Son mandat est toujours révocable. Si son optimisme, si son entêtement effraient les actionnaires, ils peuvent à chaque instant confier à d'autres mains la conduite de leur entreprise.

Je ne consentirai jamais à cette substitution définitive, leur dit-il.

Il ne leur cache pas sa pensée. Il ajoute d'ailleurs qu'il a de nouveau consulté la commission technique dans les termes suivants :

Différents projets sont parvenus à l'administration tendant, d'après leurs auteurs, à permettre d'ouvrir le canal plus rapidement et à moins de frais qu'on n'y arriverait avec un canal à niveau. Bien que l'administration soit absolument décidée à ne pas se départir de son programme de canal à niveau, elle ne se considère pas comme étant en droit de se refuser à l'examen de toute autre solution qui aurait un caractère provisoire n'excluant en rien la solution définitive. Elle a donc réuni un dossier comprenant tous les projets dignes d'examen qui lui sont parvenus de divers côtés, sans qu'aucun émane de son initiative.

.., Et elle prie la commission de l'examiner au besoin, mais de présenter telle variante ou tel projet qu'elle jugerait à propos.

Le congrès international de 1879 a voté, par 78 voix contre 8, la décision suivante :

« Le congrès estime que le percement d'un canal interocéanique à niveau constant, si désirable dans l'intérêt du commerce et de la navigation, est possible ; et que ce canal maritime, pour répondre aux facilités indispensables d'accès et d'utilisation que doit offrir avant tout un passage de ce genre, devra être dirigé du golfe de Limon à la baie de Panama. »

Enfin, après avoir mis les actionnaires et le public au courant de tous ses actes, il insiste de nouveau sur les résolutions qu'il leur propose d'adopter.

Tel est le mandat que nous avons reçu... C'est pour l'exécution de ce programme que nous nous sommes associés. Nous remplirons donc ce mandat, nous exécuterons donc ce programme plus ou moins vite, plus ou moins complètement d'ici à 1889, avec les 1.200 millions fixés par le congrès, mais sans défaillance et sans compromis.

Nous laisserons à la haute commission consultative des travaux, — qui a nommé une sous-commission d'études dans ce but — la pleine et entière liberté d'examen, d'appréciation, de conclusion. Et pendant qu'elle poursuivra son étude savante et consciencieuse, nous, nous creuserons le canal à niveau, prêts à sanctionner, le moment venu, la décision souveraine, conforme aux engagements que nous avons pris envers le monde et envers les actionnaires.

Vous serez les juges de notre décision, vous disais-je l'an dernier. Je répète ces paroles cette année-ci.

La campagne prochaine, après la saison des pluies, sera décisive. Si nous avions eu cette année un nombre de travailleurs suffisant, l'exécution de notre programme total ne ferait aucun doute à l'heure actuelle; nous sommes en mesure de vous faire connaître que tout a été bien préparé pour que la main-d'œuvre ne fasse plus défaut à nos entrepreneurs; — nous comptons sur des résultats qui d'ici à quelques mois nous permettront de vous apporter la solution précise.

Il faut, pour cela, que tous nos efforts, toute notre énergie puissent être exclusivement consacrés à l'exécution matérielle du canal; que notre personnel, que nos entrepreneurs, comme nous-mêmes, ne soient distraits par aucune autre préoccupation ; c'est pour cela que nous avons décidé l'émission immédiate d'une deuxième série d'obligations nouvelles, avec tous les avantages offerts aux souscripteurs de la première série, c'est-à-dire avec un intérêt honorable et la certitude du dédoublement du capital apporté, par tirages tous les deux mois.

L'assemblée générale,

Après avoir entendu la lecture du rapport de M. Ferdinand de Lesseps, président de la Compagnie, au nom du conseil d'administration,

Approuve ce rapport.

M. LE PREMIER PRÉSIDENT. — La date précise, Maître Barboux?

Mᵉ BARBOUX. — 27 juillet 1887.

Je déclare nettement que je renonce à comprendre les critiques élevées contre ce langage, et voici pourquoi : M. de Lesseps n'use pas seulement ici de loyauté et de franchise, il met dans l'expression de sa pensée toute l'énergie de son caractère. Il délibère avec ses collègues, sous les yeux de ses actionnaires. Il a fait le Bosphore égyptien, il fera le Bosphore américain ; le congrès de 1879 lui a dit qu'il le ferait, il veut le faire et le fera. Mais il a trop de bon sens pour ne pas comprendre que, quelque forte que soit la volonté humaine, il y a cependant parfois des obstacles qu'elle ne peut pas emporter, au moins de haute lutte.

Les ingénieurs dont il est entouré lui signalent des difficultés que nul au début n'avait prévues. Il leur abandonne le droit de prononcer souverainement sur les questions qui sont de leur ressort, et en même temps il ajoute :

Nous continuerons, nous, l'œuvre que nous avons entreprise.

Et notez qu'il n'y a là ni temps ni argent perdu, car, M. Dingler vous l'a dit, les travaux que l'on exécutait étaient nécessaires soit pour le canal à écluses, soit pour le canal à niveau.

Mais, Messieurs, je me lasse à la fin de cette discussion singulière, et je vais y couper court par un argument bien simple dont j'aurais pu me contenter :

Ah! vraiment, si la prescription criminelle ne vous gênait pas, vous incrimineriez comme manœuvre d'escroquerie cette circonstance que M. de Lesseps, d'après vous, a pris son parti trop tard; car voilà la prévention! Il a pris son parti trop tard ; en conséquence, c'est un escroc! Vous incrimineriez cela, ce serait une manœuvre d'escroquerie!

Comment! il a mis trop de temps à annoncer au public qu'on ferait un canal à écluses au lieu d'un canal à niveau?... C'est bien la prévention, n'est-ce pas? C'est qu'alors elle suppose que si on avait dit au public qu'on creuserait un canal à écluses au lieu d'un canal à niveau, le public aurait refusé de souscrire aux émissions de la Compagnie. Car il est clair que si la connaissance donnée au public de la substitution d'un canal à écluses au canal à niveau n'est pas de nature à produire un pareil effet, la prévention ne se comprend même pas. Eh bien! pourquoi donc la connaissance de la substitution d'un canal à écluses à un canal à niveau aurait-elle éloigné la confiance des prêteurs?

Ce ne peut être que pour l'une ou l'autre de ces trois raisons : ou le canal à écluses aurait coûté plus cher, ou il aurait fallu plus de temps pour le creuser, ou il n'aurait pas permis un trafic aussi considérable.

Or, la réponse à ces questions est aujourd'hui très simple et elle est décisive :

Le canal à écluses coûtait moins cher; le canal à écluses exigeait moins de temps; et quant au trafic, la question a été posée à M. Rousseau... Qu'a-t-il répondu? Le voici, Messieurs... (Le *Droit* du 13 janvier.)

M. LE PREMIER PRÉSIDENT. — C'est exact, Maître Barboux... La question et la réponse étaient très nettes.

Me BARBOUX. — Vous vous le rappelez, Monsieur le premier Président, il a répondu : Il n'y a pas de doute; le canal à écluses suffirait pour faire passer 20 millions de tonnes de marchandises.

Il est donc évident que, bien loin d'éloigner la confiance du public, l'annonce d'un canal à écluses, plus rapidement exécuté, moins coûteux et aussi productif, ne pouvait au contraire que la fortifier et la ranimer. Et la persistance de M. de Lesseps à creuser le canal à niveau, loin d'être une manœuvre d'escroquerie, a pu être au contraire l'une des causes de la lassitude des prêteurs.

La prévention n'est pas seulement mal fondée. Elle est incompréhensible. Et les événements qui vont suivre achèveront de la ruiner.

En effet, le 15 novembre 1887, M. Ferdinand de Lesseps adressait successivement à MM. Rouvier et Tirard les lettres suivantes :

Monsieur le Président du conseil,

Le canal maritime de Panama, tel que l'avait voté le congrès international de 1879, devait coûter 1 milliard 200 millions de francs et être exécuté en douze années, pour donner passage dès la première année d'exploitation à un trafic de 7 millions 1/2 de tonnes.

Il était possible d'exécuter le canal en huit années en doublant le matériel ; c'est ce qui a été fait. Ce matériel répondait à un groupement de 30 à 40.000 travailleurs ; j'espérais que nos entrepreneurs se les procureraient.

Le trafic de 7 millions 1/2 de tonnes assure, à raison de 15 francs par tonne, et indépendamment de tous les produits accessoires — domaine (500.000 hectares), taxes de pilotage, de remorquage, de stationnement, etc., — une première recette annuelle de 112 millions 1/2 de francs.

Dans son évaluation des dépenses totales, le congrès international avait calculé que les emprunts coûteraient 5 0/0 l'an.

Les agissements des adversaires financiers de l'entreprise n'ont pas permis, sur ce point, la réalisation des vues du congrès international.

D'autre part, les craintes éprouvées par certains entrepreneurs ont paralysé leur élan, fait perdre en hésitations un temps précieux, et la date d'ouverture du canal maritime, qui avait été fixée d'abord pour 1888, a dû être éloignée d'un an, reportée à la fin de 1889. Pour plus de sûreté — la fin de l'année étant sous l'influence de la saison pluvieuse — nous admettons que l'inauguration du canal maritime pourra n'avoir lieu que dans les premiers mois de 1890.

Le coût du creusement du canal proprement dit ne s'est pas modifié ; mais les charges annuelles résultant des derniers emprunts — et bien que ces intérêts si lourds soient en réalité touchés par les propres associés de l'entreprise — augmentent chaque jour le coût d'ensemble du canal.

En présence de l'acharnement inqualifiable d'adversaires que protège le libéralisme de nos lois, je me suis décidé, ainsi que je l'avais promis aux actionnaires il y a deux ans, à faire pour le canal maritime de Panama ce que j'ai fait jadis, dans des circonstances identiques, pour le canal de Suez, c'est-à-dire : assurer au trafic annuel prévu de 7 millions 1/2 de tonnes un passage suffisant et réserver à l'avenir l'achèvement du canal maritime définitif, au moyen de prélèvements minimes, comme à Suez, sur les bénéfices annuels de l'exploitation.

Les charges d'emprunt et autres imposées à la Compagnie par l'exécution du canal maritime lui font la situation actuelle suivante :

Capital-actions	300	millions de francs.
Emprunts autorisés et réalisés	635	—
Emprunts autorisés et à réaliser	265	—
Charges imposées en sucroît du devis de la commission internationale	300	—
Total général actuel du coût du canal le jour de son inauguration, en 1890, tout compris	1.500	—

Les recettes provenant de la seule taxe de transit appliquée aux 7 millions 1/2 de tonnes — 112 millions 1/2 de francs — laisseraient, après un service de 6 0/0 l'an aux emprunts — 72 millions de francs par an — une somme de 40 millions de francs pour faire face :

1° Aux frais d'administration	5	millions de francs.
2° Aux frais d'entretien	6	—
3° A l'intérêt 5 0/0 du capital-actions.	15	—
4° A l'imprévu	4	—
Total	30	—

Soit un bénéfice de 10 millions de francs à distribuer à titre de premier dividende.

Ces constatations faites, et les décisions de principe arrêtées, il restait à assurer l'exécution du programme qui en résultait.

La haute commission consultative des travaux ayant été aussitôt convoquée, les deux questions suivantes lui furent posées :

A. Est-il possible d'établir dans le massif central un bief supérieur qui permettrait de continuer les travaux du canal à niveau en appliquant au creusement de cette partie les procédés de dragage?

B. Sera-t-il possible dès que ces dispositions seront réalisées, et sans interrompre les travaux d'approfondissement, d'ouvrir l'exploitation maritime entre les deux Océans?

En séance plénière, la commission répondit affirmativement, et à l'unanimité, aux deux questions posées.

Cette approbation ne laisse plus à extraire que 40 millions de mètres cubes, dont 10 millions de terrains durs et 30 millions de terrains dragables.

Ces extractions réduites étant matériellement assurées, nous confiâmes à M. Eiffel, dont la science d'ingénieur aussi précise que hardie et les grands travaux métallurgiques ont consacré la réputation — et en lui imposant l'obligation de s'adresser à l'industrie française, exclusivement, pour la fourniture des matières et tous autres concours — le soin de nous présenter un contrat d'exécution des travaux d'art.

Ce matin, M. Eiffel a pris l'engagement d'exécuter ces travaux à ses risques et périls, dans les délais et aux conditions voulus par la Compagnie.

Il appartient maintenant au seul gouvernement de la République, puisque la loi française nous oblige à lui adresser notre requête, d'assurer définitivement l'exécution de notre programme, en autorisant la Compagnie universelle du canal interocéanique à émettre des obligations à lots.

Les disponibilités de la Compagnie devant être au 1er janvier prochain, toutes dépenses payées jusqu'à cette date, y compris les coupons de janvier, de 110 millions de francs, j'ai l'honneur, Monsieur le Président, de demander cette autorisation :

Pour les 265 millions de francs qui restent à émettre sur les 600 millions autorisés par les actionnaires ;

Pour les 300 millions qui pourraient être nécessaires d'ici à 1890,

Et, éventuellement, pour tout ou partie des emprunts déjà réalisés, dont la conversion serait offerte aux obligataires.

Je tiens à votre entière disposition, Monsieur le Président, et en conséquence à la disposition du Parlement, tous contrats et documents actuellement en nos mains, et par lesquels l'exécution du programme arrêté est garantie.

Puis, M. Rouvier ayant été remplacé aux finances par M. Tirard, M. de Lesseps adressait à celui-ci, le 18 janvier 1888, la lettre suivante :

Il est parlé, dans la communication que j'ai eu l'honneur de vous faire le 15, des évaluations du trafic futur du canal de Panama, évaluations sur lesquelles le congrès international de 1879 avait basé son vote approbatif : les revenus du canal, en effet, devraient couvrir largement, dès la mise en exploitation de la voie nouvelle, la dépense totale fixée alors à 1.200 millions de francs.

Permettez-moi, monsieur le Président, de vous transmettre sous ce pli un simple relevé d'opinions émises sur le trafic futur du canal de Panama.

Nous lirons dans un instant ces annexes.

Ainsi toutes les hésitations ont cessé. Il ne s'agit plus, cette fois, que du canal à écluses. On vient de traiter avec M. Eiffel par lettre du 15 novembre. Il n'y a plus moyen de reprocher à M. de Lesseps même de tergiversation. Grand embarras pour l'expert. Ecoutez-le :

Il avait bien été précédemment question... dans les rapports aux assemblées générales de 1886 et 1887 (*Bulletins* des 1er août 1886 et 31 juillet 1887), d'une modification de programme; mais à titre de simple éventualité et uniquement pour éviter un retard dans la date d'inauguration du canal, sans qu'il fût d'ailleurs parlé d'une augmentation quelconque du chiffre de dépenses prévu par le congrès de 1879.

Mais après avoir publié, le 16 novembre 1887, la lettre à M. le Président du conseil, où, à côté d'une assertion inexacte relative au trafic (sur laquelle nous reviendrons plus loin), on trouve l'exposé réel de la situation quant au mode d'exécution des travaux et à l'emploi des ressources à réaliser; les administrateurs, lorsqu'ils sont en présence des actionnaires réunis en assemblée générale le 1er mars 1888, font les déclarations que nous avons relevées plus haut (pages 196 et 197). Ces déclarations tendaient incontestablement à faire croire qu'on ne s'était séparé du projet primitif que par suite d'une augmentation imprévue des charges d'intérêts et de retards imputables aux entrepreneurs, et il fallait, pour se rendre compte, que le chiffre de 1.500.000.000 de francs ne s'appliquerait qu'à l'exécution du canal à écluses, se reporter à un chapitre spécial du rapport intitulé *La situation financière*, et étudier attentivement les trois séries de chiffres qui le composent.

Or, en admettant que les auditeurs ou lecteurs du rapport aient pu, d'après tous ces détails, apprécier la véritable situation, ils se trouvaient encore induits en erreur sur un point important, celui du produit réel de l'exploitation.

Il est énoncé, en effet, ici comme dans la lettre à M. le Président du conseil des ministres, que le transit du canal prévu par le congrès international est de 7.500.000 tonnes, et que ce transit assure, à raison de 15 francs par tonne, une première recette annuelle de 112.500.000 francs. (*Bulletin*, pages 1886 et 1992.)

Mais le rapport de M. Levasseur, Président de la commission statistique du congrès, dont nous avons déjà cité les conclusions dans la première partie du présent rapport, page 20, et sur lequel s'appuie l'affirmation qui précède, n'avait indiqué comme représentant vraisemblablement le mouvement commercial des deux Océans que le chiffre de 5 millions 1/4 de tonnes. Ce n'est que par supposition qu'il signale un complément de 2 millions de tonnes, comme pouvant être détourné de la route suivie aujourd'hui pour prendre celle de l'isthme américain ; ce qui, ajouté au premier chiffre, donnerait en tout 7 millions 1/4 de tonnes.

En présentant ce total comme base certaine du produit du canal et en l'exagérant même de 250.000 tonnes, M. Ferdinand de Lesseps ajoutait donc une fausse assertion aux réticences de son rapport, et il faisait naître ainsi une double illusion dans l'esprit des futurs souscripteurs des derniers emprunts de la Compagnie. Ces souscripteurs pouvaient être amenés à croire que le canal à niveau se terminerait avec le produit des emprunts et, dans tous les cas, ils devaient être persuadés que le trafic prévu assurait des bénéfices plus larges que ceux dont le congrès avait fourni les bases.

C'est d'après ces communications et déclarations que furent opérés les emprunts de mars et de juin 1888 : le premier, à titre provisoire et à valoir sur l'emprunt sollicité de 600 millions de francs, en obligations à lots, et le deuxième après le vote de la loi qui autorisait l'émission de ces obligations à lots.

Les agissements que nous venons de constater s'appliquent donc indistinctement à chacune des deux parties de ce dernier emprunt de la Compagnie de Panama, dont nous allons indiquer simplement les conditions particulières.

Quelle chose admirable que le parti pris! On n'est embarrassé de rien. Cette fois la vérité est étalée. On le reconnaît. Mais on dit : Vous donnez de mauvaises raisons de vos mécomptes du passé. Je le nie, mais quand cela serait vrai, il est clair que cela ne serait pas une escroquerie pour l'avenir.

L'expert, il est vrai, cherche à s'accrocher aux branches. Dans votre lettre au ministre, dit-il, vous avez parlé d'un trafic de 7 millions 1/2 de tonnes, et vous vous êtes fondé sur l'opinion de M. Levasseur. Or, M. Levasseur avait dit : 5 millions sont assurés comme trafic, 2 millions sont possibles, nous ne savons pas si ces millions prendront la route du canal.

Il me suffira, pour répondre à ce reproche, de dire à la Cour que la lettre adressée le 18 janvier 1888 à M. Tirard était accompagnée des documents que voici :

Le trafic futur du canal de Panama.

L'amiral Davis, des États-Unis, chargé, en 1886, par le Sénat des États-Unis de l'Amérique du Nord, d'évaluer le total du tonnage qui passerait par le canal de l'isthme, s'il était fini (1886), et la valeur de ce mouvement et l'économie qui en serait résultée pour le commerce :

Tonnage total qui passerait dans l'année par le canal de l'isthme s'il était fini maintenant (1886) d'après les rapports officiels, 3.094.070 tonnes.

Valeur du commerce qui transiterait : 2.339.155.650 francs. Economie pour le commerce du monde qui résulterait, dans l'année, du passage par le canal, 247.651.940 francs... En 1876, 6.188.140 tonnes devaient prendre la voie du canal.

Le général Grant :

En ce qui concerne les Européens, les bienfaits et les avantages du canal proposé sont grands ; quant aux Américains, ces avantages sont incalculables.

M. le commandant Taylor, des États-Unis :

On peut dire qu'au 400e anniversaire de la découverte du continent, il y aura un trafic de 6 à 7 millions de tonnes pour le canal, et les possibilités indirectes sont très grandes.

M. J.-E. Nourse, professeur en retraite de l'Observatoire naval de Washington :

Que l'ouverture du transit interocéanique soit réalisée, et alors, certainement, il ne sera pas possible de faire une évaluation exacte du montant du tonnage qui descendra de l'extrême nord du pied des montagnes Rocheuses et des Alleghanies.

L'amiral Cooper, des États-Unis :

Les ressources étouffées du Chili et du Pérou donnent de l'importance aux côtes N.-O. du Japon et de l'Australie et peuvent justifier les prévisions de M. de Lesseps, qui prétend que le tonnage à travers l'isthme dépassera celui du transit au canal de Suez.

On sait que celui-ci dépasse 8 millions.
M. Kelly, des États-Unis :

Le jour n'est pas éloigné où 15 à 20 millions de tonnes passeront annuellement par le canal.

Vous verrez le même avis exprimé par M. James Aberthney, par M. de Stoess, consul d'Allemagne à Liverpool, par M. l'ingénieur Van Nebus, de Hollande, par d'autres personnes également considérables.

Oui ou non, ces citations sont-elles exactes? A-t-on inventé toutes ces opinions? On ne le soutient même pas.

Mais voici maintenant un autre et plus singulier grief. La Compagnie a organisé sur tous les points du pays une campagne de pétitions en faveur de la loi qu'elle demandait à la Chambre.

S'en est-elle cachée? Tout est là, car toute manœuvre d'escroquerie suppose une dissimulation et un mensonge. J'ouvre le *Bulletin* du canal.

Indépendamment des correspondances de la Compagnie, chaque fondateur, chaque actionnaire, chaque obligataire peut se munir d'un exemplaire de la pétition, la faire signer par toutes les personnes qu'il connaît intéressées à l'exécution du canal de Panama et envoyer ensuite la pétition ainsi suivie des signatures à M. Ferdinand de Lesseps, qui la transmettra aux sénateurs et aux députés.

Et cette pétition imprimée est accompagnée d'un tableau portant sur trois colonnes les noms, prénoms, adresses :

On trouve des exemplaires de cette pétition chez les correspondants de la Compagnie et au siège de l'administration à Paris, 46, rue Caumartin.

Et c'est sur ces pétitions imprimées et sortant des bureaux de la Compagnie que la Chambre s'est prononcée ! Et quelqu'un a été trompé ! Passons encore.

Arrivons maintenant à l'assemblée générale du 2 août 1888 ; le rapport est au *Bulletin*. Toute la situation de la Compagnie est encore une fois reprise et développée, tout y est d'une incontestable vérité, puisque l'expert ne peut nous adresser d'autre reproche que celui-ci : Vous donnez de mauvaises raisons de vos fautes passées... J'ai montré, il y a un instant, la puérilité d'un tel reproche.

Mais l'imagination de M. l'Avocat général est plus fertile que celle de l'expert. Il invoque un autre grief que je discuterai dans l'audience prochaine.

AUDIENCE DU 25 JANVIER

MESSIEURS,

Sans même jeter un regard en arrière, je reprends la discussion au point précis où je l'ai laissée hier soir.

Vous vous rappelez ce qu'on nous a dit. Si nous rapprochons le langage que vous avez tenu dans l'assemblée du 2 août 1888, des publications précédentes, nous nous croyons en droit de relever à votre charge des mensonges en forme. Vous avez publié, dans le *Bulletin* du 16 juin 1888, que vous étiez en avance de 500.000 mètres cubes sur les travaux. Or, dans votre rapport à l'assemblée générale du mois d'août, vous n'avez pas mentionné de chiffres, il est vrai, mais vous vous êtes plaints en termes non douteux de la lenteur qu'apportaient vos entrepreneurs à l'exécution de leurs marchés. Donc, il est impossible que dans le mois précédent, vous ayez pu constater une avance et des excédents.

Voici ma première réponse : Les chiffres mentionnés

au *Bulletin* sont relevés sur les télégrammes mêmes envoyés par les ingénieurs de l'isthme au siège central de la Compagnie. Par conséquent, ces chiffres, s'ils contiennent des erreurs, ne constitueraient pas des mensonges, puisqu'un mensonge suppose la mauvaise foi.

Voici ma seconde réponse : S'il était vrai qu'il y ait là une manœuvre et que cette manœuvre ait été déterminante, si cette publication du mois de juin a amené la souscription des obligataires à la fin de ce même mois, comment, lorsque le 2 août on a tenu ce langage qui, d'après la prévention d'aujourd'hui, serait en contradiction absolue avec les affirmations du *Bulletin*, comment ne s'est-il pas élevé du sein de cette foule d'obligataires trompés une clameur d'indignation qui serait arrivée jusqu'aux pouvoirs publics !

Voici ma troisième réponse : Comment est-il possible, s'il y a là une manœuvre, un mensonge, quelque chose qui vaille la peine d'être retenu et discuté, comment est-il possible que l'expert ne l'ait pas relevé, que le Conseiller instructeur n'en ait pas été frappé, et comment est-ce à l'audience, et pour les besoins d'une discussion presque épuisée, qu'on s'avise de faire un grief aux administrateurs d'une publication à laquelle personne n'a jamais attaché d'importance, puisque personne ne l'a même remarquée !

Ainsi, avant même qu'il soit démontré que le grief est mal fondé, vous êtes déjà certains qu'il doit l'être.

Mais je vais plus loin : je tiens à expliquer nettement à la Cour comment les choses se sont passées, comment, en toute vérité, on a dû publier les chiffres qui figurent au *Bulletin* du 16 juin, et comment, ensuite, on a dû tenir, au mois d'août, le langage relevé par la prévention.

Reportons-nous tout d'abord au *Bulletin* du 2 mai :

Dans la première partie du canal comprise entre les kilomètres 0 et 22,514 en aval de la première écluse du versant de l'Atlantique, six dragues mises en œuvre par les deux grandes entreprises Jacob and American Contracting and Dredging C°, ont poursuivi leur travail en avancement et en approfondissement du canal, et trois autres dragues ont travaillé avec activité au creusement des dérivations.

Le canal a été ouvert à travers les buttes du Mindi jusqu'à la cote 3. Ce résultat, que nous avons d'ailleurs annoncé d'après des télégrammes de l'isthme, du 2 avril, est d'une grande importance au double point de vue de l'approvisionnement des chantiers et de l'évacuation des déblais vers la mer. Il existe, en effet, maintenant, une communication maritime ouverte, libre, navigable, entre l'océan Atlantique et l'intérieur de l'isthme, sur une longueur de 19 kilomètres.

Dans la deuxième partie du canal qui va du kilomètre 22,514 au kilomètre 46, c'est-à-dire jusqu'au massif central et qui comprend les quatre premières écluses, le volume des déblais exécuté pendant le mois de février est supérieur de 214.102 mètres cubes à celui de janvier, grâce aux efforts de l'entreprise Vignaud, Barbaud, Blanleuil et Cie, qui termine le montage de six dernières dragues.

Dans le massif central, entre les kilomètres 46 et 59, la production des chantiers a été de même satisfaisante, malgré les changements que les entrepreneurs ont dû faire pour l'exécution du nouveau programme des travaux.

Dans la dernière partie du canal, entre le kilomètre 59 et l'océan Pacifique, l'entreprise Baratoux, Letellier et Cie a continué dans la vallée du Rio-Grande à ouvrir avec trois dragues un chenal de 40 mètres de largeur et de 5 m. 80 de profondeur au-dessous du niveau moyen de la mer, et elle a employé, d'autre part, quatre autres dragues à élargir jusqu'à 75 mètres et à approfondir jusqu'à la cote 8 le chenal creusé dans la baie de Panama. L'entreprise Eiffel a terminé ses premières installations en vue de l'exécution des fouilles des écluses du canal; elle a, dans le mois, exécuté 61.733 mètres de déblais.

Il reste à enlever 32.132.244 mètres de déblais, et la production du mois a été de 1.354.299 mètres cubes. Si cette production se maintient en moyenne, il faudra 32.132.244 : 1.354.299 = 24 mois, pour terminer les travaux.

Ces chiffres ne sont pas discutés par la prévention. Nous arrivons maintenant au *Bulletin* du 16 juin.

Cet emprunt est destiné — comme le fut jadis l'emprunt en obligations à lots autorisé par le Parlement pour l'achèvement du canal de Suez — à assurer l'ouverture du canal de Panama à la grande navigation.

J'ai la satisfaction de vous faire connaître que l'ensemble du travail exécuté par les entrepreneurs dépasse les prévisions formulées dans le programme actuel pour l'ouverture du canal.

J'écrivais le 18 mai dernier à M. le Président de la commission du Sénat :

« Les trois premiers mois de l'année courante nous avaient donné un cube d'extraction supérieur de 262.500 mètres au cube moyen mensuel nécessaire pour arriver à l'ouverture du canal dans les délais fixés.

« Le cube extrait en avril, encore supérieur à la moyenne des trois premiers mois, vient de porter l'avance à 449.500 mètres cubes.

« Le cube obtenu en mai (1.264.000 mètres) porte de 449.500 mètres à 533.500 mètres l'avance de l'ensemble des entrepreneurs. »

Comme je vous l'ai dit, ces chiffres sont relevés sur les télégrammes que je fais passer à la Cour. Voyons maintenant le rapport du 2 août :

SITUATION DES CHANTIERS

De Colon à Panama, le canal aura 68 kilomètres de longueur, plus le chenal maritime à creuser dans la baie de Panama pour l'approche des navires.

Le premier chantier, en partant de Colon, constitue la partie maritime creusée tout de suite au niveau de l'Océan, tel que tout le canal sera plus tard. Ce chantier va de la mer jusqu'à la première écluse, soit une longueur de 22 kil. 514 mètres. Les travaux, consistant presque exclusivement en dragages, sont confiés aux entrepreneurs : l'American Contracting and Dredging C°, qui, le 1er janvier 1888, avait à enlever 7.290.000 mètres cubes, et l'entreprise Jacob, qui, à la même date, avait à enlever 1.800.000 mètres.

Les entrepreneurs américains doivent, aux termes de leurs contrats, avoir terminé leur tâche le 31 décembre prochain. Pendant les six premiers mois de cette année, cette entreprise a donné un cube moyen mensuel de 450.000 mètres, en progression constante à chaque fin de mois. La seule production moyenne maintenue, sans augmentation nouvelle, conduirait à la fin d'avril 1889.

Dès le début, la Cour va reconnaître la cause de la confusion qui s'est établie dans la pensée de la prévention. Comme la Cour le voit, cette première entreprise comprenait 7 millions de mètres cubes à extraire jusqu'au 31 décembre 1888. Par conséquent, pour demeurer fidèle à l'exécution de ce contrat, il fallait, en prenant les chiffres en gros, extraire 600.000 mètres cubes par mois. Or, M. de Lesseps constate qu'il n'a été extrait que 450.000 mètres cubes, d'où la conséquence, peut-on dire et dit-on, qu'il est en réalité en retard sur son contrat.

Oui, mais s'il est en retard sur le contrat qui doit finir le 31 décembre 1888, il est en avance sur le cube moyen à extraire jusqu'au 1er juillet 1890; c'est là précisément ce que dit le *Bulletin* du 16 juin.

Passons à l'autre entreprise :

L'entreprise Jacob, dont le développement est proportionné, suivant une règle déterminée au contrat, aux quantités de matériel mises à sa disposition, a donné, ces six derniers mois, un cube mensuel de 70.000 mètres, également en constante progression. Or, la prévision de rendement mensuel qui a permis de fixer la date d'achèvement de cette entreprise au 1er mai 1890 est de 66.000 mètres cubes seulement.

Le matériel mis à la disposition de cette entreprise doit être encore augmenté.

En réalité, actuellement, sur les 22 1/2 premiers kilomètres du canal maritime, 18 kilomètres sont terminés à une profondeur variant entre 7 et 8 mètres, sauf un passage de 800 mètres où la profondeur est de 4 à 5 mètres; il reste peu à faire, vous le voyez, pour que le canal maritime soit complètement achevé sur cette partie.

M. l'Avocat général a, lui aussi, reconnu que sur ce point il y avait une avance. Continuons, et voyons les suivantes :

Le deuxième chantier, confié à l'entreprise Artigue et Sonderegger, va du kilomètre 23,350 au kilomètre 26,350, soit une longueur de 3 kilomètres. Il y avait à enlever, le 1er janvier 1888, 675.000 mètres seulement. Deux dragues doivent y travailler prochainement. Le cube restant à faire est peu important, mais il est nécessaire, d'après les rapports de nos ingénieurs, que les dragages soient commencés le plus tôt possible. Ces mêmes rapports, malheureusement, constatent une médiocre activité dans les préparatifs de ce petit chantier, où une surveillance spéciale va être exercée. Des dispositions sont prises pour assurer dans tous les cas, et à bref délai, l'exécution des travaux restant à faire.

Il n'est pas de détail, à l'heure actuelle, qui puisse être négligé, et quelque peu importante, relativement, que puisse être une tâche, nous sommes absolument décidés à en exiger strictement l'exécution conforme aux contrats.

Il faut ouvrir le canal à la date fixée. Des retards ou des manquements nouveaux aux conditions des contrats n'auraient plus aucune justification.

Il me suffit de faire observer à la Cour que, ce deuxième chantier n'ayant à extraire que 675.000 mètres cubes seulement, à partir du 1er janvier 1888, l'exécution et la bonne fin de cette entreprise étaient certaines. C'est une discussion sans intérêt.

Le troisième chantier, confié à l'entreprise Vignaud, Barbaud, Blanleuil et Cie, va du kilomètre 26,350 au kilomètre 44, soit une longueur de 17,650 mètres. Au 1er janvier dernier, ces entrepreneurs avaient à enlever 7.884.000 mètres. Aux termes de leurs contrats, ils devaient, à partir du 1er mars 1888, donner une moyenne mensuelle de 400.000 mètres cubes et terminer ainsi leur tâche le 1er novembre 1889. Au 1er mars, contrairement aux prévisions, ces entrepreneurs n'avaient pas mis en marche tout le matériel de dragage dont ils disposent pourtant. Le temps passé au montage de ce matériel spécial a été excessif, et sa mise en œuvre se fait avec lenteur.

Tout peut être heureusement réparé ; la marche prévue au dernier moment d'exécution finale est tout à fait rassurante, à la condition toutefois que le montage de toutes les dragues et leur mise en marche ne présentent plus de retard ; ce à quoi nos ingénieurs ont l'ordre formel de veiller.

Nous ne laisserions certainement pas ces entrepreneurs irresponsables si, d'ici à la fin de l'année, le moindre doute subsistait quant à l'exécution complète de leurs engagements.

Rien ne serait plus fastidieux pour la Cour que la répétition d'un même raisonnement appliqué à divers objets; il me suffit donc de la prier d'appliquer à ce dernier chantier l'observation que j'ai faite pour le premier. Ils étaient en retard au mois d'août sur le cube à extraire d'après leur contrat qui se terminait le 1er novembre 1889; ils étaient en avance au mois de juin sur les cubes moyens à extraire pour avoir terminé le 1er juillet 1890.

Continuons, Messieurs.

Le quatrième chantier, confié à la Société de travaux publics et constructions, va du kilomètre 44 au kilomètre 53,600, soit une longueur de 9 kil. 600 mètres. Il restait à enlever, le 1er janvier dernier, 4.800.000 mètres cubes.

D'après son programme d'exécution, cette entreprise doit, la plus grande partie des déblais de son chantier étant de nature rocheuse, procéder exclusivement par des terrassements à sec, la roche étant désagrégée à l'aide de mines faites à la main ou avec des perforatrices.

Cette entreprise a donné depuis le 1er janvier le cube mensuel prévu à son contrat; mais une partie de ce cube mensuel provient de travaux de dérivations.

Le cube mensuel prévu au contrat pour 1889 est très important. Des doutes sérieux ayant été exprimés dans l'isthme, relativement aux dispositions prises pour satisfaire exactement aux engagements contractés, nous avons le devoir, non seulement d'examiner à bref délai si la Société de travaux publics et constructions a suffisamment satisfait jusqu'ici à ses engagements, mais encore si ses dispositions actuelles répondent à l'effort considérable prévu et consenti pour l'année 1889.

Les cunettes sont-elles ouvertes avec une suffisante rapidité? Et leur donne-t-on la profondeur et la largeur nécessaires? Les installations pour l'assèchement de ces cunettes sont-elles sérieusement ordonnées? Les installations de voies pour les décharges sont-elles complètes?

Nous avons d'autant plus le droit d'exiger de cette grande Société des préparatifs immédiats répondant, sans aucune critique, au programme d'exécution arrêté pour l'année prochaine, que sans hésiter, dès le début, et maintenant encore, nous avons accordé à cette entreprise un matériel, des avances et des facilités dépassant de beaucoup le nécessaire.

Ici encore donc, et avant la fin de l'année, satisfaction complète sera donnée à nos ingénieurs, sinon les mesures les plus rigoureuses seront prises contre ceux qui, par leur négligence ou l'insuffisante utilisation des moyens qui leur ont été fournis, auraient risqué de compromettre le programme général de l'exécution du canal.

Nous avons la confiance que les six derniers mois de cette année suffiront pour que cette entreprise, répondant à la réputation des hommes éminents qui la dirigent, ne laisse rien qui puisse permettre un seul doute sur l'exécution loyale des engagements qu'elle a librement contractés.

Quant à nous, nous réclamerons la prompte démonstration pratique des engagements pris en 1889. Sans quoi, nous aviserions en temps utile. Toutes nos dispositions sont prises.

Quelle est la portée de ce langage? On commence par constater que l'entrepreneur a donné le 1er juin le cube mensuel prévu à son contrat, c'est-à-dire un cube mensuel de beaucoup supérieur au cube moyen que chaque entrepreneur aurait dû extraire, si l'expiration de son contrat avait été prolongée jusqu'au 1er juillet 1890. Mais, l'entreprise apporte-t-elle aux préparatifs des extractions auxquelles elle va maintenant procéder toute l'activité qu'elle devrait y mettre? Il ne nous semble pas, dit le rapport, et, par conséquent, nous lui faisons savoir que nous ne lui passerons aucune négligence. Pourquoi tenait-on ce langage? Le voici :

Cette entreprise, très puissante, avait travaillé avec une extrême énergie pendant les premiers mois de l'année, et elle était en avance d'une quantité considérable de mètres cubes sur le cube moyen. Mais à partir du moment où elle a connu l'insuccès de l'emprunt, une certaine hésitation s'est emparée d'elle, un ralentissement grave s'est produit dans le travail. Il fallait avoir raison de ce mauvais vouloir signalé à M. de Lesseps par les ingénieurs de l'isthme ; de là ce langage dont le caractère comminatoire est facile à reconnaître.

Et cela est si vrai que ces entrepreneurs ont, à la suite du rapport, assigné la Compagnie en dommages-intérêts, à raison des menaces, d'après eux mal fondées, qui leur avaient été adressées.

Poursuivons :

Le cinquième chantier, confié à l'entreprise Artigue et Sonderegger, va du kilomètre 53,600 au kilomètre 55,456, soit une longueur de 1 kilomètre 856 mètres. Il y avait, au 1er janvier dernier, 6 millions de mètres cubes au maximum à enlever.

Pour terminer leur tâche avant le 1er juillet 1890, ces entrepreneurs se sont engagés à extraire mensuellement, en moyenne, 110.000 mètres en 1888, 170.000 en 1889, 220.000 mètres en 1890.

Depuis le 1er janvier, le cube moyen mensuel extrait a été de 103.350 mètres, un peu en dessous, par conséquent du rendement moyen prévu.

Nous aimons à rendre hommage au zèle, au dévouement, à l'intelligente activité de ces entrepreneurs. Nous ajouterons que des accidents exceptionnels ont nui au travail dans le chantier, pendant les deux derniers mois.

Mais notre devoir strict ne nous permet plus d'entrer dans ces appréciations. Les entrepreneurs actuels ont tous contracté en pleine connaissance de cause, après avoir tous expérimenté longuement leurs propres chantiers. Nous ne leur avons demandé que de continuer, pour ainsi dire, qu'à exécuter ce qu'ils avaient déjà fait.

Dans ces conditions, et notre but unique étant de poursuivre et d'assurer l'ouverture du canal à la date fixée, la moindre défaillance, nous nous y engageons devant les actionnaires, sera suivie d'une protestation d'abord, d'une action énergique ensuite, sans aucune autre espèce de considération que l'exécution stricte de l'engagement pris.

Vous apercevez ici le raisonnement de la prévention ; elle dit : Vous avez constaté vous-même que le cube moyen mensuel extrait était de 103.000 et qu'en réalité le cube moyen mensuel à extraire devait être de 110.000. Par conséquent il y a eu un déficit de 7.000 mètres cubes par mois.

J'ai toutes sortes de réponses à faire. D'abord il est

impossible d'opposer un raisonnement à des chiffres, c'est comparer des choses qui ne sont pas de même nature, ce que le bon sens ne permet pas.

Mais, nous dit la prévention, pas d'erreur possible. M. de Lesseps constate lui-même qu'il manque 7.000 mètres cubes par mois.

La prévention se trompe encore. Les entrepreneurs n'extrayaient pas chaque mois le même nombre de mètres cubes. Les premiers mois de l'année étaient beaucoup plus favorables au travail que les suivants. Les chiffres envoyés par télégrammes sont donc tout naturels.

On avait extrait plus de 110.000 mètres cubes pendant les mois de janvier, de février et de mars ; mais le travail se ralentit ensuite, et fait diminuer la moyenne.

Les sixième et septième chantiers, confiés aux mêmes entrepreneurs, vont des kilomètres 55 et 56 au kilomètre 57, soit une longueur de 1 kilomètre 544 mètres, et ensuite du killomètre 57 au ki- 62,200, soit une longueur de 5 kil. 200 mètres.

Le cube à enlever au 1er janvier 1888 était de 450.000 mètres environ sur la partie première.

Ce travail, de peu d'importance, doit être terminé le 1er juillet de l'année prochaine. Il le sera.

Le cube à énlever dans la deuxième partie était, le 1er janvier dernier, de 1.550.000 mètres, à extraire au plus tard avant le 1er juillet 1890.

Ces chantiers seront attaqués au wagon pendant la saison sèche et à la drague pendant la saison des pluies, les entrepreneurs disposent de 4 dragues de 60 chevaux, de 30 chalands transporteurs, de 3 remorqueurs et d'un élévateur dont ils achèvent en ce moment le montage. Le seul travail des dragues, sans tenir aucun compte du matériel de terrassement, doit donner 100.000 mètres par mois. Or, pour arriver à la date d'achèvement inscrite au contrat, il ne faudrait enlever que 50.000 mètres par mois.

Enfin, huitième et dernier chantier :

Le huitième et dernier chantier, ou chantier des dragages, confié à l'entreprise Baratoux, Letellier et Cie, va du kilomètre 62,200 au kilomètre 68,100, soit une longueur de 5 kilomètres 900.

Le cube qui restait à extraire à partir du 1er janvier dernier était de 3.050.000 mètres cubes.

Deux dragues à long couloir (type Suez) et 6 dragues de 180 chevaux, complétées par un matériel accessoire d'appareils de transport de déblais et de clapets à mains avec remorqueurs ou de clapets à vapeur, sont à la disposition des entrepreneurs.

Sur les 6 kilomètres du canal maritime à creuser là avec la profondeur voulue de 8 mètres d'eau, 2 kil. 100 mètres sont réalisés. L'achèvement régulier de cette partie du canal maritime est certain.

Pour l'accès du canal du côté de l'océan Pacifique, il a fallu creuser un chenal en rade, sur une longueur de 6 kil. 400 mètres.

Ce travail comportant un déblai de 950.000 mètres cubes à partir du 1er janvier 1888, confié à l'entreprise Baratoux, Letellier et Cie, est presque terminé à toute profondeur, soit 11 mètres au-dessous du niveau moyen de la mer. Il ne reste qu'à approfondir ou élargir quelques points.

Ici pas de contestations, et je puis terminer cette discussion par l'observation suivante. S'il est vrai que le *Bulletin* du 16 juin a été pour quelque chose dans la souscription du 26, si le rapport du 2 août est la contradiction du *Bulletin* du 16 juin, les souscripteurs auxquels il est adressé auraient été assurément les premiers à s'en apercevoir. Non seulement ils ne se sont plaints d'aucune tromperie, mais ils ont comme de coutume approuvé la déclaration de M. de Lesseps, et applaudi aux efforts qu'il faisait pour mener à bien cette gigantesque entreprise.

On s'avise alors de nous faire le plus imprévu et le plus singulier de tous les griefs : « La lettre imprimée ne vous suffit plus, nous dit-on ; vous publiez des images dans votre *Bulletin*. »

Oh ! si ces dessins sont le produit de l'imagination et de la fantaisie d'artistes qui n'ont jamais quitté Paris, je comprendrai le reproche, sans consentir à y voir une manœuvre d'escroquerie. Mais ce sont de simples reproductions par la gravure de photographies envoyées de l'isthme ; et nous n'aurions pas eu le droit de les publier au *Bulletin!* Ce serait abuser de la patience de la Cour que d'insister sur de pareilles minuties.

Allons droit au but. Vous prétendez que les efforts de la Compagnie étaient criminels. Je vous montre qu'ils ont été loyaux. Mais je coupe court à tout, en vous disant : Loyaux ou criminels, ces efforts étaient impuissants.

Vous trouverez dans mon dossier les cours des titres de la Compagnie ; vous constaterez qu'en mai et juin 1888 les actions sont tombées à 323 francs, à 350 francs, à 382 francs, que les premières obligations sont à 280, les secondes à 180, les troisièmes à 217.

Vous constatez donc qu'avant l'émission le crédit de la Compagnie ne s'est point amélioré, et que si l'on offrait au public une nouvelle émission d'obligations sans l'accompagner de quelque chose de particulier, d'une prime spéciale, d'avantages nouveaux, d'une garantie quelconque qu'on n'eût point encore offerte, on n'obtiendrait rien, car ces cours supposent que son crédit est tombé à 10 et 12 0/0.

Ce sont en effet les avantages et les garanties attachés aux nouveaux titres par la loi du 14 juin 1888 qui les ont fait souscrire. Et M. l'Avocat général le sait si bien qu'il n'a pas dit un mot de la loi. Il a compris que, s'il en parlait, la prévention croulerait à l'instant même.

Tous les intéressés avaient en effet compris que la faculté d'émettre des obligations à lots était la seule planche de salut qui restât à la Compagnie. De là un mouvement d'opinion formidable et la présentation d'un projet de loi dû à l'initiative parlementaire. On parle d'escroquerie. Comment escroque-t-on le public ? En lui cachant la vérité, sans doute. Et je vais montrer que toutes les vérités ont été dites, pendant plusieurs jours, avec ce retentissement que la tribune donne à tous les faits qui y sont portés.

La loi en effet a été discutée pendant plusieurs séances, ardemment combattue par plusieurs orateurs, au premier rang desquels figure M. Goirand, qui, avoué au Tribunal de première instance de la Seine, a parlé en homme d'affaires, avec une précision remarquable et une singulière autorité.

Tout le discours est à lire, mais non à l'audience. En voici l'analyse :

M. Goirand examine d'abord le travail de la commission ; il établit qu'elle ne devait pas se borner à examiner si l'affaire présentait ou non des chances de succès ; elle avait, d'après lui, la mission d'examiner si l'affaire devait certainement réussir et si même elle devait être fructueuse ; c'est là ce qu'il va faire à la place de la commission. Alors il prend le contrat de M. Eiffel, il le critique, par ce motif bien intéressant à retenir que si par hasard M. Eiffel n'exécutait pas son contrat, la Compagnie se trouverait, au bout de deux ans, en face d'un débiteur insolvable ; il se fonde précisément sur l'énormité de ce forfait de 120 millions de francs. Ensuite il critique le calcul de la Compagnie sur le trafic et il le discute en quatre ou cinq colonnes de l'*Officiel* ; il combat avec une extrême énergie l'assimilation de l'entreprise de Panama à l'entreprise de Suez ; enfin il cherche à démontrer que la ruine de la Compagnie est déjà consommée, et que, c'est lui qui tient ce langage, les obligataires n'ont qu'à s'en prendre à eux-mêmes de la perte à laquelle ils sont exposés.

Voilà le cadre et l'analyse de son discours ; et lorsque je relisais ce discours après avoir entendu la parole si mesurée de M. l'Avocat général, je me disais qu'en réalité les obligataires qui ont souscrit à la fin de juin 1888, après le discours de M. Goirand, devaient concevoir de bien autres craintes sur le résultat définitif de l'entreprise que ne le feraient des obligataires qui souscriraient aujourd'hui après avoir lu et étudié le réquisitoire de M. l'Avocat général.

Me tromperais-je? Écoutez ceci :

Permettez-moi d'examiner avec vous comment la commission a compris le mandat que vous lui avez confié.

Elle s'est bornée à entendre trois personnes, et lorsque je dis trois personnes, j'entends surtout celles qui n'ont aucun intérêt dans l'affaire et dont les témoignages peuvent être autorisés, M. Rousseau, l'ingénieur très connu dont on nous a parlé tout à l'heure, M. Hart, syndic des agents de change, et M. le ministre des finances.

On vous dit que M. Rousseau ne craignait pas de patronner de toute son autorité l'affaire de Panama. Il me semble que c'est bien là le sens des paroles qui ont été prononcées par l'orateur qui m'a précédé à cette tribune. Eh bien ! voici la déposition textuelle de M. Rousseau devant la commission :

M. Rousseau. — « J'ignore, Messieurs, ce qu'est l'entreprise. »

Car il faut bien le dire, dans cette affaire la question qui, toujours, se pose est celle-ci : oui ou non, croyez-vous à la possibilité du canal de Panama? Oui ou non, croyez-vous au succès de l'affaire? Pensez-vous que les capitaux qui, sur notre appel, sur la foi qu'ils auront dans l'examen que nous aurons fait, viendront à la Compagnie, seront sauvegardés et rémunérés ? La question est toujours là, et elle a été posée à M. Rousseau, de même que plus tard elle fut posée, comme vous allez le voir, à M. le ministre des finances. Que répond M. Rousseau?

« J'ignore, messieurs, ce qu'est l'entreprise. Je sais seulement que la Compagnie a adopté le canal à écluses » — il le sait comme nous, — mais il faut que les responsabilités soient bien délimitées.

Et plus loin il dit : « Lorsque j'indiquais la possibilité de faire un canal à écluses, ce n'était nullement après étude des procédés techniques à employer. C'était une idée que je donnais, et je tiens à bien spécifier que je ne suis pas l'auteur du nouveau projet de la Compagnie.

« Le canal à écluses me semblait possible, je le concevais avec des écluses ordinaires, on parle d'écluses à chute de 11 mètres ; ceci est un fait absolument nouveau.

« Je ne nie pas que la chose soit possible ; mais elle est tout au moins nouvelle ; et on a tout lieu de se monter sceptique. » (*Mouvements divers.*)

Voilà la déposition de M. Rousseau.

Messieurs, cette déposition n'est, en définitive, que la confirmation de l'attitude qu'avait prise M. Rousseau en 1886. Si vous avez lu le rapport de M. Rousseau — mais je crois que peu de personnes l'ont lu...

VOIX AU CENTRE. — On ne nous l'a pas communiqué !

M. LÉOPOLD GOIRAND. — ... parce que les exemplaires en sont extrêmement rares.

Je l'ai lu d'un bout à l'autre : je crois pouvoir déclarer que le rapport de M. Rousseau est l'arsenal le plus riche et le plus varié qu'on puisse imaginer en armes de toutes sortes pour attaquer et pour défendre la Compagnie de Panama. Selon que vous prenez tel ou tel passage, vous arrivez à confirmer les données de la Compagnie; selon que vous prenez tel ou tel autre passage, vous arrivez au contraire à confirmer ce que disent tous les adversaires du canal de Panama. Cette fois, la question avait été posée avec une netteté telle qu'il était absolument impossible à M. Rousseau d'éluder la réponse. On lui a dit : Oui ou non, avez-vous confiance en ce nouveau canal à écluses? Vous avez vu qu'il a répondu que le projet lui paraissait au moins suspect.

La commission devait se préoccuper d'une autre question, celle de savoir quelles seraient à la Bourse les conséquences de la ruine de la Compagnie, au cas où la Chambre ne lui donnerait pas le secours qu'elle sollicite...

Il y a eu une déposition, dont j'ai le regret de ne pas trouver trace dans le travail de M. le rapporteur, qui me paraît avoir une importance capitale, car, vous le savez, c'est surtout en insistant auprès de nous sur les dangers possibles de l'effondrement nouveau du marché financier qu'on essaie de nous faire accorder l'autorisation de l'émission sollicitée.

Voici ce qu'a répondu à ce sujet M. Hart, syndic des agents de change.

M. Félix Faure lui dit : « La Rente serait-elle affectée? »

M. Hart répond : « Le crédit de l'État n'est pas en jeu, il est en dehors de l'affaire de Panama. »

M. Félix Faure : « D'autres valeurs qui sont la base du marché français subiraient-elles une dépréciation considérable? »

Réponse de M. Hart : « Je ne le crois pas. »

Et plus loin :

« Les petites bourses vont aux gros intérêts. Je crains que le refus d'autorisation n'éloigne les capitaux modestes des émissions futures et ne paralyse la fortune de la France. »

Pour ce qui est de cette dernière appréciation, que les petites bourses devenues plus timides, plus prudentes, le fait aurait pour conséquence de paralyser la fortune de la France, j'avoue que cette conséquence est au moins incontestable.

M. le ministre des finances a également comparu devant la commission et il y a eu à s'expliquer sur trois points. Le premier, qui, pour moi, me paraît essentiel, capital, est celui même qui était signalé tout à l'heure à M. Rousseau, à savoir, ce qu'il pouvait penser de l'entreprise de Panama et quel degré de confiance il pouvait lui accorder.

M. le ministre interrogé sur ce point, refuse de répondre à la question ainsi posée. Cependant il ajoute :

« L'affaire du Panama est une entreprise privée ; elle ne doit pas obtenir plus qu'aucune autre affaire similaire, l'attention du gouvernement. L'État ne peut jouer le rôle de Mentor des capitaux, leur indiquer la voie où ils peuvent s'engager, et renseigner le pays sur la valeur de telle ou telle entreprise. »

Voilà la réponse de M. le ministre des finances.

Suit le développement des idées de l'orateur sur ce point, puis il continue :

Messieurs, votre commission n'est pas entrée dans l'examen technique de l'affaire ; elle s'y est refusée ; elle a prétendu qu'elle n'avait pour cela aucune compétence ; je ne sais pas si elle aurait pu dire également qu'elle n'avait aucun mandat. Mais enfin, ce que la commission n'a pas fait, il faut bien nous, que nous le fassions. Vous ne pouvez pas nous demander de voter une loi ayant une pareille importance sans savoir ce que nous allons faire.

La première question qui se pose, qu'on ait plus ou moins de compétence pour la résoudre, c'est de savoir si l'entreprise est viable, si les sacrifices qui vont être faits, si ces prélèvements nouveaux que vous allez ordonner sur la fortune publique auront, en définitive, des conséquences utiles.

Eh bien ! votre commission n'a pas voulu le rechercher ; nous, nous devons l'examiner sur les données de M. de Lesseps.

M. de Lesseps évalue ses dépenses et ses charges à 92 millions. Je ne rentrerai pas dans le détail, je signalerai seulement en passant qu'il ne prévoit rien pour l'entretien des berges du canal, cet entretien qui est déjà très coûteux pour le canal de Suez et qui sera surtout très coûteux pour le canal de Panama, car les berges ne sont faites qu'à une pente de 45 degrés seulement. Et de l'avis de tous les hommes compétents, dès le passage du premier navire des éboulements considérables se produiront sur tout le parcours.

Eh bien! pas un sou n'est prévu pour ce cas. Rien n'est prévu non plus pour l'élévation des millions de mètres cubes d'eau qui doivent alimenter les parties supérieures du canal ; rien n'est prévu pour les frais de remorquage et de pilotage, qui, dit-on, doivent produire 8 millions à la Compagnie ; je ne signale ces détails qu'en passant, et je retiens comme exact, provisoirement, le chiffre de 92 millions pour les charges, le chiffre des recettes étant de 125 millions.

Le principal élément de ces recettes, c'est le nombre de tonnes qui pourra traverser le canal. Eh bien! sur cette évaluation capitale, M. de Lesseps nous a fait assister aux variations les plus étonnantes. Voici ce qu'il disait en 1879 :

« La recette qui proviendra de la perception du seul droit de transit fixé à 15 francs, portant sur 6 millions de tonneaux procurera un revenu brut annuel de 90 millions de francs.

« Avec un capital de 400 millions, et en tenant compte d'un emprunt en obligations, la dépense annuelle pour l'entretien et l'exploitation du canal, l'intérêt et l'amortissement des obligations, ainsi que les charges de toute nature résultant de la concession ne dépasserait pas 35 millions de francs.

« Le revenu étant de 90 millions de francs, et, aux termes des statuts et de la loi de concession, 85 0/0 des bénéfices étant assurés aux actionnaires, ces derniers recevraient, sous forme de dividende, 47 millions de francs, soit 11 1/2 0/0 dès les premières années de l'exploitation. »

Eh bien ! je considere que M. de Lesseps, lorsqu'il a fait cette annonce au public, ne s'est pas du tout préoccupé du besoin qu'il avait de justifier son affaire; il a évidemment, à ce moment, consulté les statistiques, et dans l'indépendance de son caractère, il a évalué le trafic probable : il l'a estimé à 6 millions de tonnes.

Aujourd'hui M. de Lesseps, se trouvant en présence d'une charge, non pas de 35 millions, mais de 92 millions. serait fort embarrasse s'il devait vous reproduire aujourd'hui son prospectus de 1879. Il faudrait reconnaître, en effet, que les recettes seraient de 90 millions seulement, et les dépenses étant de 92 millions, il y aurait 2 millions de déficit. Un esprit moins fécond que M. de Lesseps eût pu être embarrassé; mais lui ne l'a pas éte pour si peu; il a su rapidement remettre tout en place ; il lui a suffi de supposer qu'au lieu de 6 millions de tonnes on aura 7 millions 1/2, et au lieu du chiffre de 92 millions, il arrive ainsi, tout naturellement, à celui de de 125 millions.

Mais sur quoi se base-t-il pour affirmer que ces 6 millions d'il y a quelques années ont atteint aujourd'hui 7 millions 1/2? Il se baserait, paraît-il, sur l'opinion de M. Levasseur.

J'appelle, Messieurs, toute votre attention sur ce point.

Quelle que soit l'interprétation que l'on puisse donner à l'opinion de M. Levasseur, on ne peut jamais arriver à 7 millions 1/2 de tonnes.

Voici, en effet, ce qu'il a dit : « Il importe de ne pas se méprendre sur la portée de ces chiffres, ils ne signifient pas que 7.250.000 tonnes, car M. Levasseur n'a pas dit 7.500.000 tonnes, que 7.250.000 tonnes prendront nécessairement la route du canal l'année de son ouverture ni même les années suivantes. »

Tout d'abord il faut remarquer la différence qu'il y a au point de vue des probabilités entre un courant qui existe et un courant qu'on estime devoir se former; or, nous comptons deux millions pour un courant de cette seconde espèce.

Nous ne disons même pas que le courant qui existe et qui, si aucune perturbation extraordinaire ne modifie le mouvement économique dans l'intervalle se trouvera, d'après une évaluation modérée, grossi jusqu'à 5 millions 1/4 de tonnes en 1886, doive entrer tout entier dans le canal. Nous donnons en bloc le nombre brut, nous ne faisons pas la part de chacune des voies de communication qui existeront alors à travers le continent ou au sud du continent américain. C'est au canal à se faire lui-même. Nous lui montrons le double réservoir dans lequel il aura à puiser pour s'alimenter le jour de sa naissance...

M. Levasseur ne constate donc, au moment où il parle, que 3 millions 1/4 de tonnes pour le courant existant.

Puis il prévoit, à raison de 5 0/0 par an, une augmentation graduelle éventuelle de trafic, qui porterait alors le nombre de tonnes à 7.250.000 en 1889. Mais, messieurs, lorsque M. Levasseur faisait son calcul et lorsqu'il signalait ces augmentations probables et successives, on était en 1879, c'est-à-dire en pleine prospérité commerciale, à un moment où les échanges internationaux étaient extrêmement actifs; il y a des années que ce mouvement s'est arrêté. J'en trouve la preuve dans les statistiques mêmes du canal de Suez.

Le trafic de ce dernier est un trafic normal qui devrait suivre la même progression que celui du canal de Panama. Or, savez-vous quelle est la progression de ce trafic? Il est resté, en 1887, sensiblement égal à ce qu'il était en 1883; le nombre de tonnes ne s'est accru, dans cet intervalle de quatre années, que de 128.000 tonnes, soit 1 1/2 ou 2 0/0 environ par an.

Eh bien, cette progression de 5 0/0 qu'il faudrait considérer comme constante, comme acquise, pour arriver au chiffre de M. Levasseur, c'est-à-dire 7 millions 250.000 tonnes, cette progression n'a pas pu se produire à cause du trouble économique dans lequel toutes les nations du monde sont plongées à l'heure actuelle.

Si pour le canal de Panama, cette progression, au lieu de se produire sur une échelle de 5 0/0 ne s'effectue que sur une échelle de 1 1/2 0/0, où prendra-t-on les 7.500.000 tonnes qui doivent alimenter la caisse de la Compagnie et lui permettre de faire face aux charges nouvelles qu'on nous convie d'autoriser aujourd'hui la Compagnie à contracter?

Suit maintenant une discussion en trois colonnes de toutes les prévisions financières que M. de Lesseps avait développées devant la commission de la Chambre et tout cela, entendez-le bien, non pas dans le secret d'une commission, mais à la tribune de la Chambre.

Passons à d'autres points du discours de M. Goirand.

On a comparé Suez à Panama. Voici ce que répond M. Goirand :

Suez avait comme frais de toutes sortes : services des titres, services généraux, 16 millions ; Panama à l'heure actuelle a 71 millions de charges, d'après l'avis même de son directeur.

Enfin, est-il besoin d'ajouter qu'il n'y a aucune assimilation possible entre les deux entreprises; que d'un côté il s'agissait de draguer une plaine de sable, et que de l'autre, il s'agit en définitive, de percer et de déplacer des montagnes ; que d'un côté vous aviez un climat tempéré, vous travailliez avec des ouvriers que le khédive vous donnait gratuitement, puisque la plupart des travaux se sont faits par corvée, tandis qu'à Panama, même au prix de l'or, vous ne pouvez pas avoir les ouvriers dont vous avez besoin.

Il n'y a donc, entre les deux entreprises, aucune assimilation possible. (*Très bien! très bien!*)

Je vous demande pardon d'entrer dans tous ces détails (*Parlez! Parlez!*) ; mais en fait, les éléments d'information sur lesquels nous avions le droit de compter nous ont fait défaut. Nous pouvions espérer que M. Rousseau, ingénieur du gouvernement, nous donnerait une appréciation précise, nette, en définitive, sur les chances que pouvait présenter l'entreprise du Panama ; il s'est refusé à se prononcer. Nous pouvions espérer que le gouvernement, qui, à l'aide des informations, dont il dispose, peut avoir et doit certainement avoir une opinion faite, voudrait bien nous la communiquer. Le gouvernement, pour des questions d'un ordre probablement purement financier, ne croit pas pouvoir nous communiquer ses impressions personnelles; et quant à la commission, elle vous déclare qu'elle s'est tenue tout à fait au-dessus de ces questions de détail; qu'elle s'est tenue au-dessus de ces questions techniques; qu'elle ne s'est reconnu aucune compétence pour les examiner, de même qu'elle ne vous reconnaît à vous-mêmes aucune compétence pour les résoudre.

Puis écoutez la conclusion de ce réquisitoire :

Mais, dit-il, du reste, ne l'eût-il pas fait lui-même, nous l'avons constaté. N'avons-nous pas, en effet, assisté à l'effondrement partiel de l'affaire de Panama, car enfin, quand des titres baissent de 50 0/0, l'effondrement est déjà en bonne voie, eh bien! cette sorte de liquidation de l'affaire de Panama, elle est commencée depuis longtemps, elle s'accomplit tous les jours, si bien qu'on arrive aujourd'hui à avoir perdu 50 0/0 du capital et qu'il ne reste plus que 50 0/0 à perdre. (*Mouvements divers.*)

Mais dira-t-on. ces 50 0/0 à perdre, vous en parlez bien aisément; vous ne pensez donc pas qu'ils sont entre les mains de la petite épargne? Vous ne savez donc pas que ce sont surtout les gens un peu bornés ou sans grande instruction, que ce sont surtout les domestiques, les petits travailleurs... (*Protestations sur plusieurs bancs à gauche.*)

Messieurs, j'admets que c'est surtout cette catégorie de capitalistes qui détient actuellement les titres de Panama. Ils ont déjà perdu 50 0/0; voulez-vous, me dit-on, leur faire perdre le reste?

Je compatis, quant à moi, à la situation des prêteurs de Panama; je crois que ce sont des gens naïfs, de bonne foi, qui se sont laissés tromper, qui ont cru à toutes les promesses de la Compagnie, que rien n'a pu éclairer, ni les déceptions les plus évidentes, ni les affirmations les plus audacieuses et les plus contradictoires; ils ont tenu ferme, ils ont cru à Panàma, parce qu'on leur a dit : Voyez Suez. Aussi, aujourd'hui, la plupart de ceux qui détiennent les titres ne les vendent pas, parce qu'ils pensent aux fortunes réalisées à côté d'eux par ceux qui ont acheté les titres de Suez 250 francs et qui peuvent les réaliser à 2,000 francs.

Eh bien! la petite épargne, si compatissants que nous puissions être vis-à-vis d'elle, si nous voulons la sauver, en admettant qu'elle puisse être sauvée, si nous voulons venir à son aide, qu'allons-nous faire? Nous allons faire appel à l'autre petite épargne, sans doute? (*A gauche : C'est cela! très bien! très bien!*)

M. LÉOPOLD GOIRAND. — C'est-à-dire que cette petite épargne qui a bien sa responsabilité, qui a été imprudente, qui a préféré placer son argent à 10 et à 12 0/0, plutôt que d'acheter de la rente française... (*Très bien! très bien! à gauche.*)

M. LE COMTE DE DOUVILLE-MAILLEFEU. — Qui a joué.

M. LÉOPOLD GOIRAND. — Cette petite épargne, pour la sauver, nous allons faire signe à une autre épargne, à l'épargne prudente, à celle qui est restée chez elle, qui a défendu ses petites économies, qui a refusé de les livrer, qui n'a pas cru aux prospectus... (*Applaudissements à gauche et au centre.*) A celle-là, nous dirons : Ah ! vous n'avez pas voulu verser vos fonds dans les caisses de Panama, vous avez été prudents : attendez ! Nous, Parlement, nous avons un moyen de vous faire sortir de votre réserve : nous allons autoriser la Compagnie à émettre; elle promettra des lots de 500 à 1.000 francs, de 1 million à quiconque lui versera 400 ou 500 francs. Ah ! gens prudents, nous verrons bien qui d'entre vous résistera.

Voilà le langage que vous tiendrez à cette petite épargne si vous adoptez la proposition de loi.

Comprenez-vous maintenant le silence du ministère public ? Peut-on imaginer une critique plus âpre, un catalogue plus cruel de toutes les difficultés de l'entreprise ? Et c'est un député qui relève tout cela devant la France entière ! Où donc sont maintenant l'erreur, la tromperie, la dissimulation, le mensonge, l'escroquerie ? Tous les efforts de la Compagnie sont impuissants si le législateur n'intervient pas. Le législateur lui-même le proclame à la face du pays.

Et quel langage ont tenus les défenseurs de la Compagnie ? Le rapport de M. Bozérian au Sénat le résume avec une parfaite fidélité.

La commission à laquelle vous avez renvoyé l'examen de cette proposition a pris connaissance des divers documents qui avaient été soumis à la commission de la Chambre des députés et des nouveaux qui lui ont été transmis.

Elle a, en outre, procédé à une nouvelle enquête à laquelle elle a consacré quatre longues séances.

Elle a successivement entendu les représentants de la Compagnie, ses ingénieurs, M. Eiffel, ainsi que M. Rousseau et le ministre des finances. Elle a cru devoir en outre recevoir la déposition d'un des plus violents détracteurs de l'entreprise qui avait demandé à être entendu.

M. le ministre des finances a renouvelé devant la commission la déclaration qu'il avait faite à la commission de la Chambre. Le gouvernement ne peut, suivant lui, que persévérer dans l'attitude d'abstention qu'il a observée jusqu'à présent; toute autre attitude pourrait engager sa responsabilité, ce qu'il ne veut pas. L'entreprise du Panama a un caractère essentiellement privé; l'Etat ne doit point intervenir. Il ne peut et ne doit s'occuper que d'une chose, l'influence que l'émission projetée pourrait avoir sur le marché des valeurs de l'Etat. Or, comme l'Etat ne prépare aucun emprunt ni aucune opération financière, il n'y a rien à redouter de ce côté.

M. Rousseau a maintenu les appréciations et les conclusions de son rapport de 1886.

Relativement aux modifications apportées par la Compagnie aux projets primitifs, il a déclaré n'avoir à faire de réserves que sur trois points, moins peut-être à cause de la nature de ces modifications qu'à cause de la nouveauté de leurs conceptions.

Ces trois points sont relatifs :

1° A l'alimentation du bief supérieur au moyen de comptes ;

2° A l'établissement définitif du canal à niveau ;

3° A la hauteur des écluses qui doivent avoir 11 mètres de chute.

De ces trois points il y a lieu, ce semble, d'écarter le second, puisque l'établissement du canal à niveau est ajourné et que cet établissement n'est pas nécessaire à la mise en exploitation de ce canal.

Sur aucun de ces trois points, d'ailleurs, les scrupules manifestés par l'honorable M. Rousseau ne sont partagés par les ingénieurs de la Compagnie et par l'entrepreneur chargé de l'exécution des travaux.

Suivant eux, il ne s'agit pas d'expériences à faire; elles ont été faites; on ne s'aventure pas dans l'inconnu, on marche sur le terrain de la pratique; on ne saurait douter de la réalisation de conceptions qui ont été déjà réalisées.

Après cette instruction complémentaire, votre commission a abordé la discussion de la proposition. Ses partisans ont été de beaucoup les plus nombreux (7 contre 2).

Les objections formulées par ses adversaires ont été de deux sortes. Elles ont été tirées, soit de la nature de l'opération pour laquelle la Compagnie de Panama sollicite une autorisation législative, soit de la nature de l'entreprise pour laquelle cette autorisation est sollicitée.

Suivant les adversaires de la proposition, le vote de l'autorisation sollicitée par la Compagnie de Panama devrait être subordonné à la certitude, d'une part, que les travaux du canal seront achevés dans les délais indiqués en dernier lieu par la Compagnie, c'est-à-dire au 1er janvier 1890; d'autre part, que les sommes qui, sur celles provenant de l'emprunt projeté, seront employées à l'exécution de ces travaux (474 millions) suffiront pour leur achèvement et, d'autre part, enfin, que les recettes provenant de l'exploitation du canal permettront de rémunérer les capitaux engagés dans l'entreprise.

N'ayant pas cette certitude, ils ne sauraient approuver cette autorisation.

Cette opinion n'a pas été partagée par la majorité de la commission.

Suivant elle, tout ce qu'on peut exiger des partisans de la loi, c'est leur croyance au caractère sérieux de l'entreprise, c'est leur conviction qu'on ne se trouve pas, comme cela a été dit et écrit, devant une de ces entreprises dont la réalisation serait certainement impossible.

Or, la majorité de la commission a cette croyance, elle a cette conviction.

D'ailleurs, tout en reconnaissant la loyauté et la sincérité des déclarations faites devant elle par les représentants de la Compagnie, elle ne saurait se porter garante du succès definitif de l'entreprise.

A cet égard, les documents qui sont de nature à éclairer cette question ont été depuis longtemps livrés à la publicité; ils ont été discutés par les partisans et par les adversaires de l'entreprise avec une egale ardeur; l'affaire a été complètement plaidée devant le tribunal de l'opinion publique; le jugement appartient au public...

Je souligne de la voix, Messieurs, les passages absolument essentiels :

Pour éclairer ce jugement, nous croyons devoir donner une explication sur la question des dépenses.

Dans le rapport présenté, le 1er mars dernier, par le directeur de la Compagnie à l'assemblée générale des actionnaires, certaines dépenses ne sont plus évaluées, alors qu'elles figuraient pour 200 millions dans une étude faite précédemment, en 1880, par une commission technique internationale.

Un des membres les plus autorisés de la Compagnie a signalé cette différence aux representants de la Compagnie.

Ceux-ci l'ont expliquée comme étant précédemment le résultat des modifications apportées aux projets primitifs. Par suite de ces modifications, des travaux considérables sont devenus inutiles; d'autres ont pu être notablement réduits.

C'est dans cette situation que votre commission vous demande, Messieurs, de voter la proposition de loi déjà votée par la Chambre des deputés.

Pour elle, la question à résoudre doit être posée comme elle l'était en 1886 par l'honorable M. Rousseau, dans ses conclusions du rapport que nous avons rappelé précédemment.

La Compagnie de Panama, disait-il, par le nom et le passé des hommes qui la dirigeaient, par les collaborateurs éminents dont elle s'entoure, par le caractere grandiose et en quelque sorte humanitaire de l'œuvre qu'elle poursuit, par les efforts sérieux qu'elle a déjà faits et qu'elle fait encore pour mener cette œuvre à bien, mérite la bienveillance particulière des pouvoirs publics.

Deux nouvelles années de courageux efforts ont augmenté les titres de la Compagnie à cette bienveillance.

Lui refuser l'autorisation qu'elle sollicite serait compromettre de la façon la plus grave la situation de l'entreprise et celle des 400.000 actionnaires et obligataires qui lui ont versé leur argent, Or, cet argent est, sauf une fraction insignifiante, de l'argent français, et l'épargne qui l'a fourni est la plus intéressante : c'est la petite.

A la fin du dernier siècle, pour sortir d'une situation financière désespérée, quelques-uns conseillaient le procédé commode de la banqueroute ; aujourd'hui, pour alléger une affaire d'un fardeau jugé trop lourd, quelques-uns conseillent le procéde non moins commode d'une liquidation et même d'une faillite.

Votre commission ne saurait prêter l'oreille à de semblables conseils ; elle croit plus moral de la prêter aux supplications de ces milliers d'intéressés, dont les pétitions ont été adressées au Parlement, et qui lui demandent de rendre possible l'accès de la route, dans laquelle beaucoup d'entre eux semblent disposés à s'engager.

On ne saura leur répondre par un refus.

Ce qui doit, Messieurs, vous encourager à conformer votre vote à celui de la Chambre des députés, c'est que, par suite des dispositions insérées dans la présente proposition, la Compagnie est obligée d'assurer le remboursement des obligations à émettre et le payement dès lots en dehors même des benéfices de l'entreprise.

A cet effet, les sommes à emprunter ont été majorées du quantum necessaire pour acheter et déposer des Rentes françaises de manière à garantir ce payement et ce remboursement...

Rien ici ne sent la réclame ni le prospectus : M. Bozérian constate lui-même que tous les éléments de la question sont sous les yeux du public. Lè public n'a donc pas été trompé.

Il l'a été si peu que l'émission n'a pas réussi.

Et bien loin qu'il soit vrai de dire que la Compagnie de Panama a trompé le public par des affirmations et promesses mensongères, il est, au contraire, rigoureusement exact d'affirmer que c'est l'étalage public de toutes les difficultés qui lui restaient encore à vaincre, de tous les hasards qu'elle devait affronter qui a ébranlé à l'avance la confiance du public et paralysé entre les mains de la Compagnie le moyen qu'on lui donnait de se procurer les fonds dont elle avait besoin pour achever son œuvre.

Sans doute la spéculation s'en est mêlée. Sans doute la fausse nouvelle de la mort de M. Ferdinand de Lesseps a dû retenir beaucoup de souscripteurs. Mais la vraie raison de l'insuccès de l'émission, vous la trouverez dans les discussions de la Chambre, qui ont paralysé l'élan dont on avait besoin.

Ici, Messieurs, l'expert s'arrête, mais M. le conseiller instructeur ne s'arrête pas, il demande compte à MM. de Lesseps, au nom de l'article 405, du rapport fait par les administrateurs à l'assemblée générale du 2 août.

Voici, Messieurs, le langage qu'il a tenu, je vais le placer sous vos yeux, et je ne me croirai pas même obligé de le justifier :

Nous avons donc obtenu du Parlement et du gouvernement français l'autorisation d'émettre des obligations à lots.

Nous ne retiendrons, si vous le permettez, des longs débats du Parlement, que cette déclaration officielle, qui a eté comme la haute justification de l'autorisation donnée :

« La Compagnie de Panama, par le nom et le passé des hommes qui la dirigent, par les collaborateurs dont elle s'entoure, par le caractère grandiose et en quelque sorte humanitaire de l'œuvre qu'elle poursuit, par les efforts sérieux qu'elle fait encore pour mener cette œuvre à bien, mérite la bienveillance des pouvoirs publics.

Cette « bienveillance » nous avait permis d'émettre 2 millions d'obligations à lots, au prix de 360 francs, rapportant 4 0/0 l'an, toutes remboursables à 400 francs, et participant à des tirages qui auront lieu tous les deux mois, avec des lots de 500.000 francs, de 250.000 francs, de 100.000 francs, de 10.000 francs, de 5.000 francs, de 1.000 francs, soit 366 lots par an s'élevant ensemble à 3 millions 390.000 francs pendant vingt-cinq ans et 236 lots s'élevant ensemble à 2 millions 200.000 francs ensuite, jusqu'à complet amortissement.

Une clause spéciale de la loi d'autorisation nous oblige à déposer en « Rentes françaises ou titres garantis par le gouvernement français », la somme suffisante pour garantir le payement de tous les lots et le remboursement de toutes les obligations souscrites.

C'était un placement exceptionnel, jouissant de garanties et d'avantages qu'aucunes autres obligations quelconques émises jusqu'ici ne pouvaient offrir.

Le produit de cet emprunt assurait l'achèvement du canal maritime.

Et vous savez par quelles abominables manœuvres le succès de cet emprunt a été entravé.

A nos 400.000 associés, plus de 250.000 nouveaux adhérents, souscripteurs aux obligations à lots, sont venus s'adjoindre, prenant 800.000 titres, nous apportant ainsi 290 millions de francs. Une grande partie de ces souscripteurs, en se libérant entièrement ont accru nos ressources disponibles.

Pour braver nos adversaires, pour défier définitivement leurs manœuvres — car ils sont capables de tout, on l'a vu — pour achever par la France et au bénéfice de la France le canal maritime de Panama, pour disputer cette œuvre nationale aux convoitises de nos pires ennemis, aux misérables spéculateurs financiers qu'à flétris l'honorable député du Rhône, M. Thévenet, il faut que nos obligations à lots soient placées.

Votre président, messieurs, vous a donné sa vie tout entière; ses collaborateurs, animés d'un dévouement absolu, n'ont reculé devant aucun labeur, devant aucune responsabilité, n'ayant en vue que la grandeur de l'œuvre entreprise, l'honneur national engagé et les bénéfices d'avenir, incalculables, à défendre.

Mais ni votre président, ni vos administrateurs, ni les héroïques travailleurs qui luttent et qui succombent dans l'isthme, ne peuvent rien, ou presque rien, devant cette nécessité financière qui se résout, en somme, en une souscription d'obligations à lots, titres dont le capital apporté est absolument garanti jusqu'au dernier centime.

La France entière, on peut le dire, s'est associée pour l'exécution du canal maritime de Panama. Actuellement plus de 600.000 de nos compatriotes sont directement intéressés au succès prochain de l'entreprise. Que chacun d'eux prenne ou fasse prendre deux obligations à lots, et le Canal est fait.

Que peut-on critiquer dans ce langage si sincère, si noble et si résigné? Aussi M. l'Avocat général n'en parle pas, mais il s'en prend de nouveau au *Journal des Débats*, qui publiait le 18 juin les lignes suivantes :

Le rapport présenté à l'assemblée extraordinaire du 1er mars dernier, établissait qu'aux termes des marchés fermes passés avec les entrepreneurs, après expérience faite, les travaux restant à exécuter demandaient 254.100.000 francs. En y ajoutant les ouvrages d'art, 135 millions, les travaux d'alimentation des biefs, 15 millions, les prévisions maxima pour installations de toute nature et achats de matériel, 50 millions, on arrive à un total de 444.100.000. Le service du capital et des emprunts et les frais généraux demandent 210 millions. Ensemble, 654.100.000 francs.

La Compagnie disposait au 1er mars de.........	110	millions
L'emprunt actuel lui apporte..................	610	—
Total.....	720	millions

soit 56 millions de plus que les dépenses à courir. Cette marge est destinée à pourvoir au service de l'emprunt actuel. Lorsque tous les versements seront effectués, le service de cet emprunt demandera 30 millions par an. Tous les versements étant échelonnés d'ici au mois de novembre 1889, ce service sera sensiblement moindre et la marge prévue pour cet objet apparaît plus que suffisante.

Ces chiffres sont-ils exacts? Sur ma prière, M. le premier Président l'a demandé à deux témoins, tous deux ingénieurs de la Compagnie, MM. Hutin et Dingler. Écoutons-les. On demande à M. Hutin :

D. Vous avez remplacé M. Dingler pendant un certain temps?

R. J'ai fait l'intérim... mais cela n'a pas d'importance.

Je ne peux discuter les 600 millions, qui ne sont pas des dépenses de travaux. Je me souviens très bien que M. Charles de Lesseps a demandé aux entrepreneurs de ne prendre que les engagements qu'ils pouvaient tenir, et si le délai avait été passé, en effet, il aurait fallu plus de 600 millions; d'ailleurs la Compagnie ne les avait pas à cette époque; mais ce sur quoi je suis très affirmatif, c'est que les devis s'élevaient à 450 millions, et, étant donné le projet établi, le canal était parfaitement exploitable dans ces conditions. Je dis qu'avec 450 millions on pouvait faire le canal. Peut-être les entrepreneurs n'auraient-ils pas rempli leurs engagements, je crois qu'ils auraient pu le faire avec un peu de bonne volonté et en ne lésinant pas, mais certainement le canal pouvait être fait.

Arrivons à la déclaration de M. Dingler.

D. Je voudrais savoir si M. Dingler pense que, avec les 600 millions qui formaient l'objet de la demande de 1888 et de l'émission de 1888, il était possible d'arriver à l'achèvement du canal tel qu'il était alors proposé, le canal à écluses. Et voici pourquoi je fais cette question; c'est parce que, parmi les journaux que M. l'Avocat général a bien voulu nous communiquer, qui étaient sous scellés, on a fait mettre un article du *Journal des Debats* du 18 juin 1888 qui donne les chiffres que voici. M. Dingler va les entendre, il pourra dire s'ils lui paraissent exacts.

J'ai lu alors à M. Dingler l'article que je viens de replacer sous les yeux de la Cour, et voici la réponse de M. Dingler :

D. Croyez-vous qu'avec 600 millions il était possible, en 1888, de terminer les travaux dans les délais indiqués?

R. Il y a d'abord deux chiffres. C'était en 1888, et on annonçait que les travaux seraient finis en 1890. Dans ces 654 millions auxquels se rapporte le journal, il y avait 444.100.000 francs pour les travaux. Ce chiffre-là, j'en suis certain, je me rappelle très bien, c'est le résultat d'un détail estimatif fait par les services techniques sous ma direction. J'ai fait établir les cubes restant à exécuter, et j'ai fait appliquer les prix des séries, les séries des entreprises, j'ai pris le chiffre global de l'entreprise de M. Eiffel, et à cette somme on a ajouté 20 millions environ de somme à valoir. Par conséquent, le chiffre de 444 millions était aussi sincère qu'il pouvait l'être à cette époque-là.

C'était le résultat, je le répète, d'une approximation de prix parfaitement définis; c'étaient les cubes restant à faire d'après les profils types. A cette somme on avait ajouté les frais généraux, les frais d'intérêts intercalaires en 1890, et la Compagnie, en ce moment-là, se trouvait en présence d'entreprises réduites considérablement ; le canal à écluses était en cours, les cûbes restant à faire par les grandes entreprises étaient relativement si minimes que les engagements pris par les entrepreneurs à cette époque-là, engagements extrêmement restreints, relativement faciles à exécuter, étaient parfaitement admissibles, et, par conséquent, à mon avis, la Compagnie avait parfaitement le droit de dire qu'elle terminerait en 1890...

Mais après avoir ainsi discuté un à un tous les griefs de la prévention, permettez-moi de vous montrer à quel point ce qu'on a appelé l'optimisme et ce que j'appellerai la confiance de M. Ferdinand de Lesseps était partagée par tous ceux qui étaient associés à son œuvre.

Il est d'abord intéressant de noter que M. Hutin souscrivit 25 obligations à lots, M. Charles de Lesseps le même nombre et que M. Ferdinand de Lesseps en prit 609 pour la somme de 148.000 fr.

Écoutez ensuite ces divers documents :

En 1887, M. l'amiral Vignes étant en station dans le golfe du Mexique, quitta son escadre pour visiter les travaux, et il écrivait, à la date du 24 mars 1887, à M. de Lesseps la lettre suivante :

En arrivant à Carthagène je trouve un vaisseau anglais en partance pour Colon. Je ne veux pas laisser échapper cette occasion de vous remercier encore du très aimable accueil que vous nous avez fait à Panama et des visites si intéressantes que vous m'avez permis de faire avec vous sur les chantiers. Ce n'est pas sans une grande émotion que l'on se trouve en présence de l'œuvre immense que vous dirigez. Ce n'est pas sans une grande confiance que l'on quitte les ateliers de la Culebra et de la Bocca après les avoir visités.

Et M. l'Avocat général sait comme nous que, de 1887 à 1888, les travaux furent poussés avec une extrême activité.

Le 29 avril 1888, MM. Artigues et Sonderegger envoyaient la dépêche suivante :

Vous apportons tribut chaudes et sincères félicitations du témoignage haute confiance donné par Parlement. Tous nos efforts sont uniquement dévoués à exécution Culebra. Avons absolue conviction réaliser strictement votre programme pour notre fait. Pouvez compter entièrement sur nous.

Voici maintenant le discours du général Posada au banquet offert à M. Florès, Président de la République de l'Equateur, du 20 juin 1888 :

Je suis en mesure de rassurer ceux qui pourraient en avoir besoin, parce que je connais parfaitement bien le théâtre des travaux, parce que j'ai été dans ma jeunesse un des employés fondateurs du chemin de fer qui traverse l'isthme ; parce que j'ai été gouverneur du département de Panama ; et parce que je viens de visiter avec la plus soigneuse attention, et dans tous leurs détails, les chantiers des travaux, où j'ai pu me rendre compte de la lutte héroique qu'ont eu à soutenir les ingénieurs de l'entreprise, lutte dans laquelle ils ont vaincu les plus redoutables des difficultés inhérentes à cette œuvre colossale.

Eh bien, je n'ai pas le moindre doute sur le couronnement complet de cette œuvre ; et la Colombie, où les travaux s'exécutent, a octroyé à la Compagnie du canal une étendue de territoire plus considérable que quelques-uns des royaumes de l'Europe. C'est vous dire, Messieurs, la foi qu'elle a dans la complète réussite de l'entreprise.

Comment pourrait-on reprocher au promoteur de l'entreprise de s'être nourri de la confiance que tous partageaient avec lui ?

Est-ce tout, Messieurs ? Pas encore. On insiste et on incrimine, je ne l'aurais pas cru avant d'entendre M. l'Avocat général ; on incrimine jusqu'aux derniers efforts faits pour essayer de sauver l'entreprise. En septembre 1888, un certain nombre de personnes intéressées dans l'affaire de Panama, et dont voici les noms : Béraud, Bessières, Blanchemain, Carré, De Chazan, Clogenson, Clouvret, Crépin, Damarre, Dercourt, comte Dilhon, Fabre, Flori, Ligny, Maingot, Mabavialle, Manière, Martin, Nogaro, Prévot, Prou, Rocher, Tardy, Tistze, E. Villain, se rapprochent et se disent qu'il est temps de venir au secours de l'entreprise en péril. A la date du 11 septembre 1881, ils publient la circulaire suivante :

Monsieur,

Devant les attaques persistantes dirigées contre notre entreprise, devant les prédictions sinistres répandues à profusion, nous avons pensé qu'il était de notre véritable intérêt de fonder « L'Union des actionnaires et obligataires de Panama ».

Notre but est que partout, dans chaque chef-lieu de département, d'arrondissement et même de canton, dans chaque localité en un mot, les actionnaires et obligataires de Panama fassent comme nous, se réunissent, se groupent et se mettent en communication avec le comité que nous fondons à Paris.

Nous pourrons ainsi, nous tous associés à une œuvre que nous voulons mener à bien, être en relations constantes, nous « sentir les coudes » et nous rendre compte de l'effort que nous devons faire pour terminer notre entreprise.

Ne sommes-nous pas, en effet, comme l'a dit un actionnaire à la dernière assemblée d'août, « un mur d'airain, la plus grande force qu'il y ait au monde, car nous sommes l'épargne française ».

A cette même assemblée, M. Ferdinand de Lesseps disait :

Vous êtes 600.000, que chacun de vous prenne ou fasse prendre deux obligations à lots et le canal est fini !

Actionnaires et obligataires, nous allons savoir par nous-mêmes si nous pouvons atteindre ce résultat.

Beaucoup ont pensé à faire une souscription conditionnelle, c'est-à-dire prendre entre nous des engagements qui ne seront valables que dans le cas où le chiffre des souscriptions serait assez considérable pour assurer la terminaison des travaux.

Nous vous prions donc, M   , de vous mettre au plus tôt en rapport avec nous, de réunir vos coassociés et de nous informer de l'ensemble de vos démarches.

De notre côté, nous vous tiendrons au courant des résultats obtenus et des mesures que l'étude complète de la situation pourrait nous amener à vous soumettre.

Nous affirmons ainsi la puissance des actionnaires et obligataires du Panama et nous démontrerons rapidement à tous quelle est la force que nous sommes capables de déployer pour l'accomplissement d'une œuvre à laquelle nous avons voulu participer en servant non seulement notre intérêt mais encore notre patriotisme.

On nous dit : Les actionnaires et obligataires étaient d'accord avec les directeurs. Et après ? les directeurs ne l'ont jamais nié ; mais ce n'était pas seulement leur droit ; c'était leur plus impérieux devoir, et j'ose dire que personne ne peut sérieusement y contredire.

Ce n'est pas tout encore, on reproche à M. de Lesseps la souscription conditionnelle du mois de novembre. Mais l'argent a été rendu. Qu'importe? cette restitution, d'après la prévention, est un fait indépendant de la volonté de son auteur ! Il suffit pourtant de lire la circulaire.

26 novembre 1888.

Messieurs,

La souscription conditionnelle n'ayant pas atteint le chiffre fixé par l'Union des actionnaires et obligataires de Panama, j'ai l'honneur de vous renvoyer le bulletin que vous m'aviez adressé.

Je vous remercie de votre adhésion et j'ai la confiance que vous serez des premiers à répondre à l'appel que j'adresse à tous mes associés, à tous les Français, pour assurer l'achèvement du canal.

Le prospectus que je vous transmets indique les conditions de la nouvelle émission.

Le moment est décisif ; l'avenir de l'entreprise est dans vos mains ; vous ne voudrez pas le livrer aux spéculateurs qui le convoitent.

Et tout cela est terminé par un appel suprême adressé trois jours après à tous ceux qu'intéresse l'entreprise.

Messieurs, l'Union des actionnaires et obligataires de Panama vient de faire une vaillante campagne dont nous devons lui être reconnaissants. Si ses efforts généreux et spontanés n'ont pas obtenu tout le résultat espéré, ils nous ont donné une force nouvelle et précieuse.

J'ai appris, dans les luttes qui ont rempli ma vie, que le succès définitif est certain là où existent le courage, la confiance et la volonté inébranlable d'arriver au but.

A l'appel de l'Union, quatre cents comités se sont formés dans toute la France, affirmant l'énergie de ces sentiments.

J'en ai rencontré la vivante manifestation dans les témoignages de chaleureuse sympathie qu'on m'a prodigués ainsi qu'à mon fils, lorsqu'à la demande d'un grand nombre de villes, nous sommes allés simplement, loyalement, exposer la situation de l'entreprise.

Aujourd'hui, l'Union des actionnaires et obligataires du Panama possède une armée compacte, bien organisée, d'un demi-million de souscripteurs ayant placé leurs épargnes dans une entreprise à laquelle est attaché l'honneur de la France et qui sont résolus à aller jusqu'au bout.

Cette armée m'a demandé de me mettre à sa tête : je n'ai jamais reculé devant mes devoirs.

Il en est un qui s'impose avant tous les autres, je n'hésite pas à le remplir.

Il y a un an, je vous ai donné l'assurance que, s'il existait jamais un danger pour l'entreprise, je serais le premier à le signaler.

Ce danger, vous l'avez compris : il peut résulter d'un moment d'hésitation.

. . . .

J'émets donc aujourd'hui le solde des obligations non souscrites.

Si la souscription est complète, vous êtes désormais à l'abri de toute inquiétude sur la réalisation de votre œuvre.

Mais si ce résultat complet n'est pas actuellement indispensable, la souscription doit en tous cas atteindre un chiffre qui assure le développement régulier des travaux ; aussi la souscription ne deviendra ferme qu'autant qu'un minimum de 400.000 obligations aura été placé.

Des versements très échelonnés rendront plus légère votre participation à cette émission : ils faciliteront l'accès de vos rangs à de nouvelles recrues, à tous les Français patriotes qui ne veulent pas voir passer en des mains étrangères une œuvre entreprise par la France, dirigée par des ingénieurs français avec des capitaux de la France et au grand profit de son industrie.

L'effort que je demande aujourd'hui n'est plus soumis aux risques ordinaires des entreprises industrielles, le remboursement des capitaux apportés et le payement de tous les lots promis étant assurés par des dépôts de Rentes françaises ou de valeurs garanties par l'Etat dans les caisses du Crédit foncier de France.

Je fais appel à tous les Français.

Je fais appel à tous mes associés menacés dans leur fortune.

J'ai consacré ma vie à deux œuvres qu'on a qualifiées d'impossibles : Suez et Panama.

Suez est fait et a enrichi la France ; vous voudrez terminer Panama. Votre sort est entre vos mains. Décidez.

Et dans cette persistance à tout incriminer, on a osé reprocher à M. Ferdinand de Lesseps les conférences faites pendant ces mois de novembre et décembre. Ce vieillard de quatre-vingt-trois ans, entreprenant en plein hiver de parcourir ainsi la France entière, s'arrêtant dans vingt-quatre villes, y faisant des conférences publiques, se prodiguant, risquant à chaque instant le reste de sa vie pour sauver, quoi? Non pas son argent, il est le plus désintéressé des hommes, mais l'entreprise dont la direction lui avait été confiée ! C'est ainsi qu'on a jadis reproché à Gambetta et à Jules Favre les efforts qu'ils ont faits pour défendre la patrie. On a bien reproché à Napoléon la campagne de France !

J'aurais fini, Messieurs, si je ne devais dire un mot d'un incident qui a terminé une de vos audiences. Vous vous rappelez ce petit vieillard qui est venu vous régaler d'une déposition sensationnelle. Elle a été pieusement recueillie par M. l'Avocat général qui en a fait un grief d'escroquerie contre M. Ferdinand de Lesseps: « Vous avez montré une dépêche dans laquelle on disait que 200.000 obligations avaient été souscrites. » Qu'aurait signifié cette dépêche, alors qu'il en fallait 1.200.000? On ne se l'explique pas bien; mais en tous cas nous avons voulu éclairer même ce petit point obscur.

Vous trouverez dans une cote le compte rendu fait par les journaux de Nîmes de la conférence donnée par M. Ferdinand de Lesseps; on y rapporte en détail son langage et celui de son fils. Pas un de ces journaux ne fait allusion à la production du fameux document. C'est donc une invention qui fait honneur à l'imagination de M. Gilly, qui s'est, d'ailleurs, attiré le désagréable entrefilet que voici :

Les journaux du Midi ont reproduit, dit la *République du Midi*, la déposition d'un témoin, le sieur Adolphe Gilly, cité dans l'affaire de Panama.

Cette déposition a été scandaleuse. Adolphe Gilly a prétendu qu'il avait été ruiné par l'affaire du Panama. Il a, il est vrai, engagé quelques milliers de francs dans l'entreprise, mais il est encore, au vu et au su de tout le monde, riche comme Crésus.

Le tribunal de Nîmes a été appelé, à propos d'un proces, à dresser un état des biens immobiliers de cet infortuné Gilly ; ces biens s'elèvent à six ou sept cent mille francs, sans parler des valeurs que Gilly peut avoir en portefeuille.

Et le journal ajoute :

En affirmant ce qui est contraire à la vérité, Gilly mériterait d'être poursuivi pour faux témoignage.

Je demande seulement à la Cour d'écarter ce pitoyable récit qu'on n'aurait pas dû introduire dans un si grave débat.

Je voudrais maintenant, Messieurs, pour terminer la discussion de ce premier point, reprendre le résumé fait par M. l'Avocat général de toutes les manœuvres, par lui relevées à la charge des prévenus comme constituant le délit d'escroquerie. Je vais les passer en revue dans l'ordre même qu'il leur a donné :

1° Publicité faite dans les journaux et dans le *Bulletin*. Je ne reviendrai pas sur les réponses que j'ai faites à la prévention. Dans ces immenses publications qui ont rempli huit années entières, on n'a relevé que des choses insignifiantes, on n'y a pas même trouvé ces hyperboles qui sont le langage habituel des réclames et des prospectus et qui n'ont jamais été considérées comme des manœuvres d'escroquerie ;

2° Lettres à des particuliers.

En effet, un libraire de Châteauroux et un correspondant de la Société à Toulouse, qui semblent, d'après leurs lettres, entretenir avec M. de Lesseps des relations personnelles, lui ont écrit pour lui demander s'il fallait garder ou vendre leurs titres, et M. de Lesseps leur a répondu, en termes d'ailleurs généraux, qu'il leur conseillait de les garder.

Ces faits ont-ils été relevés par l'expert? Non.

L'ont-ils été par le conseiller instructeur? Pas davantage.

M. de Lesseps a-t-il été interrogé sur ces points ? En aucune manière.

S'il avait engagé ses correspondants à vendre leurs titres, que n'aurait-on pas dit de la mauvaise foi du langage qu'il tenait en public ?

Il est de bonne foi, puisqu'il garde ses titres, comme il engage ses correspondants à garder les leurs.

Ainsi un conseil sollicité et donné de bonne foi, sans l'apparence même d'une manœuvre, est un fait d'escroquerie.

Qui pouvait s'attendre à voir une telle discussion s'abaisser à de si misérables chicanes?

3°, 4°, 5° griefs : spéculations pour faire monter les cours, organisations de syndicats, achat de concours occultes.

Ces trois griefs, comme on le voit, sont de même nature et peuvent être examinés ensemble.

Vous observerez d'abord que ces faits avaient été considérés dans l'instruction comme des éléments de l'abus de confiance. M. l'Avocat général les transforme en manœuvres d'escroqueries, je sais bien pourquoi : M. l'Avocat général a reconnu que la prévention d'abus de confiance était insoutenable.

Seulement, il y a ici quelque difficulté; quand un administrateur pratique l'escroquerie pour faire réussir une émission, il enrichit la société; il l'appauvrit, quand il détourne les fonds de la caisse sociale. M. l'Avocat général n'arrivera pas aisément à faire comprendre que le même fait puisse à la fois enrichir et appauvrir la Société. Mais de pareilles contradictions ne sauraient effrayer la prévention.

Voici d'ailleurs comment elle raisonne. La Compagnie de Panama a perfectionné la pratique des syndicats, dit-elle. Autrefois ils garantissaient tout ou partie de la souscription. A partir de 1884, ils n'ont plus garanti que des risques insignifiants.

M. Charles de Lesseps, qui va toujours droit au but, avait dit à M. Prinet et vous a répété à vous-mêmes, Messieurs, que ces syndicats n'étaient qu'une réunion de banquiers, coulissiers, hommes de Bourse dont on voulait rémunérer le concours ou paralyser l'hostilité. « Leur métier est de gagner de l'argent à la Bourse par des spéculations; nous nous sommes dit, comme se disent tous les directeurs de grandes entreprises : ils gagneront un peu d'argent contre nous, en nous en faisant perdre beaucoup, si nous ne réussissons pas à les intéresser à nos affaires. »

Qu'on incrimine cela comme abus de confiance, je le comprends, puisque les sommes ainsi données à ces syndicats sont sorties de la caisse sociale; mais comme escroquerie, cela, en vérité, ne se comprend plus.

Entrons dans le détail. M. l'Avocat général ne prouve pas, mais il insinue que ces syndicats ont eu pour but de faire monter les cours; il n'a pas même essayé de l'établir; on n'a point apporté à la Cour la preuve d'une seule opération qui ait été faite par ces syndicats. Par conséquent, l'objection tombe d'elle-même. Mais voici ce que veut peut-être dire M. l'Avocat général : En paralysant les spéculations à la baisse, vous avez empêché la baisse des cours. Cela est vrai, c'est là ce que nous avons désiré; mais outre l'intérêt qu'y avait la Société, où avez-vous vu vous que cela puisse constituer un délit?

Messieurs, il faudrait nous mettre tous d'accord sur la portée de l'article 419 du Code pénal. Oui ou non, en dehors des dispositions précises de l'article 419, toutes les spéculations sur les valeurs de Bourse sont-elles libres?...

Elles le sont; c'est ce que la Cour de cassation et la Cour d'Orléans ont jugé dans l'affaire du syndicat financier parisien, en sorte que ce sont des opérations parfaitement licites que la prévention considère comme manœuvre d'escroquerie.

Voici au surplus deux arrêts de la Cour d'appel de Paris :

PREMIER ARRÊT

Considérant que la Cour n'a pas à apprécier si ces pratiques ont amené une plus-value exagérée sur les actions; qu'elle doit seulement se demander si elles peuvent être l'objet d'une répression pénale.

Considérant que les associations prohibées par la loi, lorsqu'elles ont trait, soit à des deniers ou marchandises, soit à des effets ou papiers publics, sont licites, quand elles ne portent que sur des actions de Sociétés privées;

Qu'au surplus, l'article 419 Code pénal ne saurait être invoqué dans la cause, puisque son application aux prévenus a été définitivement écartée par le jugement d'acquittement du 28 août 1884, ainsi que cela résulte de l'interprétation donnée à cette décision, par les arrêts de la Cour de cassation du 10 avril 1886.

DEUXIÈME ARRÊT

Considérant au surplus que le syndicat formé... pour la vente et le placement des actions d'une Société n'a, en soi, rien d'illicite, qu'il soit formé par un groupe ou par la totalité des souscripteurs primitifs, quelque peu honorable que soit généralement le but en vue duquel il est formé et quelle que puisse être l'altération de la sincérité du cours des valeurs syndiquees qui peut en être la conséquence;

Qu'en le formant, les 173 souscripteurs des 70.000 actions de la Société des réassurances générales n'ont point contrevenu aux dispositions de l'article 419 du Code pénal, et qu'ils ne sauraient être considérés, par le seul fait de leur réunion en syndicat, comme s'etant rendus coupables de dol et de fraude;

Considérant d'autre part que la publicité...

Ainsi la formation des syndicats ne constitue pas même un quasi-délit. Et ce serait une manœuvre d'escroquerie!

Mais ce n'est pas tout. Les syndicats dont parlent ces arrêts s'étaient révélés au public par des réclames, par des prospectus que vous avez eu à apprécier; ici, au contraire, ce sont des syndicats occultes. Or, que dire d'une manœuvre inconnue de celui sur lequel elle est pratiquée! Et comme il est clair qu'elle aura déterminé sa volonté!

Il ne reste donc plus rien de cette fameuse prévention d'escroquerie. M. de Lesseps n'a jamais manqué ni de loyauté ni de franchise. S'il a péché, c'est par excès d'optimisme. Mais sachez-le bien, les optimistes seuls sont bons à quelque chose. Les pessimistes sont des spectateurs, ils s'asseyent sur le bord de la route, ils regardent les autres agir et se tromper. Avec eux l'humanité piétinerait sur place et n'avancerait jamais.

D'ailleurs comment reprocher à M. de Lesseps un optimisme que tous ceux qui l'ont entouré ont partagé avec lui jusqu'à la dernière heure? Rappelez-vous les appréciations si fermes, si élevées, si sympathiques de M. Rousseau. Rappelez-vous M. Boyer qui se consolait de la mort par la pensée que le canal serait achevé.

Écoutez cette appréciation que je relève dans les pièces même de l'instruction :

Cependant M. de Lesseps et ses collègues de la Compagnie ont travaillé au creusement du canal pendant huit ans et ces travaux, ainsi continués pendant cette longue période, semblent indiquer de sa part une entreprise sérieuse.

Il faudrait admettre, en suivant votre pensée, qu'il a simulé ce long travail pour pêcher en eau trouble et s'approprier une partie des millions qu'il a demandés à l'épargne nationale ; il faudrait admettre aussi qu'il ait eu pour complices tous les administrateurs, directeurs, ingénieurs même qui ont préparé les devis, qui se sont enthousiasmés pour l'œuvre et qui ont encouragé M. Ferdinand de Lesseps à la poursuite.

Or, toutes ces personnes, indépendamment de leurs capacités, avaient joui jusqu'alors de la considération publique et passaient en général pour d'honnêtes gens.

Et ce témoin inattendu est M. le Conseiller instructeur lui-même!

En résumé, la vérité est que M. de Lesseps a été trahi par les événements. Mais se serait-il trompé, personne ne peut lui en faire un crime. L'erreur est le propre de l'homme; et nul ne peut la lui reprocher, ni les autres hommes, faillibles comme lui; ni Dieu lui-même qui l'y condamne pour abattre son orgueil et le rappeler sans cesse au sentiment de sa faiblesse et de son humilité.

J'arrive maintenant à la discussion de la prétention d'abus de confiance.

En remplissant cette dernière partie de ma tâche, je touche à des questions délicates, presque brûlantes.

Je veux montrer d'abord, pour procéder avec logique, que la prévention actuelle ne présente pas de connexité avec une autre inculpation dont l'instruction n'est point encore terminée et qu'il n'y a pas de contradiction possible entre les solutions. On reproche en effet, aux directeurs de la Société d'avoir dissipé l'argent de la Société. A leur profit? Non, à coup sûr, mais au profit de tiers, de journalistes, de financiers et de courtiers. Voilà la prévention. Pour faire évanouir ce fantôme de prévention, je démontrerai deux choses : la première, qu'elle repose sur une erreur de droit, parce que sans cela toute faute de gestion commise dans l'administration d'une Société serait à l'instant même transformée en un abus de confiance. Je montrerai en second lieu que les dépenses faites et qu'on incrimine ont été faites conformément à des usages constants et aux précédents de la Société.

Une seule de ces preuves suffirait peut-être; je ferai, cependant, l'une et l'autre.

Mais, prenez-y garde, ainsi justifiée vis-à-vis des actionnaires, la conduite des administrateurs peut soulever encore d'autres critiques. Si par hasard, dans l'accomplissement de leur mandat, ils ont commis des excès de zèle, s'ils ont employé pour servir la Société des moyens criminels, la loi pénale est là qui veille et au nom de laquelle on leur demandera compte des moyens qu'ils ont mis ainsi au service des intérêts sociaux. Ces deux points de vue ainsi signalés et les faits étant ainsi considérés sous leur double face, que dit la jurisprudence? Je cite textuellement deux arrêts de cassation : « Il n'y a pas connexité lorsque dans une accusation qui comprend un fait qualifié crime et un fait qualifié délit imputé aux mêmes accusés, le premier est renvoyé devant la Cour d'assises et le second devant la juridiction correctionnelle. La poursuite n'est indivisible que lorsque les faits, liés les uns aux autres et ne formant qu'une même action, ne peuvent être jugés séparément sans qu'une contradiction soit possible entre les deux jugements. »

Cette solution résulte d'un arrêt de la Cour de cassation du 28 août 1847 et d'un arrêt de la Cour de cassation du 9 septembre 1852.

Par conséquent, lorsque la deuxième inculpation a été formulée, quels qu'en puissent être d'ailleurs le sort et le résultat définitif, à supposer qu'on ait songé à ce moment à dessaisir la première chambre de la Cour, on ne le pouvait pas, car les faits étaient distincts, point indivisibles, et j'ajoute même que, dans une certaine mesure, ils impliquent contradiction. En effet, le mandataire infidèle préfère évidemment son intérêt à celui de son mandant, puisqu'il dissipe ou détourne à son profit les fonds de son mandant; au contraire, le mandataire qui commet un crime ou un délit au profit de son mandant préfère incontestablement les intérêts de son mandant à ses intérêts personnels. Vous pouvez donc nous juger, vous devez nous juger sans avoir la moindre crainte de toucher à la solution d'une autre procédure.

Je dis d'abord que la prévention commet ici une erreur de droit essentielle. Quand la loi pénale parle de fonds dissipés (article 408), elle suppose qu'ils ont été dissipés dans un intérêt personnel. Je serai là-dessus aussi large que le voudra le ministère public. Il ne sera pas nécessaire, je le veux, quoique cela soit extrêmement délicat, que les fonds ainsi détournés aient enrichi le mandataire infidèle lui-même, mais il faudra qu'ils aient enrichi alors les tiers avec lesquels il sera lié d'intérêt, d'une façon directe ou indirecte; ce sera son frère, ce sera son ami, ce sera sa maîtresse, peu importe, mais il faudra qu'un élément d'intérêt personnel se rencontre dans les détournements qu'il aura commis, pour que l'article 408 soit applicable.

Mais si au contraire les fonds de la caisse sociale ont été employés dans l'intérêt social, quand même ils auraient été mal employés, il pourra y avoir lieu à une instance civile, vous pourrez critiquer cet emploi comme une faute de gestion, vous ne pourrez pas le critiquer comme constituant un délit ou un abus de confiance. Sans cela, je pose à la prévention cette question très simple, qu'elle s'est certainement faite à elle-même, mais sans essayer de la résoudre parce qu'il n'y a pas de solution possible : Dites-nous où sera la limite, où sera la frontière entre la faute civile et le dol criminel. Dites-nous quels faits seront considérés comme des fautes de gestion, quels au contraire auront le caractère d'abus de confiance; si vous entendez que tout mauvais emploi des fonds sociaux pourra être considéré comme un abus de confiance, alors il est clair que le droit civil est ici remplacé par le code pénal.

Voici ce que dit M. Faustin Hélie sur l'article 408, au paragraphe 2054 :

Le premier élément du délit est le détournement ou la dissipation des effets.

Quel parti n'a-t-on pas tiré de ce mot dissipation!

Toute dissipation d'effet, c'est-à-dire tout emploi exagéré ou inutile, mais voilà ce qu'on appelle la dissipation, on dissipe sa fortune, on dissipe la fortune d'autrui... Vous allez voir que c'est jouer sur les mots :

Le premier élément du délit est le détournement ou la dissipation des effets. Ces mots détourner et dissiper, reproduits du Code de 1791 par le Code pénal, n'expliquent pas quels sont les faits qui peuvent constituer le détournement ou la dissipation.

Cet article, a dit M. Carnot, s'est servi de ces mots détourner et dissiper pour faire voir que de quelque manière que le dépositaire s'y soit pris pour s'approprier la chose déposée, il y a délit : dissiper est une expression générique qui embrasse tous les cas qui peuvent se présenter.

C'est, en effet, dans le fait de s'approprier la chose confiée que réside le détournement, soit que l'agent la conserve pour luimême, soit qu'il en fasse un emploi quelconque.

Le fait d'un associé, dit encore M. Faustin Hélie, résumant la jurisprudence, qui emploie *dans un intérêt personnel* les valeurs de la Société, rentre-t-il dans les termes de l'article 408 ? L'affirmative a été déclarée par un arrêt qui porte : « que le contrat de Société n'exclut pas la stipulation d'un mandat ; que le même acte qui établit une Société et détermine les droits des associés peut aussi contenir les pouvoirs conférés à l'un des contractants pour la gestion et l'administration de la chose mise en Société et pour la direction des intérêts communs... »

Est-il nécessaire de citer d'autres arrêts ?

Attendu en fait que l'arrêt attaqué, en réformant le jugement de première instance, a reconnu et déclaré qu'il résulte de l'instruction et des débats la preuve que C... a, dans le cours des années 1838 et 1839, détourné au préjudice de la Société dite Savonnerie de l'Ourcq, dont il était le gérant salarié, diverses sommes qui ne lui avaient été remises qu'à la charge de les représenter ou d'en faire un emploi déterminé.... que ces diverses sommes montant ensemble à 58.000 fr. ont été détournées frauduleusement par C... et appliquées à ses affaires personnelles et au payement de ses dettes.

Ainsi, la Cour de cassation relève dans l'arrêt de la

Cour d'appel précisément le fait caractéristique essentiel à l'existence du délit. Voici un autre arrêt de la Cour de cassation du 4 juin 1886 :

Sur l'unique moyen du pourvoi tiré de la fausse interprétation des articles 22 et 25 de la loi du 24 juillet 1867 et de la violation par suite de non-application de l'article 408 du Code pénal, en ce qui concerne G...

Attendu qu'il résulte des énonciations de l'arrêt attaqué que G... était président du Conseil d'administration et administrateur-délégué de la Société anonyme « le Comptoir industriel de France et des colonies »; qu'à ces titres, il s'était fait remettre par l'employé Legendre 3.200 obligations de la Compagnie des Messageries fluviales de Cochinchine, appartenant à cette Société, pour les donner à B..., en payement des organes de publicité cédés par ce dernier; qu'au lieu de livrer ces titres à B..., il a fait inscrire le même jour, sur les livres de la Société des transports de Saint-Dizier, dont il était également l'administrateur, une prétendue vente de ces obligations par B..., moyennant le prix de 800.000 fr. et une pretendue cession par cette Société à B... des 600 actions du Comptoir pour une somme équivalente; que les écritures ainsi passées de l'ordre de G... étaient contraires à la vérité au regard de B..., lequel n'avait jamais reçu que les 1.600 actions du Comptoir industriel, et que le bénéfice de l'opération au profit de la Société des transports, propriété de Giros et de sa famille, mais au préjudice du Comptoir, se chiffre par une somme très importante (500.000 francs environ);

Attendu, cependant, que l'arrêt attaqué, tout en proclamant le caractère si indélicat et si répréhensible des agissements de G.., a écarté l'application de l'article 408 du Code pénal, par ce motif que les obligations de la Compagnie des Messageries fluviales, dont il avait la disposition, comme administrateur-délégué, ne lui avaient point été remises pour en faire un emploi déterminé;

Mais attendu que G..., mandataire de la Société du Comptoir industriel, avait pour premier devoir de négocier les valeurs de cette Société et d'en faire l'emploi dans un intérêt social; que c'était là la destination naturelle de ces valeurs;

Attendu que, constatant en fait, à la charge de G..., le détournement frauduleux d'une partie desdites valeurs, pour, au moyen d'opérations fictives et préjudiciables à la Société du Comptoir industriel, les faire servir à l'enrichissement d'une autre Société qui lui appartenait à lui et à sa famille, la Cour de Paris avait relevé tous les éléments constitutifs du délit d'abus de confiance, et que, dès lors, en écartant l'application de l'article 408 du Code pénal, l'arrêt attaqué en a violé les dispositions expresses.

Je prends à dessein ceux des arrêts qui me paraissent les plus remarquables. Celui-ci l'est parce que c'est un arrêt de cassation, mais vous voyez avec quel soin la Cour relève cette circonstance que les fonds, que les valeurs ainsi détournés par G... ont été employés par lui à l'enrichissement d'une Société qui appartient à lui et à sa famille.

Cour de Paris, 6 juillet 1850 :

Attendu que l'application irrégulière et abusive de ladite somme de 12 913 francs, faite par A... aux dépens de la commandite, dans son intérêt personnel et pour payer sa propre dette, tombe sous les dispositions de la loi pénale ;

Que dès lors A..., etc...

Je terminerai ces citations par l'arrêt de la Cour de Paris dans l'affaire du Crédit général français :

En cè qui touche l'abus de confiance, considérant que les plaignants relèvent à ce point de vue : 1° l'achat, pour le compte du Crédit général français, en 1880, 1881 et 1882, d'une certaine quantité d'actions industrielles actuellement dépréciées, provenant de la participation d'X... et Y... ; 2° la remise faite en avril 1882, par les trois prévenus, au Crédit général français, en payement de ses avances au sujet du syndicat dit des 30.000 titres de valeurs aujourd'hui mauvaises et de créances devenues irrécouvrables ;

Considérant, d'une part, que si les frères Y... ont eu le tort de ne pas soumettre ces cessions à la sanction de l'assemblée générale des actionnaires, conformément à l'article 40 de la loi du 24 juillet 1867, cette violation de la loi est dépourvue de toute sanction pénale ;

Considérant, d'autre part, que les opérations critiquées sont l'œuvre du conseil d'administration tout entier, agissant dans la sphère de ses attributions statutaires, qu'elles constituent des actes de gestion susceptibles de donner lieu à des réparations pécuniaires, si les intérêts de la Société ont été compromis par des fautes engageant ceux qui les ont commises ; mais qu'elles ne sauraient être considérées comme des détournements des deniers sociaux opérés par les frères Y..., avec la complicité d'X..., alors surtout que l'intention frauduleuse, élément essentiel du délit d'abus de confiance, n'a pas été établi.

Mais cette différence essentielle entre les fautes de gestion et les détournements criminels va paraître encore plus sensible à la lecture des interrogatoires.

Écoutez celui-ci :

La ruine de la Société a donné lieu à des plaintes, à des pétitions au Corps législatif relativement à l'emploi qui avait été fait du fonds social par l'administration ; nous vous avons déjà fait connaître qu'on reprochait à l'administration d'avoir gaspillé ces fonds par des prodigalités de toutes sortes, par des marchés onéreux, par des commissions, primes ou allocations diverses arbitraires, par des détournements soit directs, soit déguisés sous la forme de majorations ou de partage de bénéfices avec certains entrepreneurs.

Nous devons reconnaître tout d'abord, sur ce dernier point, que tous les paiements, de quelque nature qu'ils fussent, se sont trouvés justifiés avec pièces à l'appui par votre comptabilité et qu'il n'est résulté, soit de l'instruction, soit de l'expertise ordonnée par nous, aucune preuve de détournement, soit à votre charge personnelle, soit à celle d'aucun de vos collègues de l'administration.

Mais l'article 408 du code pénal ne punit pas seulement le détournement, mais encore la dissipation par le mandataire des sommes qu'il a reçues à titre de mandat ; or, on ne saurait méconnaître que l'examen des comptes de l'emploi des sommes encaissées a révélé l'existence de nombreux actes de dissipation, c'est-à-dire de dépenses arbitraires, exagérées, follement ordonnées, et que n'aurait pas dû faire une administration soucieuse de la bonne gestion des deniers à elle confiés.

Ainsi M. Prinet reconnaît lui-même que tous les actes critiqués sont des actes de gestion, ce qui exclut évidemment l'idée d'un détournement, d'autant plus que M. le conseiller instructeur proclame lui-même la probité rigoureuse des prévenus.

Cela est si vrai que M. l'Avocat général a reproché aux prévenus, non pas d'avoir gagné de l'argent dans l'entreprise, mais de n'en avoir pas perdu assez. Singulier début pour une prévention d'abus de confiance!

Ceci m'amène à vous dire encore un mot de leur situation de fortune. Vous trouverez dans mon dossier les détails les plus circonstanciés et les plus intimes, contrat de mariage, lettre écrite à propos du mariage de Mlle de Lesseps et autres documents sur lesquels vous seuls avez le droit de jeter les yeux.

En voici le résumé :

En 1871, M. Charles de Lesseps occupait encore un tout petit appartement, et ses revenus, y compris son traitement à la compagnie de Suez, s'élevaient à 18.500 fr. Lorsque plus tard il est devenu vice-président de la Société de Panama, vous savez qu'il a eu 10 parts, qu'il les a vendues moyennant 200.000 fr.; vous en trouverez l'emploi détaillé dans une note, et vous verrez que cet emploi ne l'a pas enrichi.

Quant à M. Ferdinand de Lesseps, j'ai déjà dit à la Cour, et elle verra les pièces justificatives dans mon dossier, qu'il a engagé une somme de 1.778.000 francs dans l'entreprise de Panama qui, jusqu'à concurrence de 1.400.000 francs, s'est compensée avec le prix de ses parts de fondateur. En sorte que dans l'affaire de Panama il a perdu une somme de plus de 300.000 fr.

Mais a-t-il donc une fortune considérable? Il l'a établie, il y a deux ans, pour marier sa fille. Vous verrez la lettre qui en donne le détail. Chacun de ses 13 enfants peut attendre de lui 2.500 à 3.000 francs de revenu. Quant à son désintéressement, écoutez cette lettre écrite le 12 novembre 1890, par l'ancien consul général des Pays-Bas en Égypte :

L'autre semaine, les journaux, *le Jour* et *le Matin*, dans des articles sur Panama, parlaient du désintéressement de M. Lesseps.

Veuillez me permettre de vous signaler un autre fait de cette nature, peu ou point connu, et dont j'ai été le témoin.

C'était en Égypte, en 1856, au mois de juillet, je crois, et si mes notes documentaires, comme toute ma maison, d'ailleurs, n'avaient pas été brûlées, en 1882, lors du bombardement d'Alexandrie, je serais à même de préciser la date exactement.

A cette époque, 1856, le fondateur du canal de Suez n'avait pas formé sa Compagnie encore. Il était donc seul propriétaire de la concession que le vice-roi Saïd-Pacha lui avait octroyée.

Or, ce même jour, il avait passé toute l'après-midi avec Son Altesse et rentrait du palais à huit heures du soir. Au moment de nous mettre à table, on lui apportait son volumineux courrier d'Europe. Il le dépouillait en mangeant, et je tâchais de lire sur sa figure l'impression des nouvelles qu'il recevait, lorsque je le vis sourire et, en me passant une des lettres, il me dit : « Lisez. »

On lui faisait l'offre de lui acheter la concession pour 50 millions de francs.

— Quelle excellente affaire! m'écriai-je, et j'espere bien que vous allez accepter! — Vous n'y pensez pas, me répondit-il. D'abord, je n'en ai pas le droit, et... — Quant au droit, Saïd-Pacha vous l'accordera. Il est bien trop votre ami pour ne pas être heureux de vous voir à la tête d'une si grosse somme. — Peut-être, me dit-il, mais la concession appartient à l'humanité. Qui sait si l'acheteur creuserait le canal? et je me suis mis en tête que je le ferais, moi, et nul autre. — Mais, fis-je plus timidement, songez donc aux obstacles de toute nature que vous aurez à combattre et à vaincre! Puis, vous n'êtes pas riche; vous avez des enfants. — Je ne me dissimule pas, me dit-il, que c'est une très grosse besogne, mais elle ne m'effraie point. Je sais bien que je ne suis pas riche; je dois même à mon banquier, Flury Hérard, quelques milliers de francs à l'heure qu'il est. Souvent, j'ai toutes les peines du monde à réunir les deux bouts, mais Dieu est grand, comme disent les Arabes, et quant à mes enfants, ils travailleront comme leur père.

Puis il déchira la lettre en me disant simplement :

— Tout cela entre nous, je vous prie, et n'en parlez à personne.

Je lui ai promis, et j'ai tenu parole. Mais en présence des attaques écœurantes et ignobles dont le nom du grand Français est l'objet, je pense avoir le droit de me croire relevé de ma promesse.

Paris, le 12 novembre 1892.

Voilà l'homme que vous avez à juger !

Pourtant j'ai encore ici quelque chose à dire.

Quelle part faut-il faire au père et au fils dans les

opérations que la prévention incrimine? A cet égard, M. Charles de Lesseps a toujours fait les déclarations les plus catégoriques, et il a dit dans tous ses interrogatoires, comme à vous-mêmes : « J'ai été, dès le début, opposé à l'entreprise à cause des risques qu'elle entraînait pour la gloire de mon père; mais je m'y suis dévoué corps et âme dès que mon père en a eu pris la direction. »

Et, pour bien connaître l'âme de ces deux hommes, permettez-moi de placer sous vos yeux quelques passages d'une note écrite par M. Charles de Lesseps pour son défenseur.

Lorsque les poursuites furent dirigées contre mon père dans l'affaire de Panama, un changement marqué se produisit dans l'état de sa santé; il garda la chambre et souvent le lit.

Le jour où il devait se rendre chez M. le Conseiller chargé de l'instruction, je vins le chercher; je me rencontrai avec le docteur Moissenet, qui avait été autorisé par M. Prinet à accompagner mon père et à rester auprès de lui pendant l'interrogatoire.

Mon père, très faible, venait de se lever et n'était pas encore habillé; il prenait un semblant de déjeuner.

Le docteur Moissenet fut d'avis qu'il serait fort imprudent que mon père sortît, et il me conseilla d'en prévenir M. Prinet.

Cependant, tôt ou tard, cette visite devait avoir lieu, j'avais l'espoir qu'elle serait unique et qu'ensuite je me trouverais seul en face du magistrat, qui m'accepterait comme remplaçant de mon père pour tous renseignements à fournir; je croyais donc qu'il valait mieux tout de suite faire supporter à mon père une secousse qui ne pouvait qu'être ajournée, et qui devait nécessairement lui être imposée; je m'approchai de mon père; je lui expliquai qu'il était convoqué chez M. Prinet qui avait à faire un examen de notre administration dans la Compagnie de Panama, que nous ne pouvions que nous féliciter, et que s'il se sentait en état de faire un effort, il devait le faire.

Mon père se leva et, dirigeant vers moi un regard résolu, il me dit : « Je vais y aller. »

Il s'habilla et arriva chez M. Prinet comme s'il avait recouvré toutes ses forces; il resta trois quarts d'heure dans le cabinet de M. Prinet qui, lui-même, atteint d'un accès de goutte, nous avait reçus à son domicile privé, 68, rue Bonaparte; mon père en sortit avec cette physionomie pleine de charme et d'énergie qu'il avait toujours eu les jours de lutte.

Mais la réaction ne tarda pas à se produire; elle fut terrible; dès le lendemain, mon père ne quitta plus le lit et ne parla plus pendant près de trois semaines; on voyait qu'il était dominé par une pensée qu'il était impossible de lui arracher, pensée qui aggravait une maladie et un état de faiblesse dont le docteur Moissenet se montrait fort tourmenté. Chaque jour j'essayais de découvrir cette pensée sans y parvenir; enfin, j'eus l'inspiration de lui dire une phrase que souvent je lui avais entendu prononcer : « Ce qui est certain, c'est que le bien l'emporte sur le mal. — S'il n'en était pas ainsi, répondit mon père, ce serait à se détruire. »

J'embrassai mon père, je pris sa main, et, en le regardant, j'ajoutai : « Ce que je viens de dire, et qui est si vrai, je le tiens de toi; tu l'as mis en moi avec tant de force que je le croirai toujours; ce n'est pas à ton âge, je suppose, que l'on change ses convictions. »

Mon père prit un autre visage, et, à partir de ce moment, son état s'améliora rapidement.

Le ton avec lequel je lui avais répété sa pensée favorite l'avait sans doute frappé; il s'était heureusement abandonné à cette confiance touchante qu'il m'a toujours témoignée.

Ces quelques mots : « S'il n'en était pas ainsi, ce serait à se détruire », exprimaient la souffrance morale qui torturait mon père.

Lui, si bon, qui ne s'était jamais préoccupé que des autres, il ne comprenait pas que le moindre soupçon pût planer sur une vie de désintéressement et d'honneur. à moins que, contrairement à ce qu'il avait cru jusque-là, le mal ne l'emportât sur le bien.

J'aime à vous arrêter un instant sur ces nobles sentiments avant d'aborder les bassesses auxquelles je vais être maintenant obligé de toucher.

J'ai pourtant encore à dire un mot des griefs adressés aux directeurs de la Compagnie sur lesquels M. l'Avocat général s'est étendu dans son exposé sans les reproduire dans la discussion. Je veux parler des contrats faits avec les entrepreneurs.

Je devrais n'en rien dire, parce qu'en bonne justice, il est incroyable qu'on puisse songer à retenir dans une prévention d'abus de confiance des contrats passés avec des tiers qui ne figurent pas au procès, en vertu de votes réguliers du conseil d'administration. Le caractère évidemment civil d'une semblable discussion me paraît si frappant, que je n'imaginais pas qu'il en pût être question dans cette audience.

Il en a été autrement ; M. l'Avocat général a suivi les traces de l'expert, qui a contesté la sagesse de ces contrats du haut de sa compétence universelle. Je n'entrerai pas dans l'examen de chacun d'eux, et je veux dire un seul mot de ceux qu'a le plus vivement critiqués la prévention.

De tous les entrepreneurs avec lesquels la Compagnie de Panama a traité, un seul a été compris dans la poursuite dont nous sommes l'objet, c'est M. Eiffel.

Ai-je quelque chose à dire du contrat fait par la Compagnie avec M. Eiffel? Evidemment non, car, si j'ai bien compris les reproches adressés à M. Eiffel, ces reproches visent surtout la suite donnée au contrat après la chute de la Compagnie. La Cour a entendu M. Dingler ; elle connaît le texte du contrat. Il a été longuement préparé et discuté, la perte qu'il a entraînée pour la Compagnie naît de la transaction et non du contrat lui-même.

Mais il y a un autre contrat qui a été de la part de M. l'Avocat général l'objet d'observations particulières, à propos de la déposition d'un témoin, M. Etienne Martin. Vous vous souvenez de l'incident : le 2 juillet 1886, M. de Lesseps était prêt à signer avec MM. Artigue, Sonderegger et Compagnie un traité pour le percement de la Culebra ; ces entrepreneurs prenaient la suite du contrat de MM. Cutbill de Lungo et Cie. « Or, dit M. Martin, j'étais à ce moment secrétaire général de la Compagnie ; j'ai vu qu'il y avait dans le nouveau traité une augmentation de 1 fr. 40 par mètre cube, ce qui, pour 20 millions de mètres cubes, représentait 28 millions d'augmentation ; j'avais entendu dire que cette commission revenait en tout ou en partie à M. de Reinach ; j'ai signalé cette circonstance à M. de Lesseps, mais il a passé outre et j'ai donné ma démission. »

L'étonnement que M. de Lesseps a éprouvé à l'audience s'explique par cette circonstance que son attention n'avait point été appelée sur ce fait dans l'instruction ; aussi a-t-il manifesté à l'audience une surprise que que M. l'Avocat général a traitée de confusion. En effet, il y a ici confusion, mais c'est une confusion dans les faits et dans les chiffres ; vous allez en juger par le rapport de l'expert.

Pour obtenir de la Compagnie du canal de Panama, aux conditions que nous venons d'indiquer, la concession des travaux qu'ils voulaient entreprendre, MM. Cutbill de Lungo, Wattson et Van Hattum ont dû s'assurer du concours d'intermédiaires. Il résulte en effet d'une série de correspondances, actes et conventions, retrouvés dans leurs papiers que, préalablement a la signature de son premier contrat, la Société dont il s'agit s'était entendue avec M. Betzold, demeurant à Paris, rue du 4-Septembre, n° 26, qui devait lui faciliter ses arrangements avec la Compagnie de Panama.

Les conditions de ce concours sont arrêtées par lettres échangées entre les parties et sont résumees dans une lettre, en date du 31 janvier 1885, écrite en anglais (et que nous avons fait traduire) par ledit M. Betzold à MM. Cutbill de Lungo, Wattson et Van Hattum. Dans cette lettre se trouve reproduit l'engagement pris par les entrepreneurs de payer à leur intermédiaire ou à son fondé de pouvoir, une commission de 5 0/0 sur le montant de chaque mémoire qui leur sera payé pour travaux concernant le canal de Panama, si dans une période de six mois, à partir du 11 octobre 1884, M. Betzold a obtenu de la Compagnie de Panama pour eux ou pour l'un d'eux, un contrat dûment signé.

Or, M. Betzold me semble n'avoir été dans cette circonstance qu'un intermédiaire ou un prête-nom, car on le voit plus tard céder, sans contre-partie apparente, à M. J. de Reinach et à la Banque parisienne, son droit à la commission promise par MM. Cutbill de Lungo, Wattson et Van Hattum. Nous allons voir du reste ces cessionnaires percevoir cette commission sous diverses formes, tant pour la période d'exécution de la première entreprise que pour celle qui correspond à l'entreprise de la Société Artigue, Sonderegger et Cie.

En effet, lorsque ces derniers se chargent des travaux de la Culebra à la place de leurs prédécesseurs, M. de Reinach, qui avait signifié à ces derniers la cession à lui faite par M. Betzold, arrête par échange de lettres en date du 3 août 1886, régularisées plus tard par deux actes en date du 25 janvier 1888, enregistrés, avec MM. Cutbill de Lungo, Wattson et Van Hattum, de nouvelles conventions qui se résument de la manière suivante :

La commission allouée à M. Betzold et cédée ensuite à M. de Reinach est arrêtée à forfait à la somme de 220.000 francs, qui sera payée à ce dernier au moyen d'une délégation de 0 fr. 12 par mètre cube extrait, sur la redevance de 0 fr. 85 par mètre cube qu'aux termes de leurs conventions particulières avec leurs successeurs, MM. Cutbill de Lungo et Cie doivent recevoir de ces derniers.

Plus tard encore, dans les deux premiers mois de 1888, on voit M. de Reinach recevoir des mêmes entrepreneurs une commission de 0 fr. 20 par mètre cube sur les travaux faits par MM. Artigue, Sonderegger et Cie.

Nous devons, par contre, signaler deux avances d'ensemble 80.000 fr. faites par M. de Reinach en juin 1886 à MM. Cutbill de Lungo, Wattson et Van Hattum, et dont il devait être remboursé au moyen de la commission de 0 fr. 12 par mètre cube à recevoir sur les travaux exécutés par Artigue, Sonderegger et Cie.

Enfin MM. Cutbill de Lungo et Cie ont alloué une commission du même genre de 0 fr. 10 par mètre cube à M. le chevalier Antoine Stacchini, demeurant à Paris, avenue du Bois-de-Boulogne, 7.

Nous ne signalons que pour mémoire une commission de 0 fr. 01 par mètre cube allouée à M. Reintgès, ingénieur, demeurant à Amsterdam, dont le payement n'est pas indiqué par les pièces.

D'après les livres de MM. Cutbill de Lungo, Wattson et Van Hattum toutes les commissions ainsi allouées et payées, soit par eux-mêmes, soit par leurs successeurs, se sont élevées aux chiffres suivants :

A M. le baron Jacques de Reinach :

Première commission de 4 0/0 sur les travaux faits depuis le 1er septembre 1886 fixée à forfait à .... Fr.	220.000 »
Deuxième commission de 0 fr. 15 par mètre cube sur le travail fait par MM. Artigue, Sonderegger et Cie depuis le mois de septembre 1888..............	122.266 74
Troisième commission de 0 fr. 20 par mètre cube sur travaux faits en janvier et février 1888........	41.000 »
Ensemble.... Fr.	383.266 74

Ainsi nous savons tout; grâce aux investigations de l'expert, nous connaissons les contrats, la correspondance, les sommes payées.

Nous pouvons donc substituer la vérité aux apparences dont l'imagination de M. Étienne Martin a fait en réalité tous les frais.

Voici en effet, d'après le rapport même de M. Flory, la succession des faits :

L'entreprise Cutbill de Lungo et Cie ayant été considérée comme insuffisante pour exécuter son contrat, elle fut remplacée par MM. Artigue, Sonderegger et Cie le 18 février 1887. Mais pour transférer à MM. Artigue, Sonderegger et Cie le contrat Cutbill de Lungo, il fallait l'une ou l'autre de ces deux choses : ou faire résilier le contrat de MM. Cutbill de Lungo à l'aide d'un procès qui aurait duré trois ou quatre années, ce n'était pas possible; ou obtenir des entrepreneurs un consentement à la résiliation de leur contrat : c'est là précisément ce qui a été négocié; et on l'a obtenue. Comment? A l'aide d'une fort légère indemnité, vous allez le voir, que MM. Artigue, Sonderegger et Cie, successeurs de MM. Cutbill de Lungo, ont été chargés de payer sur le bénéfice qui leur était alloué. C'est pour payer cette indemnité à leurs prédécesseurs, en même temps que pour payer, ce qui est très légitime, le surcroît de puissance dont ils disposaient et qu'ils apportaient à l'exécution du travail considérable dont ils allaient être chargés, qu'on leur a accordé des prix plus élevés.

Mais quels prix, et quelle est maintenant la cause de l'erreur? La cause de l'erreur de M. Martin est très simple : il s'est imaginé que c'était une somme forfaitaire accordée à MM. Artigue, Sonderegger et Cie par mètre cube, quelles que fussent les couches de terrain desquelles les mètres cubes étaient extraits. En se reportant au contrat, ce que je vais faire avec les ingénieurs, on voit au contraire que pour la couche supérieure il n'était pas même accordé 1 fr. 40, mais bien 7,80 moins 6,86, soit 93 centimes. Puis, à mesure que les couches étaient plus basses, la différence était moindre, et en réalité, vous verrez aux pièces que sur les 167 millions de travaux dont MM. Artigue, Sonderegger étaient chargés, ils ont obtenu sur le marché précédent une augmentation de 10.500.000 francs; vous trouverez à mon dossier une note technique de M. Dingler sur ce point.

Puis, que faisait M. de Reinach? Vous l'avez vu par le rapport de M. Flory : M. Betzold avait été l'un des intermédiaires qui avaient procuré à MM. Cutbill de Lungo le contrat avec la Compagnie de Panama, et il avait stipulé de MM. Cutbill de Lungo une commission; par suite d'une affaire entre MM. Cutbill de Lungo et de Reinach, M. Betzold avait cédé une partie de sa commission à M. de Reinach, et celui-ci avait fait signifier cette cession à la Compagnie.

Tout le bénéfice qui lui était ainsi accordé représente, tant pour la commission qu'il a reçue sur les travaux exécutés par MM. Cutbill de Lungo, que pour la commission reçue sur les travaux exécutés par MM. Artigue, Sonderegger et Cie, M. Flory vous donne le chiffre avec les pièces comptables, la somme de 380.000 fr. Vous voyez que l'affaire est aussi simple que possible.

J'ajoute que ce contrat a été, comme les autres, préparé par les conseils techniques de la Compagnie.

J'ajoute enfin que le contrat a été soumis au conseil et approuvé par lui.

Le conseil approuve :

1° Le projet d'une convention résultant d'une lettre qui serait adressée par MM. Cutbill de Lungo, Wattson et Van Hattum, à M. le Président-Directeur, à l'effet d'obtenir de la Compagnie son agrément pour la substitution de MM. Bunau-Varilla (Maurice), Artigue et Sonderegger à MM. Cutbill de Lungo, Wattson et Van Hattum, pour l'exécution du contrat du 27 août 1885, relatif à la tranchée de la Culebra;

2° Le projet de contrat à intervenir entre MM. Bunau-Varilla, Artigue et Sonderegger, substitués à MM. Cutbill de Lungo, Wattson et Van Hattum à la Compagnie pour l'entreprise de la tranchée de la Culebra, portant certaines modifications au contrat primitif du 27 août 1885, et désigne M. Charles-Aimé de Lesseps pour représenter la Compagnie et signer pour elle.

Les directeurs sont donc sur ce point absolument justifiés.

Ai-je quelque chose à dire de l'affaire Slaven?

On a reproché aux directeurs d'avoir accordé à M. Slaven le bénéfice d'une transaction dont vous connaissez le chiffre; il suffit de dire que le règlement dont a parlé ainsi M. Noailhac-Pioche a été fait à Paris sur l'avis de M. Dingler! Et, quand, en termes généraux, on s'étonne que les transformations de l'entreprise entraînent des résiliations de marchés, et que ces résiliations coûtent des indemnités, on oublie trop aisément les termes de l'article 1794 du code civil.

Je n'ai plus, en ce qui touche les contrats, qu'un mot à dire à la Cour. On a parlé de l'affaire Barbaud, Vignaud, Blanleuil, de la Société de travaux publics et de constructions, et l'on a dit : Ces entrepreneurs avaient pour banquier la Société de dépôts; ils lui ont demandé de leur ouvrir des crédits de banque, et ils lui ont payé pour cela des commissions.

Or, M. Charles de Lesseps était l'un des administrateurs de la Société de dépôts, il avait 200 actions; par conséquent, dans une certaine mesure, il a profité, comme actionnaire pour 200 actions, des bénéfices que la Société de dépôts a retirés des contrats qu'elle a faits avec Barbaud, Vignaud, Blanleuil et la Société de travaux publics.

On a même ajouté : Il y a ici une infraction à l'article 40 de la loi de 1867.

D'abord cela n'est pas exact. Que dit l'article 40 de la loi de 1867? Il interdit aux administrateurs d'une Société de capitaux de faire des affaires personnelles avec la Société qu'ils dirigent sans obtenir l'autorisation de l'assemblée générale...

Mais il faut que ce soient des affaires personnelles!

Sans cela, tous ces grands industriels, ces commerçants considérables, qui sont à la fois membres du conseil d'administration des grandes Compagnies seraient en contravention ouverte avec la loi de 1867. L'administrateur d'une Compagnie de mines de fer ne pourrait pas être administrateur d'une Compagnie de chemin de fer ou de navigation. Personne ne s'en est jamais avisé.

J'ajoute d'ailleurs, avec l'arrêt du Crédit général français, que l'article 40 est dépourvu de toute sanction, soit civile, soit pénale.

Dès lors, il n'est pas vrai de dire que M. Charles de Lesseps ait fait ici un bénéfice personnel, et la prévention voit encore ici s'évanouir l'espérance de trouver l'élément de profit personnel nécessaire à l'abus de confiance.

Enfin voici ma dernière observation : Quelle est la

caisse d'où sont sorties les sommes payées à la Société de dépôts? Ce n'est pas la caisse de la Compagnie de Panama! Ce sont les entrepreneurs Barbaud, Vignaud, Blanleuil et la Société de travaux publics et construction qui ont payé à leur banquier une commission, et par conséquent les quelques centimes que chacun des actionnaires de la Société de dépôts a reçus du bénéfice de la commission touchée par les banquiers proviennent, non pas de la Compagnie dont il s'agit au procès, mais d'une Compagnie absolument différente, de personnes absolument distinctes.

En sorte qu'à quelque point de vue qu'on se place, soit au point de vue du fait, soit au point de vue du droit, il m'est permis de conclure sur ce point que les critiques formulées par la prévention sont absolument sans fondement.

AUDIENCE DU 26 JANVIER

Messieurs,

Je crois avoir démontré jusqu'à l'évidence, à la fin de l'audience d'hier, que les différents contrats faits par la Société avec les entrepreneurs ne pouvaient pas être considérés comme des éléments du délit d'abus de confiance, et qu'il fallait désormais abandonner tout ce côté du procès.

Tout l'intérêt de la discussion va maintenant se concentrer sur les dépenses faites par la Société au moment des émissions, et que l'on peut considérer à un triple point de vue : dépenses de publicité, dépenses de courtages, dépenses de syndicats.

Le rapport de M. Flory en contient l'énumération, mais vous trouverez le résumé de toutes ces dépenses à la page 77 du premier rapport de M. Monchicourt, dans un tableau récapitulatif qui met ainsi sous les yeux le détail et le total de tous ces frais.

M. Monchicourt ne s'est attaché qu'aux émissions

d'obligations ; et il a eu raison. Son tableau est divisé en plusieurs colonnes dont voici le détail :

Frais de syndicats ;

Frais de publicité ;

Commissions de placement ;

Signatures de titres ;

Travaux supplémentaires ;

Impressions et frais divers, etc.

Vous trouverez donc là, emprunt par emprunt, le montant total des sommes dépensées, en même temps que le détail de ces sommes elles-mêmes. Vous vous apercevrez qu'il y a une différence, pour la dernière émission, entre les chiffres du rapport de M. Monchicourt et ceux du rapport de M. Flory. Cependant, ces deux experts ont travaillé sur les mêmes éléments ; il ne peut donc y avoir entre eux aucun désaccord, mais la différence vient de ce que M. Monchicourt n'a pas compris, dans les frais d'émission du dernier emprunt, 4 millions de commission payés à la Société générale et au Crédit lyonnais, à la suite du contrat que la Cour connaît bien. Mais, quant aux autres chiffres, ils sont absolument les mêmes.

J'appellerai tout d'abord l'attention de la Cour sur un certain nombre de faits, bien connus d'elle et qui ont au procès une importance capitale.

Voici le premier : à chaque émission d'obligations, les frais faits pour l'émission ont été l'objet d'une proposition des directeurs au conseil d'administration. Le conseil d'administration a mûrement étudié ces propositions, et, après cet examen, il les a votées.

La Cour me permettra, parce que cela est tout à fait utile, de placer sous ses yeux les pièces justificatives de la proposition que je viens d'avancer, et qui sont relatives à la dernière émission d'obligations du 26 juin 1888.

Sous quelle forme ces propositions ont-elles été faites, et les votes émis ? Voici, la copie d'une pièce dont l'original se trouve dans les archives de la liquidation.

Compagnie universelle du Canal interocéanique.

Comptabilité générale et titres.

PROPOSITION.

Nous avons l'honneur de prier le comité de vouloir bien demander au conseil l'ouverture d'un crédit de....... Fr. 42.695.000 pour les frais d'émission des obligations à lots, suivant détail ci-après:

Syndicat....................................	23.000.000
Presse, annonces................................	7.200.000
Commissions, 2.000.000 × 5....................	10.000.000
Frais matériels, impressions, timbres, etc..........	1.235.000
Frais de signature et achat de papier pour les titres provisoires, impressions......................	184.600
Frais d'envoi de titres, circulaires, etc.............	600.000
Personnel auxiliaire et travaux supplémentaires....	500.000
Total...........	42.719.600

En rapprochant cette somme du capital qui doit être encaissé, on trouve que les frais d'émission représentent 7,01 0/0 du montant net de l'emprunt, déduction faite de la partie qui doit constituer le fonds d'amortissement et s'élèvent à 21,35 par titre. Ils représentent 5,93 0/0 des 720 millions.

Les frais des précédentes émissions ont été les suivants :

Obligations	5 0/0..	7,32 0/0 —	31,40	par titre de	437.50
—	3 0/0..	6,10 0/0 —	18 »	—	285 »
—	4 0/0..	7,14 0/0 —	23,77	—	333 »
Nouvelles	1re série..	5,34 0/0 —	24 »	—	450 »
—	2e série..	5,49 0/0 —	24,16	—	440 »
—	3e série..	7,04 0/0 —	27,44	—	460 »

En outre, pour nous permettre de nous occuper immédiatement de la confection des titres définitifs, nous prions le comité de demander au Conseil, en dehors du crédit ci-dessus imputable aux frais d'émission, un second crédit de............ Fr. 299.200 pour couvrir les dépenses de confection des titres définitifs.

Savoir :

Achat de 2 200 rames de papier filigrané à raison de 30 francs la rame.............................. ...	79.200
Impression des titres..............................	100.000
Frais de signature des titres..............................	120.000
Total....	299.200

Paris, le 7 juin 1888.

Cette proposition, faite au conseil d'administration dans la séance du 8 juin 1888, est l'objet d'une discussion dont voici la sténographie :

Obligations à lots.

M. CHARLES DE LESSEPS. — Nous avons à vous demander un crédit pour frais d'émission. Il est sur la somme totale de 5,97. Il se compose d'un syndicat qui serait proportionnel à la quantité sur la base des résultats précédents, et proportionnel à la quantité des obligations émises. Les frais de presse représentent 1 0/0 du total, parce que nous supposons qu'il y aura là une réserve qui pourra servir pendant plusieurs années. Nous ne savons pas au juste les arrangements que nous prendrons. Il est bon d'avoir une certaine réserve pour l'avenir. Les commissions sont fixées à 5 francs par obligation. Les frais matériels, impression, timbre, 1.235.000 francs. ; frais de signature et achat de papier pour les titres provisoires, impression, 166.600 francs; frais d'envoi de titres, circulaires, etc., jusqu'à 500.000 francs.

M. LE BARON POISSON. — Cela fait un total de...

M. CHARLES DE LESSEPS. — De 42.695.000 francs, c'est un gros chiffre.

M. LE COMTE DE CIRCOURT. — Les commissions sont là-dedans pour combien?

M. CHARLES DE LESSEPS. — Pour dix millions.

M. DAUBRÉE. — Comment! les commissions ne sont que de dix millions dans les 42 millions!

M. CHARLES DE LESSEPS. — Je vais donner le détail si vous voulez. La presse, 7.200.000 francs, le syndicat 23.000.000 francs.

M. DAUBRÉE. — J'avais confondu le syndicat avec les commissions.

M. CHARLES DE LESSEPS. — Frais d'impression, timbre, etc., jusqu'à un total de 42.695.000 francs.

M. LE BARON POISSON. — Cela fait combien par obligation?

M. CHARLES DE LESSEPS. — Cela fait 7,01 sur l'ensemble de l'emprunt, par conséquent 7,01 par obligation; 5,97 sur 720 millions: c'est donc 5.97 par obligation.

M. DE MONDÉSIR. — Cela fait 21 francs par obligation.

M. CHARLES DE LESSEPS. — C'est 6 0/0 sur toute somme encaissée, puisque c'est 6 0/0 sur le total.

Puis la discussion continue. Cette sténographie n'occupe pas moins de dix à douze pages. Après avoir examiné ces préliminaires de l'émission, le conseil d'administration entre dans le détail des dispositions accessoires, il examine les conditions dans lesquelles la Société civile devra être constituée ; il se demande à quel moment il faudra l'établir. En un mot il discute, comme doit le faire un conseil d'administration vigilant, soigneux des intérêts qui lui sont confiés et qui désire remplir loyalement son mandat, l'ensemble et les détails de toute l'opération.

Tel est le premier fait dont la Cour aperçoit aussitôt la conséquence. C'est un acte d'administration. Voici maintenant le deuxième fait.

Ces crédits ainsi votés par le conseil conformément aux statuts, n'ont pas été dépassés. Par conséquent, personne ne pourra me contredire si j'affirme que ce sont des actes réguliers des mandataires de la Société, accomplis dans les termes mêmes des statuts, que la prévention veut transformer en abus de confiance à la charge de quelques-uns.

J'ai à peine besoin de rappeler à la Cour les considérants d'un arrêt de la Cour de Paris que j'ai lus hier, qui repoussent une prétention semblable élevée par le ministère public :

Attendu que les actes que l'on incrimine sont des actes du conseil d'administration tout entier, que dès lors ils ont été accomplis dans les termes des statuts, qu'ils constituent des faits de gestion pouvant être critiqués au point de vue civil, mais qui ne sauraient l'être au point de vue de l'article 408... acquitte...

Troisième fait. — Les dépenses effectuées à l'occasion des émissions antérieures à celle du 16 juin 1888 ont été régulièrement portées aux bilans approuvés par les assemblées générales, en sorte que, la prévention à laquelle je réponds l'a reconnu elle-même, pour tout le passé, il n'y a point de critiques possibles. Il est vrai qu'on nous dit : L'émission du 26 juin 1888 n'a été suivie d'aucune assemblée générale ; par conséquent vous ne pouvez pas vous couvrir d'une ratification semblable. Cela est vrai au point de vue légal. On ne peut pas ici opposer à la prévention de fin de non-recevoir.

Mais, si cela est vrai au point de vue du droit, vous me permettrez d'ajouter au point de vue du fait que, la Société étant tombée le 14 décembre, une assemblée générale a été tenue au mois de janvier 1889, par les administrateurs provisoires ; que M. Ferdinand de Lesseps n'a pas hésité à y venir et y a été couvert d'applaudissements ; en sorte qu'il ne saurait rester dans l'esprit d'aucun homme de bonne foi un doute sur le point que voici : Si on avait arrêté les écritures au 31 décembre 1888 et si on les avait soumises à la ratification de cette dernière assemblée générale, comme les statuts le permettaient, les comptes de l'ancienne administration auraient été approuvés ce jour-là comme les comptes précédents l'avaient été.

Examinons maintenant le taux général de ces frais d'émission. D'après M. Flory, la moyenne est de 7,85 0/0 sur l'ensemble des émissions ; d'après M. Ch. de Lesseps, elle est de 7,50 0/0. Il me semble inutile de m'attacher à discuter cette différence. Il me suffit de constater, pour les besoins de mon raisonnement, que dans l'un comme dans l'autre calcul, les frais sont inférieurs à 8 0/0. J'ajoute que le taux de la dernière émission n'est pas plus élevé que celui des émissions précédentes dont les dépenses ont été ratifiées par la Société elle-même. En effet, nous trouvons que l'émission s'est faite, pour la première fois, au taux de 7,88 0/0 ; que la seconde émission a été faite au taux de 6,26, la troisième au taux de 6,12, la quatrième au taux de 5,69, la cinquième au taux de 6,68 et la sixième au taux de 9,65 au lieu de 11,40, parce que M. Flory commet ici une erreur dans laquelle il retombera dans un instant.

Si nous arrivons maintenant à l'émission de 1888, M. Flory nous dit que la somme dépensée représente 12,27 0/0 du capital. C'est là une erreur grave. D'une part, antérieurement à cette émission, la Cour sait que la Société s'était fait avancer 30 millions par le Crédit lyonnais et la Société générale contre le gage des actions du Panama Rail-Road, et que la commission payée à ces établissements s'élevait à 4 millions. Là encore, nous nous trouvons en présence d'un acte d'administration régulier en la forme, accompli par le conseil en vertu d'une autorisation régulière. La prévention a la prétention de considérer ce fait comme un détournement. Vous me permettrez de dire que c'est dépasser la mesure. Elle oublie que des allégations du même genre ayant été, sous une forme différente, produites à la tribune de la Chambre des députés, M. Henri Germain, au nom du Crédit lyonnais, et M. Hély d'Oissel, au nom de la Société générale, tous deux, heureusement pour leurs Sociétés, députés, se sont précipités à la tribune pour protester contre des imputations de cette nature et justifier aux yeux du pays le contrat qu'ils avaient fait.

Je ne veux pas entrer dans le détail de ce contrat, ni examiner au point de vue commercial, si le crédit était cher, si l'on pouvait éviter des frais ; je ne veux me préoccuper que du point de vue criminel. Mais l'idée de reprocher aux mandataires d'une Société qui, dans les termes des statuts, ont traité avec des banquiers avec l'autorisation du conseil, des contrats réguliers, comme des abus de confiance, est évidemment excessive et erronée, et il n'y a pas à s'en préoccuper.

Je reviens au taux d'émission. Il est clair que pour faire le calcul du tant pour cent, il faut ajouter à la somme versée à la Compagnie la somme versée à la Société civile. La somme à obtenir était de 720 millions et non de 600 millions ; les efforts devaient être proportionnels à la somme totale qu'on demandait au public ; il faut donc prendre comme dividende 720 millions et non pas 600 millions, ce qui fait déjà tomber le pourcentage à 8,25 0/0.

Il y a donc là une erreur évidente commise par l'expert, et j'ajoute avec tous les témoins qu'il en commet une autre, alors qu'il ne tient compte que de la somme obtenue, et non de la somme demandée. On émettait 2 millions d'obligations, et non 800.000. Cette seconde rectification ramène à 5,97 le taux de l'emprunt.

Ces faits signalés, raisonnons. Je tiens ici à placer sous les yeux de la Cour les explications personnelles qu'a données M. Charles de Lesseps à M. le conseiller Prinet, parce que j'entends bien me placer sur le même terrain.

C'est dans le cinquième interrogatoire, 18 juin 1892,

que vous trouverez les demandes et les réponses suivantes :

D. La mort n'a pas permis à M. Lévy-Crémieux de présider aux syndicats des quatre dernières émissions d'obligations.

Disons de suite qu'on a apporté quelques modifications au système d'engagement et de rémunération suivi jusqu'alors, c'est ainsi que :

4° Lors de la quatrième émission du 3 août 1886, il a été convenu que le syndicat organisé à cet effet s'engagerait à verser 2 fr. 50 par chaque obligation à émettre à titre de participation aux frais d'émission moyennant quoi il recevait des primes variant avec le nombre d'obligations souscrites, il a obtenu ainsi une prime moyenne de 13 fr. 58, soit en tout 6 millions 539.662,50 qui déduction faite des 2 fr. 50 ou 1.203.250 francs a procuré aux syndicataires, bien qu'ils ne prissent ferme aucun titre, 5.336.412,50. C'est là, nous le répétons, une dépense abusive (p. 134).

R. Quand s'est présentée la question du projet de cette émission, nous avions remarqué certaine hésitation dans la haute banque que nous avions attribuée à l'incertitude qui régnait alors dans les conseils de notre administration et aussi dans ceux du gouvernement à qui M. Ferdinand de Lesseps avait, dès 1885, adressé une première demande d'autorisation d'émettre des obligations à lots ; c'est alors que sur l'avis de M. Lévy-Crémieux, homme sage et de grande expérience, nous avons adopté le système de l'avance de 2 fr. 50 par titre, ce qui n'était, du reste, que le retour au système adopté lors de l'émission des actions. Cette nouvelle forme de syndicat n'était, comme pour les cas précédents, qu'une façon de rémunérer de leur concours des établissements financiers ainsi que je l'ai déjà dit.

D. Le syndicat pour la cinquième émission du 26 juillet 1887 (p. 173) a été établi sur les mêmes bases, 2 fr. 50 à verser par titre souscrit, prime variable calculée sur une moyenne de 9 fr. 765 qui a donné pour 447.300 obligations une somme de 4 millions 368.604 fr. 54 ou net (déduction faite des 2 fr. 50 ou 1.118.250 francs (3.250.345 fr. 55) (p. 186).

C'est M. de Reinach qui cette fois a pris la place de M. Lévy-Crémieux, décédé.

R. Je fais la même réponse que dans le cas précédent, en faisant observer que si M. de Reinach a pu participer aux primes du syndicat comme syndicataire, il n'a nullement présidé à l'organisation du syndicat.

C'est moi qui m'en suis occupé, et j'ai pu réaliser quelques économies dans la distribution des parts.

D. (6°). Lors de l'émission du 14 mars 1888 (p. 204) le syndicat financier créé à cet effet devait avancer aussi 2 fr. 50 par titre et obtenir en échange des primes qui, après la clôture de la souscription, ont à raison de 6 fr. 25 donné aux syndicataires 1 million 974.263 fr. 95 ou net 1.175.100 fr. 45 après retenue du versement de 2 fr. 50 (p. 202 *bis* et 203 *bis*).

R. Même réponse.

D. (7°) Vient enfin le dernier emprunt, celui de deux millions d'obligations à lots devant produire 720 millions de francs et qui a été émis le 26 juin 1888 (p. 206).

Ici, mêmes procédés employés, syndicat qui versera 2 fr. 50 et recevra une prime variable. Cette prime, après la souscription qui n'a pas été entièrement couverte, a été fixée en moyenne à 8 francs soit 16 millions qui, après la retenue de 2 fr. 50 ou 5 millions, a procuré net aux syndicataires 11 millions. N'est-ce pas abusif? (p. 211).

R. Comme vous le voyez, le bénéfice acquis à ce syndicat se rapproche beaucoup de la commission allouée à celui qui nous a assistés dans l'émission des actions; ce bénéfice s'explique dans les deux cas par les mêmes considérations.

Je fais seulement observer que si la prime s'est élevée en moyenne à 8 francs, c'est parce que la souscription n'a pris qu'une partie des obligations offertes et que cette moyenne aurait été moindre si le tout avait été souscrit, parce que le taux de la prime devait diminuer selon une proportion décroissante.

D. Nous avons sous les yeux un état nominatif (annexe n° 8) des parties prenantes dans les divers syndicats pour les émissions d'obligations; nous y voyons figurer pour ce dernier syndicat un M. Hugo Oberndoerfer, lequel a encaissé 1.581.250 francs, plus 247.500 francs, soit en tout 1.828.250 francs.

R. M. Hugo était un spéculateur à la Bourse très influent qui nous a offert de mettre à notre disposition le concours de la coulisse, avec laquelle nous n'avions jamais eu de rapports jusqu'alors.

D'autre part, il nous a apporté avec M. de Reinach l'idée dont il était l'inventeur de deux sociétés civiles de garantie que nous avons créées à l'occasion des deux émissions du 14 mars et du 26 février 1888, c'est un véritable service qu'il nous a rendu, mais nous avons dû le payer. Sur les 1,828,000 francs qu'il a reçus, une partie devait être affectée à la rémunération des coulissiers qui avaient prêté leur assistance à la dernière émission et le reste devait lui appartenir personnellement.

Il a dû conserver une forte somme dont je ne puis dire le chiffre, mais dont les éléments existent certainement dans les archives de notre Compagnie.

D. Le baron J. de Reinach a eu pour sa part dans le syndicat 3.390.475 francs, sans compter 110.000 francs payés à la maison Kohn Reinach dont il faisait partie (même annexe n° 8 et page 212).

R. M. de Reinach est un des financiers les plus importants de Paris, mêlé à toutes les affaires. Quand une affaire se présente, il est pour ou contre, il est donc très utile de l'intéresser dans l'affaire pour obtenir son concours qui devient alors très utile grâce à ses relations et à sa grande activité.

Sur les 3.390.000 francs dont vous parlez, je crois qu'il a dû consacrer une partie de cette somme à rémunérer lui-même certains concours.

D. En résumé, tous ces syndicats ont absorbé une somme totale de 36.447.134.06 (annexe n° 6) dépense que la prévention considère comme inutile et constituant autant d'actes de dissipation.

R. Ce sont les mœurs financières du temps qui nous ont contraints de faire cette dépense; si nous ne l'avions pas faite, nous aurions été obligés de renoncer à l'entreprise.

Il n'est pas besoin de dire que je suis loin d'approuver de pareilles mœurs financières.

Je me demande en vérité comment ces observations si simples n'ont pas dès le début désarmé la prévention.

Voyons que critique-t-elle? Est-ce la nature ou le quantum de ces allocations? La nature? Examinons-les les unes après les autres.

Des administrateurs commettent un abus de confiance lorsque, avec l'autorisation du conseil et son approbation, ils s'assurent le concours de la presse pour leurs opérations! Messieurs, je vous ai, à une précédente audience, rappelé l'avis d'un académicien, voulez-vous maintenant l'opinion d'un ministre? Tenez, M. Floquet disait à la commission d'enquête :

J'aurais poussé la candeur un peu loin si j'avais pu me figurer que dans la répartition du fonds spécial destiné à la publicité des journaux et régulièrement touché par eux, les influences politiques ne s'exerceraient pas, et si, m'enfermant dans une indifférence qui eût été une véritable abdication, je n'avais pas, au moyen des informations que j'ai recherchées et des communications qui m'ont été spontanément faites, observé et suivi d'aussi près que possible cette répartition, non pas au point de vue commercial, qui ne me regardait pas, mais au point de vue...

Régulièrement touché par eux, vous entendez cela, Messieurs.

Voulez-vous l'avis d'un poète, Lamartine :

L'homme écrit et le vent emporte sa pensée,
Qui va dans tous les lieux vivre et s'entretenir,
Et son âme immortelle, en traits vivants tracée,
Ecoute le passé qui parle à l'avenir.

La prévention me dira peut-être que le poète voit les choses en poète, c'est-à-dire en beau, que ces feux étincelants de la poésie pourraient bien éblouir nos yeux et nous empêcher de voir des réalités plus grossières, que la presse se préoccupe peut-être un peu trop d'intérêts exclusivement mercantiles...

Que voulez-vous? Messieurs, les hommes de mon âge ont passé leur jeunesse sous un régime de silence, et ils en ont gémi ; ils vieillissent sous un régime d'extrême liberté, et ils en gémissent encore. On voudrait même que la loi se chargeât d'arrêter certaines publications. N'y sommes-nous pas d'abord un peu pour quelque chose? Et lorsque nous nous plaignons avec tant d'amertume de ces misérables qui s'enrichissent en offrant de dénoncer aujourd'hui la corruption dont ils vivaient hier, songeons-nous bien que nous leur accordons chaque matin, en achetant leur journal, le salaire de leur calomnie? Et puis, voyez-vous, ces contradictions me donnent à penser qu'il y a là une de ces questions incertaines, obscures, dans lesquelles la vérité est malaisée à découvrir, et peut-être faut-il, sur ce point comme sur tant d'autres, en revenir à ces paroles philosophiques et résignées que M. Ferdinand de Lesseps disait à son fils et que je vous rappelais hier : « Ayons confiance ; il n'est pas possible qu'à la fin le bien ne l'emporte pas sur le mal. »

Quoi qu'il en soit et quelque appréciation qu'on puisse porter sur les choses, le principe même n'est pas sérieusement contesté par le ministère public,

Est-ce alors le quantum? Je ne demande pas mieux, mais, je poserai à la prévention une question que j'ai déjà eu plusieurs fois l'occasion de lui faire : puisque vous reconnaissez que cette marchandise était nécessaire et que nous devions l'acheter, comment pouvez-vous nous accuser d'abus de confiance pour l'avoir payée trop cher, si à l'aide des lumières spéciales dont la prévention dispose, elle ne peut pas nous dire exactement le prix que nous devions payer et nous indiquer le moyen à l'aide duquel nous aurions pu l'obtenir. Mais à cette question, on ne peut faire aucune réponse.

Voilà pour la presse. Est-ce maintenant le concours des banquiers, courtiers, coulissiers qui nous est reproché? Eh! Messieurs, mais les États eux-mêmes y ont recours et de graves professeurs de droit le constatent.

Écoutez le langage d'un éminent professeur de droit de la Faculté de Paris :

Les banques de spéculation ou hautes banques se chargent de faire les grandes opérations financières, de réaliser les emprunts ou les émissions d'actions ou d'obligations des Etats, des villes, ou des grandes Sociétés commerciales ou industrielles. Elles placent les titres moyennant un droit de commission plus on moins élevé ou elles les prennent à forfait à un prix donné pour les négocier au cours qu'elles peuvent obtenir; c'est alors un achat en gros pour revendre en détail.

Est-ce encore ici l'élévation du prix? J'écraserai ce reproche sous les trois observations suivantes :

Depuis dix ans la Société a fait des appels périodiques au crédit, elle a employé les mêmes moyens et elle a payé le même prix, car c'est le pourcentage qu'il faut considérer. Si elle a payé du même prix les mêmes concours, et si ces opérations ont réçu régulièrement, comme le veut la loi commerciale, l'approbation des assemblées générales, alors comment pouvez-vous incriminer aujourd'hui ce que nos mandants ont trouvé légitime?...

Voici ma seconde observation : Vous trouvez le taux trop élevé, mais je vais vous citer deux Compagnies de chemins de fer puissantes : l'Est-Algérien et le Chemin de fer du Sud de la France; leurs actions et leurs obligations ont un revenu garanti par l'État, et la loi que j'ai au dossier les autorise pour l'émission de leurs titres à dépenser 8 1/2 0/0 des sommes demandées au public.

Et la loi du 9 avril 1889 sur les bons de l'Exposition! Il ne s'agissait pourtant pas d'une grosse somme, la loi autorise les émetteurs à dépenser pour l'émission 10 0/0.

Enfin, comment le Crédit foncier procède-t-il lui-même? Nous le savons par le rapport de M. Machard.

Les dépenses de publicité, dit-il, faites par le Crédit foncier sont comprises dans le compte « Frais d'émissions des emprunts » dont le développement est soumis au conseil d'administration sous la forme d'un état subdivisé en 22 articles. A la date du 31 mars 1890, le total de ces frais d'émissions était de 116,102.544 fr. 14. Mais dans l'exposé qui va suivre, je crois préférable de citer les chiffres arrêtés au 31 décembre, afin de ne pas scinder la gestion annuelle et de faciliter les rapprochements avec le compte rendu aux actionnaires. Au 31 décembre 1889, le total des 22 articles du compte était de 115.437.055 fr. 84, comprenant l'importance des dépenses.

Parmi ces articles il en est plusieurs qui ne donnent lieu à aucune observation. Ce sont les frais de confection de titres, d'enregistrement, de timbres, etc., etc., ils s'élèvent à environ 20 millions.

Viennent ensuite diverses sommes dont l'imputation à ce compte peut être discutée et dont la plus importante (60.046.932 fr. 61) comprend en un seul chiffre :

Les commissions aux intermédiaires, syndicataires et frais de publicité;

Les commissions payées à divers;

La publicité générale et annonces, insertions, affichage.

L'état soumis au conseil n'indique pas la répartition des 60 millions entre ces trois articles. Il ne me permet donc pas d'exercer un contrôle quelque peu approfondi sur ces dépenses. Sans entrer dans des détails trop minutieux, j'indiquerai que les commissions proprement dites, payées soit à des syndicats gérants des émissions, soit aux trésoriers généraux, notaires et autres intermédiaires, se sont élevées à.................... 38.032.610 39

Et les subventions à la presse à............ 22.014.322 22

Total égal aux chiffres ci-dessus............ 60.046.932 61

Les subventions à la presse dépassent 1.600.000 francs en moyenne par an. Elles vont toujours en augmentant et ont atteint 2 millions pendant chacune des trois dernières années; encore conviendrait-il d'y ajouter des subventions spéciales allouées pour toutes les émissions dont s'est chargé le Crédit foncier (Bons de l'Exposition, bons à lots). Nous n'avons pas à examiner cette publicité accessoire dont les dépenses n'ont pas été payées au moyen des ressources propres de l'établissement.

Sans doute, le Crédit foncier, établissement privé bien que sous la surveillance de l'Etat, est libre de déterminer lui-même dans quelle mesure il lui convient de recourir à la publicité, pourvu que ces dépenses soient régulièrement autorisées, exécutées, et qu'elles soient imputées sur les comptes qui doivent les supporter. Mais il est permis cependant de se demander si les résultats sont en rapport avec l'importance des dépenses.

Et plus loin :

Nous avons maintenant à examiner comment se fait la distribution des subventions à la presse. Je ne pense pas, Monsieur le ministre, qu'il soit dans ma mission d'exposer ici le détail des sommes versées à chaque journal sous forme de mensualité. Je constaterai seulement que bien peu de feuilles sont restées étrangères à ces subventions, et que toutes les nuances politiques paraissent avoir été l'objet d'une semblable libéralité. Cette libéralité s'est même étendue à des publications qui n'ont absolument aucun caractère financier et dont le public est aussi restreint que spécial.

Les subventions étaient autrefois accordées d'une manière intermittente, lors des émissions, ou bien quand il fallait se défendre contre quelque attaque. Puis on a pensé qu'il serait préférable de prévenir les hostilités en s'attachant un grand nombre de journaux par des mensualités permanentes. Deux agents servent d'intermédiaires, l'un pour la presse politique, l'autre pour la presse financière ; ils reçoivent des honoraires fixés à 10 0/0 de la dépense, qu'ils ont ainsi tout intérêt à augmenter. Les subventions sont payées par une caisse spéciale, au vu de chèques délivrés par M. le secrétaire général ou les agents de publicité, et un chef de bureau contrôle périodiquement ces paiements.

Cette organisation des paiements peut, au premier abord, sembler assez satisfaisante. Cependant l'un de mes collaborateurs, après avoir vérifié les 5.166 chèques délivrés en 1889 et une partie des 5.517 émis en 1888, a été amené à faire plusieurs observations que je crois très fondées : ainsi les chèques signés par M. le secrétaire général sont souvent remplis par le caissier chargé du paiement, et la quittance donnée au dos ne relate pas la somme touchée. Il n'est pas tenu, au secrétariat général, un compte des chèques émis; on ne pourrait donc connaître la somme totale versée annuellement à un journal que par un dépouillement fort long. On ne conserve même pas les souches des chèques. Toutes ces négligences de détail indiquent un médiocre souci de sauvegarder la responsabilité des divers agents qui exécutent le service. . . .

. . . .

Personne ne s'est avisé jusqu'ici de voir dans ces faits des abus de confiance.

Donc vous ne pouvez pas critiquer le principe, mais vous critiquez le quantum; alors je reviens à la même question : veuillez nous dire quelles sommes le Parquet autorise à payer aux banquiers, aux coulissiers et aux divers intermédiaires. Vous êtes dans l'impossibilité de le faire, vous êtes obligés de reconnaître que les personnes que vous poursuivez n'ont pas touché un centime de ces sommes, que contrairement à ce qui se passe dans plus d'une affaire, elles n'ont, ni sous leur nom, ni sous un nom emprunté, figuré dans aucun syndicat, reçu aucune commission, et, vous les accusez de détournements, alors qu'il est absolument certain que ces sommes ont été loyalement. de bonne foi, avec l'autorisation du conseil, dépensées dans l'intérêt exclusif de la Société.

Mais au milieu de toutes ces sommes, il y en a une sur laquelle je dois une explication particulière, c'est la somme de 1.434.000 francs que la Cour connaît bien.

Tout de suite, il faut la diviser en deux parties : 57.000 francs dépensés en 1888 et qui, par conséquent, ont seuls besoin d'une explication, et tout le reste antérieur à l'année 1888. Sur ces 57.000 francs, 30.000 ont été donnés à M. Hugo Oberndœrffer, 17.000 à M. Réville, 11.000 francs ont été payés à divers. Mais ce qu'il importe de constater, c'est qu'il n'y a pas là de bons anonymes, les bons portant tous des signatures. Par conséquent, ni de près, ni de loin, il ne peut entrer dans la pensée de personne, que les prévenus en aient touché quelque chose.

L'un de ces bons, daté du 28 novembre, porte, paraît-il, une signature que l'expert déclare illisible. Mais le talon du chèque indique le nom du bénéficiaire ; il se nomme Réville, et il a indiqué son adresse, 2, rue Jouffroy. On ne prétend pas d'ailleurs que ce bon ait été touché par l'un des prévenus, et par conséquent l'élément essentiel de la prévention d'abus de confiance fait défaut. D'ailleurs que signifie cette chicane ? Comment les administrateurs pourraient-ils être responsables de la mauvaise écriture de tous ceux qui ont touché à la caisse sociale ? C'est à la prévention qu'il appartient d'établir qu'ils ont détourné des fonds, et elle ne l'allègue même pas.

Est-il nécessaire de parler des 5.000 francs touchés par Flori, parent de Mme Cottu ? M. Flori faisait partie du groupe d'actionnaires qui se sont réunis au mois de novembre pour seconder les efforts que faisaient les directeurs de la Compagnie. Les directeurs ont pensé que ces efforts étaient faits dans l'intérêt social, et que la Compagnie devait concourir aux frais qu'ils entraînaient. Et les administrateurs provisoires qui ont remplacé les directeurs ont été du même avis ; puisqu'ils ont payé une partie de ces frais en janvier 1889.

Je ne devrais pas vous entretenir des sommes payées antérieurement à l'année 1888 ; mais M. l'Avocat général en a parlé, en disant qu'elles avaient reçu une destination criminelle. Je suis donc forcé de vous rappeler les déclarations que vous a faites M. Charles de Lesseps ; il vous a dit qu'en 1885 et 1886 il avait été en relations avec M. Cornélius Herz, et qu'il avait dû reconnaître, au cortège de protections dont M. Herz marchait entouré, qu'il était impossible à la Compagnie de se mettre un pareil ennemi sur les bras. M. Charles de Lesseps a donc consenti à lui remettre la somme de 600.000 francs. M. le premier Président lui a dit : En avez-vous la preuve écrite ? Non, a répondu M. Charles de Lesseps, ma parole... Il faut croire qu'elle suffit, Messieurs, car si l'on s'en rapporte aux conversations de M. Cornélius Herz avec les rédacteurs de journaux, il est obligé de reconnaître qu'il a reçu cette somme. Il équivoque sur les circonstances, mais quand il aura consenti à venir en France et à avoir avec M. le juge d'instruction Franqueville une conversation de deux ou trois heures, j'ai la confiance que M. Cornélius Herz sera obligé de reconnaître l'exactitude absolue du récit fait par M. Charles de Lesseps.

Voici, il y a une autre somme. En 1886, M. Charles de Lesseps vous l'a dit, le ministre des travaux publics a exigé qu'une somme de un million lui fût donnée pour déposer le projet dont la Compagnie avait besoin. Par suite des événements, il n'a reçu qu'un acompte de 375.000 francs. Le fait est-il contesté? Nous savons tous, malgré le secret qui pèse sur l'instruction, que le fait est avoué par M. Baïhaut.

Eh bien! si cela dépendait de moi, je lèverais volontiers, au profit de M. l'Avocat général, la barrière de la prescription de trois ans, et je lui dirais : « Discutons, si vous le voulez, sur le terrain de l'article 408 ; essayez de démontrer à la Cour que celui qui est la victime d'une semblable extorsion est le complice de celui qui l'a commise, ou qu'il y a là un abus de confiance. »

Comment! Messieurs, lorsque le capitaine d'un navire richement chargé rencontre en mer un pirate et qu'il lui paie tribut, il commet un abus de confiance au préjudice de l'armateur qui lui a confié la cargaison!... Lorsque les négociants de Lombardie se rendaient en Flandre, lorsque le négociant de Flandre descendait en Lombardie, et lorsqu'ils étaient obligés de payer tribut aux barons dont les châteaux barraient la route du commerce, ils commettaient un abus de confiance au préjudice de leurs associés! Lorsque le chef d'une caravane qui traverse l'Afrique est contraint de payer l'escorte que lui imposent les Arabes du désert, il commet un abus de confiance au préjudice des négociants qui lui ont confié leurs marchandises! Non, Messieurs, il est impossible qu'on voie un abus de confiance dans l'acte de celui qui est victime de telles exactions.

M. Charles de Lesseps vous l'a dit lui-même : S'il s'était agi de mon argent, j'étais tellement écœuré que j'aurais quitté la partie ; mais j'avais derrière moi la charge de 500 millions d'argent français ; j'avais la conviction profonde que le projet de loi que je demandais devait nous conduire à la bonne réussite de l'entreprise. J'étais réduit à la nécessité de subir l'extorsion dont j'étais l'objet.

Et, si vous voulez, Messieurs, savoir quels étaient à cet égard les sentiments de M. Charles de Lesseps, écoutez cette lettre curieuse du 5 juillet 1881 ; elle est adressée par M. Charles de Lesseps à l'agent de la Compagnie dans l'isthme au début de l'entreprise :

Vous me dites :

« X... est très âpre, il sera très facile de nous l'attacher complètement ; ce sera peut-être un peu cher, etc. » Je ne sais si vous entendez que nous nous attacherions X... par des facilités officiellement données à son administration ou par une entente directe ou personnelle. Quoi qu'il en soit, mon père désapprouverait certainement tout ce qui, de près ou de loin, ressemblerait à acheter des fonctionnaires. Si nous entrions dans cette voie, ce serait sans fin. Il viendrait toujours des moments où nous ne serions plus en mesure de supporter le chantage, et notre situation serait à ce moment-là d'autant plus critique que nous aurions débuté par chanter ; mieux vaut nous poser de prime abord en gens qui ne s'appuient que sur leur concession et leurs droits et ne comprennent même pas ce qu'on veut leur dire, si on fait allusion à des procédés détournés. C'est ainsi que s'est fait le canal de Suez dans un pays où la corruption passe pour un usage admis ; il n'a été donné un centime à personne ; l'événement a prouvé que cette attitude était la bonne, et qu'il convient d'agir de même à Panama. Vous voudrez bien me communiquer vos observations sur cette question et me dire si nous sommes d'accord.

Tels étaient les sentiments de ces deux hommes ; et je les livre sans crainte à votre impartiale justice.

Mais au moment, Messieurs, où j'achève de discuter les moyens de la prévention, telle qu'elle a été formulée dans le rapport de l'expert, dans les interrogatoires de M. Prinet et ensuite dans le réquisitoire de M. l'Avocat général, je ne puis pas me dispenser de dire un mot à la Cour des événements qui se sont déroulés depuis deux mois, parce que j'entends dégager absolument l'honneur de mes clients de l'amas de commérages, de calomnies, de délations, d'aveux cyniques ou candides, en un mot, d'infamies et de lâchetés dont nous avons eu le spectacle et dont les prévenus, à la fin, pourraient être victimes.

Ce que je vais dire, Messieurs, contredira peut-être certaines opinions courantes. J'entends de tous côtés exprimer de bruyantes indignations ; je veux croire qu'elles sont sincères, mais je les considère comme exagérées, et je prie ceux qui m'écoutent de bien vouloir y réfléchir, de descendre en eux-mêmes et de se demander s'ils ne pensent pas tout bas ce que je vais maintenant exprimer tout haut.

Si l'on ne saurait, Messieurs, contester sérieusement à la presse le droit de vendre le concours de sa publicité et de ses réclames, si tous ceux qui, de près ou de loin, touchent au monde de la coulisse, de la banque ou de la finance, ont le droit incontestable de louer leurs services aux commerçants qui en ont besoin, on ne saurait en même temps méconnaître que cette liberté, comme toutes les autres, est susceptible d'excès et d'abus. Le commerce terrestre a l'usure immonde, le commerce maritime avait la piraterie, la vie civile a le chantage ; toute œuvre humaine a ses parasites, importuns ou malfaisants. A côté du journal qui s'est fait une clientèle considérable par le talent de ses rédacteurs, par la modération ou même par la violence de sa polémique, par l'intérêt piquant, par l'actualité de ses informations, et qui débat loyalement le prix d'un concours vraiment utile, il y a le misérable qui, fier des vingt condamnations qui ornent son casier judiciaire, vient réclamer le prix de son silence toujours plus cher que les meilleurs articles... J'en sais un, qui d'une façon régulière vient trouver les établissements de crédit et leur annonce qu'il va augmenter le capital de sa Société, il a des actions à placer, et il faut en souscrire pour 50 ou 60.000 fr. J'en sais un autre plus modeste qui a 25.000 francs de billets en souffrance; il faut qu'on les lui rende ou sinon... On lui proposait le matin un petit article qu'il n'a pas voulu insérer, mais dont il vous laisse copie. Un troisième est plus humble encore, c'est vraiment l'aumône qu'il demande... Mais vous vous souvenez de Gil Blas, il la demande, tenant à la main une escopette avec laquelle il vous couche en joue.

Les procédés varient, le résultat est toujours le même. Les établissements privés ne sont pas les seules victimes de ce brigandage à la répression duquel l'honneur de la presse est intéressé. L'Etat le subit comme les établissements privés eux-mêmes, il fait pis que le subir, il lui donne une sorte de sanction en lui assurant les allures d'un service régulier.

Maintenant, Messieurs, supposons que ce soient là les bas-fonds d'une société démocratique, qu'en vingt ans tous les partis aient successivement occupé le pouvoir, que ceux qui l'exercent soient toujours sur le point de le perdre, que cette perpétuelle incertitude du lendemain leur enlève toute vue d'avenir et les condamne à se préoccuper des réalités les plus tangibles, que le contraste entre la toute-puissance dont disposent ces maîtres d'un jour et le néant où ils vont bientôt rentrer fatigue leur âme et jette leur conscience dans un trouble inexprimable, qu'à force d'entretenir et de salarier la bassesse, ils se soient accoutumés à en subir les familiarités, et vous comprendrez comment, sous l'action de pareils ferments, la corruption peut s'étendre et se manifester tout à coup par de redoutables symptômes.

Disons les choses comme elles sont, sans les exagérer et sans les amoindrir.

Voici un grand établissement qui va demander au public la somme énorme de 720 millions. Le lendemain de la séance du conseil d'administration, tout le monde sait que le conseil a mis à la disposition des directeurs la somme de 40 millions pour rémunérer tous les concours dont l'établissement a besoin. Aussitôt les appétits s'éveillent et le marchandage s'établit. Vous étonnerez-vous qu'un journaliste vienne trouver M. Charles de Lesseps avec la recommandation d'un homme influent, ou qui croit l'être, et condamnerez-vous l'administrateur s'il tient dans une certaine mesure compte de cette recommandation? Si par hasard le journal a parmi ses commanditaires un député ou un sénateur, je ferais sourire tout le monde si je disais que cette circonstance est inconnue à la fois de l'acheteur et du vendeur. (*Sourires*)... Appellera-t-on cela l'achat d'un député ou d'un sénateur? Fi donc! ce serait exagérer à la fois les choses et les mots. Un ministre a pu dire, à la tribune, dans le silence de la Chambre, que le devoir du gouvernement était de veiller lui-même à la répartition des sommes ainsi payées par les établissements financiers à la presse, avec la solennité d'un magistrat romain, présidant à la distribution du congiaire donné par l'édile, par le préteur ou par le consul. Or les grands doivent savoir que l'expression de leur désir équivaut à la manifestation de leur volonté. Si donc l'administrateur qui tient dans une certaine mesure compte des désirs qui lui sont ainsi exprimés commet un abus de confiance vis-à-vis de la société, comment n'est-il pas visible que celui qui lui a manifesté ce désir impérieux est plus coupable que lui...? la loi n'est-elle donc plus égale pour tous, et le rude étalon de la loi pénale ne s'applique-t-il plus qu'à ceux qui sont tombés? Mais la vérité est qu'il n'y a pas ici d'abus de confiance; c'est une somme totale qui a été mise par le conseil d'administration, dans les termes des statuts, à la disposition des directeurs de l'entreprise pour l'employer au mieux des intérêts sociaux. C'est en ces termes que le crédit a été voté, et personne n'osera dire qu'il n'ait pas été dépensé dans l'intérêt de la Société.

N'oubliez pas, d'ailleurs, ce fait décisif. M. Charles de Lesseps vous l'a dit et on n'a point cherché à y contredire, il s'est toujours occupé lui-même de la partie commerciale de ces négociations; le reste, il l'a toujours abandonné à un tiers. Quel tiers?

A l'origine de la Société, celui qui fut chargé de ce service financier était M. Lévy-Crémieux. M. Lévy-Crémieux était un homme de bourse, très intelligent, et connaissant admirablement tous ces infiniment petits dont les plus grands ont besoin. Au début, M. Charles de Lesseps avait essayé de se rendre compte des détails, mais comment voulez-vous examiner le détail de sommes réparties entre un si grand nombre de personnes, lorsqu'il faudrait poursuivre une information personnelle auprès de tous ceux qui ont reçu l'argent! Aussi, M. Charles de Lesseps s'est bientôt aperçu que cela lui coûtait plus cher, et qu'il était plus simple de s'en tenir à la pratique courante, c'est-à-dire de traiter à forfait avec M. Lévy-Crémieux; c'est sous la forme du forfait que les crédits ont été demandés au conseil, c'est sous cette forme qu'ils ont été votés par le conseil, c'est sous cette forme qu'ils ont été alloués à M. Lévy-

Crémieux, c'est sous cette forme qu'ils ont figuré dans les comptes, c'est sous cette forme qu'ils ont subi l'examen des commissaires, par conséquent c'est sous cette forme qu'ils ont été approuvés par l'assemblée générale.

M. Lévy-Crémieux étant mort, M. de Reinach fut chargé de ce service. La Cour sait déjà que M. de Reinach était depuis longtemps en rapport avec la Société de Panama. D'ailleurs M. le baron Jacques de Reinach n'était un inconnu pour personne. Il occupait sur l'échelle financière un degré plus élevé que M. Lévy-Crémieux, car il était homme de banque en même temps qu'homme de Bourse. La maison de banque à laquelle il appartenait passait pour habilement dirigée. Son alliance avec un homme qui s'est fait une place considérable dans le parti républicain, tant par la largeur de ses vues que par l'indépendance de son langage et de ses votes, augmentait encore la notoriété de son nom. M. de Reinach était actif, empressé, ingénieux, infatigable. Il avait des façons fort communes, mais le monde a toujours eu là-dessus des trésors d'indulgence pour les financiers. Aussi M. le baron de Reinach voyait-il nombreuse et très bonne compagnie. Et si l'on tenait à connaître toutes ses relations, au lieu d'aller demander le secret de sa mort à l'inviolabilité du tombeau, il était plus simple d'entendre des témoins qui ne manquaient pas; seulement, au lieu de les chercher du côté de la Compagnie de Panama. il fallait les chercher parmi ses accusateurs ; et quand j'entends depuis deux mois tant de gens nier avec colère qu'on les ait vus avec lui en Galilée, je me demande en vérité comment ils ont les oreilles faites pour n'avoir pas entendu le coq chanter. (*Rires.*)

Mais j'en reviens toujours à mon premier raisonnement, car je n'oublie pas que je poursuis une démonstration.

M. Jacques de Reinach faisait à la Compagnie le même service qu'avait fait M. Lévy-Crémieux, il n'avait pas plus à rendre compte de ses opérations que M. Lévy-Crémieux lui-même.

Faut-il parler maintenant d'un autre personnage auquel on se plaît en ce moment à attribuer une sorte de génie malfaisant et de puissance diabolique ? Je crains que nous ne soyons ici un peu les dupes de notre imagination et de notre penchant au merveilleux... Qu'un homme ait compris tout le parti que, dans notre société mêlée, un intrigant sans scrupules peut tirer de la vanité des uns et de l'avarice des autres, qu'en se montrant prêt à rendre tous les services, il ait pénétré tous les secrets, et qu'il se soit ainsi rendu maître de la considération d'un tas d'hommes publics, voilà, Messieurs, ce qui ne saurait surprendre personne et ce qui, à mon sens, ne mérite pas autre chose que le mépris. Mettez Figaro à l'école de Robert Macaire, et vous obtiendrez quelque chose comme ce personnage singulier qui pendant dix ans a eu le pied dans tous les ministères, la main dans toutes les intrigues et, ce qui est pis, dans toutes les bourses, et qui depuis deux mois tient tant de personnes tremblantes sous la menace de ses capricieux oracles. Les juges ou ceux qui veulent l'être devraient pourtant savoir que ceux-là seuls qui ont conservé l'honneur ont le droit de compromettre par leurs affirmations l'honneur d'autrui.

En tous cas, en ce qui touche M. Herz, la situation de M. Charles de Lesseps est bien simple. Il vous a dit dans quelles circonstances il l'avait vu en 1885 et 1886.

Il ne l'a vu qu'une fois, en 1887; il l'a pris pour un intrigant de haute volée; mais au point de vue moral, il vaut peut-être mieux encore pour M. Charles de Lesseps s'être laissé extorquer par lui 600.000 francs que l'avoir aidé à s'avancer dans la Légion d'honneur. (*Rires.*)

Ceci m'amène à dire un mot d'un soupçon que j'ai trouvé dans l'esprit de beaucoup de personnes sensées, mais qui jugeaient ici sans réfléchir. C'est précisément au moment où, sur l'ordre du défunt ministre de la justice, M. le procureur général donnait la citation aux prévenus, que des députés, pour venger l'injure de leurs factions vaincues, ont commencé une campagne qui, sans aucun doute, était dirigée contre la République; compromettre un régime en déshonorant ceux qui le servent ou l'ont servi est une tactique qu'ils n'ont point inventée. De la concomitance de ces deux faits, on a conclu qu'il y avait entre eux une relation de cause à effet, que les révélations qui se sont produites depuis deux mois venaient de nos clients et qu'elles étaient en quelque façon une revanche de la citation qui leur avait été donnée. Les dénonciateurs avaient intérêt à le laisser croire, car cela donnait une sorte de crédit à leurs dénonciations; et M. Charles de Lesseps, par sa situation de prévenu, se trouvait dans l'impossibilité de faire cesser cette équivoque. Bien que le devoir d'un gouvernement soit de se montrer un peu moins crédule que la foule, je ne suis pas bien sûr que cette idée n'ait pas traversé les régions du pouvoir et n'ait pas été pour beaucoup dans la rigueur excessive dont on a usé envers les prévenus.

Quoi qu'il en soit, ce que je tiens à dire, c'est qu'ils considèrent ce soupçon non seulement comme nuisible à leurs intérêts, mais encore comme attentatoire à leur honneur.

Voyons, depuis deux mois, on a entendu beaucoup de témoins, depuis les ministres jusqu'aux cochers. En a-t-on entendu un seul qui ait affirmé que M. Charles de Lesseps lui ait donné le moyen de produire ces révélations qui troublent systématiquement l'opinion, sans d'ailleurs l'éclairer? Les a-t-on trouvés mêlés à quelque louche intrigue? ont-ils passé la Manche pour assister à quelque rendez-vous avec un homme condamné par la justice du pays? Pas le moins du monde. C'est Gambetta lui-même qui, le premier, a donné à M. Ferdinand de Lesseps le titre immortel qu'on veut maintenant lui arracher. Lorsqu'en 1885 ce vieillard s'en allait à la cour d'Allemagne, était-ce, je vous le demande, pour nuire à la République? Par conséquent, ce tumulte ne vient pas de nous. M. Charles de Lesseps n'est pas de la boue dont on fait les délateurs, et eût-il su tout ce qu'il ignore, il n'eût pas dit volontairement et à tout autre qu'à un juge, il n'eût pas dit un mot, un seul qui pût nuire aux intérêts de la patrie.

Ils sont donc étrangers à tous ces scandales, et que de fois au contraire, pendant les six semaines qui se sont écoulées entre la citation donnée par M. le procureur général et l'arrestation de M. Charles de Lesseps, nous en avons gémi ensemble!

Il serait d'une suprême injustice de faire porter sur la Compagnie de Panama les conséquences du trouble et du malaise qui agitent en ce moment le pays. Ce qui l'alarme, entendez-le bien, c'est qu'il y voit, non pas un accident, mais un symptôme. La Compagnie de Panama n'est pas la seule qui ait besoin des pouvoirs publics. D'ailleurs, quel établissement privé est à l'abri d'une interpellation, toujours plus grave qu'un article de journal?... Ajoutez à cela le spectacle de tant d'existences dont on n'aperçoit pas les ressources, et vous comprendrez comment une nation laborieuse et honnête peut devenir tout à coup ombrageuse et défiante, et se croire plus malade qu'elle ne l'est en réalité... Mais laissez-moi le dire, Messieurs, pour nous calmer il nous suffirait de nous souvenir. Quelle est l'époque, quel est le régime qui n'ait point eu à subir ces tristes secousses? Ne vous souvient-il pas d'une séance fameuse dans laquelle, défendant devant la Chambre elle-même la Chambre accusée de corruption, un grand ministre montait à la tribune et, prenant ses collègues à témoin du véritable état de leur âme, leur disait ces mots spirituels et charmants : « Voyons, vous sentez-vous corrompus ? » — Ces grands docteurs de morale politique s'imaginent-ils que nous ayons oublié les bons Jecker, les comptes fantastiques d'Haussmann, et les 126 affaires commerciales dans lesquelles était engagée la succession d'un duc que je n'ai pas besoin de nommer?

La vérité, Messieurs, c'est que toute vieille société traîne après elle le poids de semblables bassesses, comme une rançon de son opulence et de ses progrès matériels. Mais l'histoire nous enseigne que les véritables médecins de cette plaie sociale, ce sont les citoyens silencieux et paisibles qui lui opposent le rempart infranchissable de leur probité scrupuleuse, de leur travail infatigable et de leur dédaigneux mépris, et non pas les hommes bruyants qui, bien moins par amour de la justice que par passion du scandale, l'étalent avec colère ou avec joie. Salluste et Tite-Live nous l'apprennent également. Après la ruine de Carthage et la mort d'Annibal, dit le premier, le luxe se répandit dans Rome, les mœurs privées se corrompirent, une licence inconnue s'étala sur le théâtre ; le divorce, autrefois si rare, devint le mobile et la récompense de l'adultère ; les mœurs publiques cédèrent à leur tour, et l'on vit des citoyens vendre leur vote aux comices et leur témoignage devant le tribunal. Alors le peuple, obéissant à la haine des nobles, nomma Caton censeur. Pendant neuf ans, ce rude paysan de la Sabine couvrit Rome de ces arrêts singuliers à la fois sans motifs et sans appel. Il nota d'infamie, c'est-à-dire qu'il priva de leurs droits politiques, les premiers citoyens de Rome ; il ôta son cheval à Lucius Scipion, frère de l'Africain. Il multiplia les lois contre la brigue, contre la somptuosité des festins et des habits, et surtout contre le luxe des femmes, car Caton ne commença à devenir galant que vers l'âge de quatre-vingt-cinq ans. (*Rires.*) Il osa davantage : il appela devant le peuple le vainqueur d'Annibal et l'accusa d'avoir détourné l'or d'Antiochus... Vous savez comment Scipion, entraînant derrière lui le peuple, c'est-à-dire tous ses juges, laissa seuls sur la place publique le héraut, nous dirions aujourd'hui l'huissier, et les tribuns. L'implacable censeur ne se tint pas pour battu ; il renouvela le procès, et comme Scipion était retenu loin de Rome, dans sa villa de Liternum, par l'âge et la maladie, Caton voulait qu'on le jugeât en son absence. Mais alors l'un des tribuns, Sempronius Gracchus, se leva et dit : « Tant que Publius Scipion ne sera pas de retour à Rome, je ne souffrirai pas qu'il soit mis en cause. Hé quoi ! ni les services ni les honneurs mérités n'assureront donc jamais aux grands hommes un asile inviolable et sacré, où, sinon entourés d'hommages, du moins respectés, ils pourront reposer leur vieillesse ! » Et le peuple romain écouta la voix de Gracchus, parce que dans cette nation, qui commençait pourtant à se corrompre, il y avait l'instinct profond de la grandeur nationale et le respect absolu de la gloire.

Mais l'histoire aussi nous apprend à quoi servirent ces austères fureurs de Caton. La corruption se répandit dans Rome comme un incendie que le vent attise, quand il ne parvient pas à l'éteindre. Par une implacable ironie du sort, elle atteignit Caton lui-même; sur la fin de sa vie, il se mit à faire l'usure, et sa vieillesse fut souillée des plus honteux dérèglements. En même temps, comme il avait étalé sous les yeux du public des plaies qu'il aurait fallu cacher, il avait enseigné au peuple à mépriser les hommes dont il avait jusque-là écouté la voix et suivi les conseils. Écoutez ce mot de Salluste : « Alors il s'éleva une génération d'hommes qui n'avaient pas de patrimoine et qui ne pouvaient souffrir que les autres en eussent. » Si bien qu'en mourant Caton laissa Rome plus divisée et plus corrompue, toute prête pour les séditions des Gracques et pour les temps de Marius et de Sylla.

Dieu me garde, Messieurs, de faire aux hommes du présent une application trop directe de ces choses passées ! Il me semble pourtant qu'il en résulte pour notre procès même un utile enseignement. Si les mœurs peuvent tout contre les lois, les lois ne peuvent rien contre les mœurs, et pas plus que les lois elles-mêmes, les discussions orageuses qui les précèdent ou les accompagnent. J'aurais à coup sûr le droit, dans un procès que la politique a ramassé comme une arme de combat, d'exercer contre ces adversaires lointains de justes représailles, mais je manquerais ainsi à cette règle de mesure et de modération que je voudrais voir pratiquer. Un jour, M. de Montalembert, emporté par son tempérament, s'écriait : « Plutôt le scandale que le mensonge !... » Mot d'orateur, Messieurs, presque de tribun, et qui n'a jamais exercé le pouvoir. Mais ceux qui en ont quelquefois tenu entre leurs mains les rênes difficiles, ou ceux qui, par la méditation et par l'étude, s'efforcent d'arracher au passé la prophétie de l'avenir, ceux-là savent que, s'il ne faut jamais sacrifier au mensonge les droits de la vérité, il ne faut jamais non plus laisser la vérité prendre les allures du scandale, que les peuples aussi ont leurs secrets de famille, et que prêts à tout passer aux chefs qui leur apportent la gloire, fût-ce au prix de la souffrance, ils ne pardonnent jamais à ceux qui les déconsidèrent sous prétexte de les purifier.

J'ai fini, Messieurs, et cependant, voulez-vous me permettre de retenir encore quelques instants votre bienveillante attention ?

Les considérations que je viens de vous présenter ont pour but, dans ma pensée, d'écarter de ce procès tous les éléments politiques qui ne s'y pourraient mêler que pour compromettre les vrais intérêts de la justice. Tout ici doit être d'ordre rigoureusement privé.

Or, il y a deux choses que les administrateurs de la Compagnie devaient à leurs actionnaires et au public, le dévouement et la loyauté. Le dévouement ? Ils leur ont donné leur vie. Quant à la probité, elle est sortie absolument intacte de ce rude examen.

Mais en dehors de cette probité, qui est la base même de toute vie civile, que demandaient donc ces actionnaires, ces obligataires, à ce vieillard de soixante-quatorze ans, auquel ils imposaient l'obligation de se mettre à leur tête et que pendant dix ans, malgré les désillusions, malgré les pertes successives, malgré les transformations incessantes, malgré le poids croissant de la vieillesse, ils ont maintenu dans ce poste écrasant ? Ils savaient bien qu'il n'était ni financier, ni ingénieur; mais ils lui demandaient trois choses dont ils ne pouvaient se passer : son nom, son audace et son étoile.

Son nom, entré de son vivant même dans l'immortalité que la mémoire des hommes assure à ceux qui, par le travail ou par le sang, changent la face du monde. — Son audace; je vous l'ai montré, à l'audience d'hier, partant pour percer l'isthme de Suez avec quelques billets de mille francs que son banquier lui avait prêtés; et si quelque nautonier timide avait hésité à se lancer avec lui sur cette mer périlleuse, il aurait été capable de lui dire comme cet autre aventurier qui, presque inconnu, perdu de dettes, quittait l'Asie pour aller conquérir le monde : *Quid times? Cæsarem vehis!* Cette audace avait fait Suez, et ne l'oubliez pas, c'est du prodige de Suez qu'est sorti l'insuccès de Panama. — Son étoile, c'est-à-dire ce bonheur insolent qui fait que tout réussit en certains moments et à certains hommes, qui confond pour eux tous les calculs de l'ordinaire prudence, récompense leurs fautes par des succès, leurs témérités par des triomphes, et leur livrant en quelque sorte la fortune précipitée de sa roue comme une esclave docile et enchaînée, les accoutume à oublier leur condition d'hommes sujets à l'erreur et l'argile dont ils sont fermés. Voilà ce qu'ils lui demandaient, et voilà ce qu'il leur a donné, l'imprudent! Eh bien ! oui, l'étoile a pâli, l'audace a été vaincue, mais le nom... Vous oubliez donc, Monsieur l'Avocat général, que ce nom, depuis longtemps, n'appartient plus à M. de Lesseps ; qu'il est à vous, à nous, à la France entière. — Vous oubliez donc que, lorsqu'il y a quelques années, ce vieillard encore vigoureux franchissait la frontière, les peuples se précipitaient au-devant de lui, dételaient ses chevaux, traînaient sa voiture et criaient, non pas : « Vive Lesseps ! » mais : « Vive la France ! » — Vous oubliez donc que, lorsqu'il se rendait dans les cours étrangères, les rois, et même ce vieil empereur qui nous a si cruellement vaincus et humiliés, se levaient pour venir au-devant de lui. Et ce qu'ils saluaient ainsi dans sa personne, c'était le génie même de notre race, race passionnée, mais généreuse, confondant dans un même idéal la gloire et la fraternité, obstinée à travailler pour les autres, semant à pleines mains sur le monde des découvertes et des idées dont elle ne recueille pas le fruit, et toujours prodigue de son or comme de son sang, dès qu'il s'agit d'être utile à la cause de l'humanité ! Voilà ce qu'ils saluaient, en la personne de M. de Lesseps. Et c'est là, Monsieur l'Avocat général, ce que vos mains, vos mains honnêtement criminelles, s'efforcent de ternir !

Ah! Messieurs, si je ne sentais à la fin votre patience épuisée, je placerais sous vos yeux le langage que tiennent en ce moment les peuples étrangers; vous verriez ceux qui nous aiment encore, gémir du vertige qui nous pousse ainsi à nous découronner, et ceux qui ne nous aiment pas, s'écrier avec des accents de triomphe : « A la bonne heure! La France se charge de nous débarrasser de M. de Lesseps! à nous ses entreprises, à nous l'isthme de Panama! »

Mais je vous connais, Messieurs, je suis sûr que votre arrêt ne justifiera pas ces craintes, qu'il n'assouvira pas ces espérances.

Je reçois tous les jours la visite d'amis qui viennent me dire : « C'est vrai, vous avez raison, mais le gouvernement voudra faire condamner ceux qu'il a fait poursuivre. » Je réponds à ces communications comme doit le faire un vieux serviteur de la justice, je les considère comme une injure pour les ministres qui nous gouvernent et comme une insulte pour les magistrats qui doivent nous juger.

M. LE PREMIER PRÉSIDENT. — Et vous avez raison, Maître Barboux!

Me BARBOUX. — En réalité, Messieurs, la chute de la Compagnie de Panama devait faire naître un grand procès. Quand un navire s'est perdu, il est juste que le capitaine rende compte de sa conduite; mais ce procès-là était un procès civil, ce procès est pendant devant la 1re chambre du Tribunal, et vous le jugerez à votre tour comme juges civils. S'il est vrai que des moyens criminels aient été employés, c'est encore un autre procès dont vous n'êtes pas les juges, et vous ne voudrez préjuger ni l'un ni l'autre, parce que vous ne pouvez pas les juger.

Mais entre ces deux procès il n'y avait pas place pour un troisième, pour celui qui se déroule sous vos yeux;

ce procès-là, il dénature tous les faits, il transforme des faits civils en faits criminels, et, compromettant tous les intérêts qu'il devrait servir, il méconnaît à la fois les règles élémentaires du droit et les inspirations les plus élevées de l'équité.

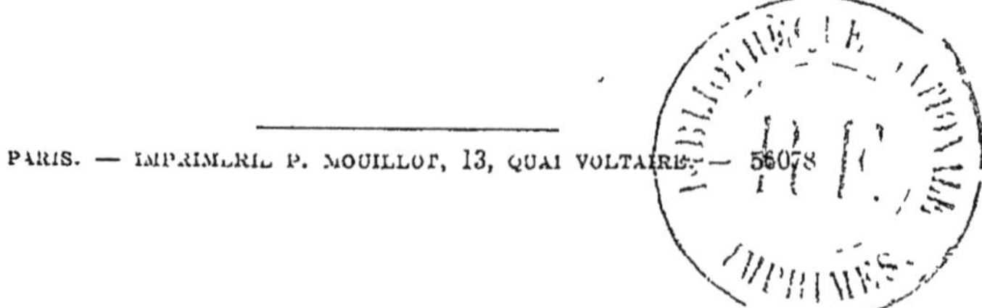
PARIS. — IMPRIMERIE P. MOUILLOT, 13, QUAI VOLTAIRE. — 56078

www.ingramcontent.com/pod-product-compliance
Ingram Content Group UK Ltd.
Pitfield, Milton Keynes, MK11 3LW, UK
UKHW021100230726
13926UKWH00004B/1947